本书特别鸣谢：

广东省社会科学联合会
肇庆市社会科学联合会
中国共产党德庆县县委、德庆县人民政府、中国人民政治协商会议德庆县委员会
德庆悦城龙母祖庙文物管理所
德庆县历史文化研究会

广东省哲学社会科学规划地方历史文化特色项目

德庆悦城龙母文化研究

◎王敏 主编

暨南大学出版社
JINAN UNIVERSITY PRESS

中国·广州

图书在版编目（CIP）数据

德庆悦城龙母文化研究／王敏主编. —广州：暨南大学出版社，2016. 12
ISBN 978 －7 －5668 －1937 －6

Ⅰ. ①德…　Ⅱ. ①王…　Ⅲ. ①神—宗教文化—文化研究—肇庆　Ⅳ. ①B933

中国版本图书馆 CIP 数据核字（2016）第 222199 号

德庆悦城龙母文化研究
DEQING YUECHENG LONGMU WENHUA YANJIU
主　编：王　敏

…………………………………………………………………………………………

出 版 人：徐义雄
策划编辑：杜小陆　潘江曼
责任编辑：潘江曼　焦　婕
责任校对：高　婷　邓丽藤
责任印制：汤慧君　周一丹

出版发行：暨南大学出版社（510630）
电　　话：总编室（8620）85221601
营销部（8620）85225284　85228291　85228292（邮购）
传　　真：（8620）85221583（办公室）　85223774（营销部）
网　　址：http：//www. jnupress. com　http：//press. jnu. edu. cn
排　　版：广州良弓广告有限公司
印　　刷：佛山市浩文彩色印刷有限公司
开　　本：787mm×960mm　1/16
印　　张：13. 5
字　　数：257 千
版　　次：2016 年 12 月第 1 版
印　　次：2016 年 12 月第 1 次
定　　价：38. 00 元

前　言

文化，是一个民族的灵魂和血脉。当今时代，人们越来越认识到，民族的文化传承，能够成为一个民族凝聚力和创造力的源泉。文化，作为人的价值观念、生活方式和行为规范的体现，在一个地区、民族或国家身份形成以及认同过程中，起着十分重要的作用。

德庆悦城龙母文化，有着召唤千百万龙的传人的认同感和凝聚力，影响遍及西江—珠江流域和港澳地区。崇拜和信仰龙母，已成为西江流域的民间习俗，每年农历五月初一到初八的“龙母诞”期，德庆悦城有一个堪称“四海朝宗”的盛会，来自广东、广西、香港和澳门甚至台湾的信众，汇聚于西江之滨的龙母祖庙，龙的传人从四面八方前来瞻仰龙母、祭拜龙母，摸龙床、饮圣水、吃“金猪”，盖龙母金印，放生鲤鱼，祈求龙母庇佑赐福，保佑年年平安吉祥。这一民间信仰积淀着西江流域百姓们深层次的精神文化追求，更承载着岭南地区历史文化的内涵和积淀。龙母的形象、龙母的传说、龙母的精神、尊崇龙母的民间信仰和纪念龙母的民间祭祀仪式，已经融汇在一起，形成了一个牢固而庞大的龙母文化圈。

龙母信仰最早来自岭南越族的龙崇拜，百越人自古有崇龙的习俗。先秦和秦汉时期，岭南地区与中原地区的交通主要依靠河流，西江中游与灵渠、贺江等成为岭南与中原交通的重要通道。宋代，随着国家对民间信仰的重视，南海神、闽南天妃和岭南龙母信仰，都被纳入国家祭祀行列。民间信仰的地方性和官方的正统性相结合，推动了龙母信仰的传播和发展。龙母是水神，是母性神，鲜明地体现了中华民族崇尚的水文化和本根文化意识。

悦城龙母庙的历史悠久，考察绵延二千多年的龙母庙祭祀的民间信仰、民俗活动，研究独特的龙母文化现象和以信仰龙母为核心的文化内涵，对我们认识、利用好民间文化遗产，建设广东文化大省，具有重大意义；龙母文化研究对弘扬中华民族文化，增强我们民族的向心力和凝聚力，传播正能量，提高人民群众的道德水平，加强社会风气的建设，都具有积极的现实意义。

改革开放以来，关于龙母文化研究的成果，以陈摩人先生的《悦城龙母传说的民族学考察》、叶春生先生的《岭南民间文化》、蒋明智教授的《悦城龙母：从传说到信仰》系列文章、欧清煜先生的《古坛仅存——悦城龙母祖庙》为代表，在学术界产生极大的影响。2005 年 9 月 17 日，大明山“龙母文化发源地”考证会在南宁市召开；徐亚娟博士的《龙母传说中的壮民族文化因子》也令人瞩目。

“德庆悦城龙母文化研究”是广东社科地方历史文化项目，我们试图将龙母文化信仰放在龙文化研究的背景中，通过民俗学研究、性别研究、传播学研究和民间文学研究等角度，对西江流域的龙母信仰习俗展开田野调查，收集龙母文化研究资料，考察影响龙母文化信仰的因素，在此基础上，力图从多个角度去考察研究，分析龙母文化的意义和价值，从民众生活与儒释道的结合中发掘其文化内涵，使龙母文化研究具有开放性和丰富性。

我们的课题组主要做了以下工作：

一、组织开展田野调查，收集整理研究资料

龙母文化作为中国的传统民俗历经千年，传承至今依然生命力旺盛。龙母文化研究项目的开展，需要实地考察龙母庙的宫庙建筑、雕刻、壁画和节庆祭祀活动等，进行田野调查和收集文献资料，我们的工作得到了德庆县委领导和龙母祖庙办公室陈斌全主任的大力支持。三年多来，课题组成员实地考察了西江流域地区广东、广西的龙母庙：悦城的龙母祖庙、肇庆的白沙龙母庙、梧州的龙母太庙、广西藤县胜西村的龙母家庙等；收集了《德庆县志》，岭南关于龙母的各种传说、神话等叙述文本；以龙母为题材的小说、诗歌、戏剧作品；有关龙母庙的宣传光盘、书籍等，以及地方发展的文化史、自然史等；请龙母庙管理处列出 2010 年、2011 年有关龙母祭祀活动的日程表，便于课题组成员实地考察祭典仪式，调查民风民俗。我们多次参加龙母诞的祭典仪式，观看龙母太庙热闹非凡的龙母诞文艺演出；考察龙母诞期龙母祖庙水灯节上壮观的放水灯仪式。夜幕降临，庙祝主持仪式后，民众手捧点燃的水灯，跟着庙祝，从龙母祖庙殿堂出发，扶老携幼，穿街过巷，一路前行至西江岸边，最终登船将水灯放至河中，一时间，江面上泛起点点亮光，顺江水而下，场景蔚为壮观。千百只闪耀的河灯，寄托着民众对未来生活顺风顺水的美好愿望。

在田野调查中，我们深切体会到：以龙母诞为核心的祭祀活动已经成为西江流域的盛事。每年农历正月初四的龙母开金印、正月二十二龙母开金库、五月初一至初八龙母生辰诞、八月初一至初八龙母得道诞、十二月十五龙母水灯节等传统节日前后，八方善信游人汇聚到龙母祖庙，朝拜龙母，寻根问祖。改革开放以来，珠三角地区经济的飞速发展，为龙母信仰的传播提供了更好的经济基础。当代社会的迅速发展，市场经济的影响，科技的发展变化，增加了许多不确定的因素，使得人们心里有太多的迷茫。在现实生活中遭受的挫折和不如意，使得民众把希望寄托在神化的龙母身上，希望通过祈祷表

达自己心灵的愿望，从而获得龙母的保佑，实现心中的愿望，这是龙母信仰持续兴盛发展的心理基础。尤其是香港、澳门地区的堂口，每年都会组团包车到悦城、梧州等地的龙母庙参拜。在龙母祖庙的墙上，我们看到许多来自港澳的热心人士捐资赠款帮助修缮龙母祖庙的名单。人们敬仰祭拜龙母，既想获得龙母的保佑，也希望自己能有龙母的美德和善行。

我们观察到，在龙母诞期间举行的文化展演，既有娱神作用，也满足了民众娱乐消遣的需求，娱神娱人。到场的参与者并非全是祭拜龙母的信众，也有不少来娱乐助兴的民众。2010 年 6 月 18 日，梧州的龙母太庙举办了隆重的龙母诞庆祝活动，在持续四个小时的庆典活动中，除了祭祀仪式外，还添加了许多娱乐环节。譬如仪式开始前垫场的粤剧清唱，仪式过程中穿插的龙母传说的戏剧戏曲，以及舞龙、醒师表演等，热闹非凡。有远道而来祭拜龙母的澳门善信，因为生子还愿，捐款的数额大，主办方给予他第一个上高香的荣耀和权利，自是喜笑颜开。龙母诞的活动庆典，给人们留下乡土和寻根的记忆，应和了珠三角一带百姓、港澳同胞及海外华人的文化寻根心理。

在田野调查中，我们在广西藤县胜西村的龙母家庙偶遇一位五十多岁的大娘，在接到了外地信众祈福的电话之后，即时通过手机用藤县土话为那位信众唱经向龙母祈福。电话这端是大娘高亢激昂、绵绵不绝的吟唱，电话那端则是信众诚心诚意、全神贯注的倾听。通过手机，串联起了龙母信仰在两地的民间传播。

二、带领大学生社会实践，撰写调研报告关注文化传承

在课题组教授的带领下，文学院的曾火娇、骆燕贞、陈月敏、陈永聪和邵学宽五位同学，利用暑假积极开展社会调查。他们采访龙母庙的许多信众，走访了龙母庙的工作人员、德庆旅游局的领导、当地中小学师生……收集整理了龙母文化研究的大量资料。在充分调查研究的基础上，撰写大学生暑期社会实践调查报告《悦城龙母文化资源调查与传统文化传承的思考》。调查报告调研分析了悦城龙母文化精神内涵、德庆悦城龙母文化资源开发与传承的现状、成果与存在的问题；龙母文化资源在青少年中传播的必要性、开发新战略与预期效应；探讨青少年对民俗传统文化的接受心理，“神化”“人化”与民俗传统文化传承，倡导传承民俗传统文化，弘扬民族精神。

参与调研的学生认识到：德庆悦城龙母文化是西江流域文化的源泉和核心，是肇庆人民的文化骄傲和精神家园，积淀着人们深层次的精神追求和行为准则，更承载着地方历史文化的灵魂与精华。被誉为“古坛仅存”的龙母祖庙更是承载着龙母独特的、深厚的文化底蕴。报告详细描述了德庆悦城龙母文化资源的基本状况，并结合青少年的心理特征分析，论述了青少年对中

国传统文化传承与发展的关系与意义，进一步提出了德庆悦城龙母文化在青少年中的传播与开发的新战略。

龙母文化是中国传统龙文化的重要组成部分，青少年作为中国特色社会主义文化建设的接班人，注重青少年对民俗传统文化的接受心理的分析，探讨民俗传统文化的传承，对于我们传播和发展龙母文化，都具有非常重要的现实意义。

三、成功举办“广东·德庆龙母文化研讨会”

2011 年 10 月 20 日，由广东省社科联、肇庆市社科联和肇庆学院主办，中共德庆县委、德庆县人民政府协办的“广东·德庆龙母文化研讨会”在德庆县召开。龙母文化作为当代中国极具影响力的信仰文化，一直以来都是许多文化学者关注的焦点。参加学术研讨会的专家有广东省社科联副主席林有能先生，中国民俗学会副理事长、中山大学中国非物质文化遗产民俗研究中心主任叶春生教授，广东省政协常委、广东省社科院研究员陈忠烈、赵立人，华南农业大学吴建新教授，广东省社科规划办主任冯达才，广东省社科联副主任姜波，德庆政协主席温爱民和肇庆学院文学院“肇庆悦城龙母文化研究”课题组的成员等。专家学者围绕龙母文化在民间信仰、性别文化、传播学、精神文明建设、审美特质与旅游开发等领域进行了深入研讨。

肇庆社科联主席王中生主持开幕式。德庆县委书记吴宪平致欢迎辞，认为通过这次龙母文化研讨会，对于发扬龙母文化，让龙母文化落地，推动德庆的文化建设和旅游建设，促进德庆经济的发展，将会起到极大的推动作用。肇庆学院党委副书记胡宝坚作为主办方致辞，他肯定了龙母文化研究在文化建设和提升全民文化素养方面具有现实意义，指出肇庆学院作为地方高校，能够积极支持地方的经济和文化建设，高度肯定了龙母文化研究团队对地方文化建设的意义。

学术研讨会由肇庆学院“肇庆悦城龙母文化研究”课题负责人王敏教授主持。与会专家学者从不同角度，探讨了龙母文化研究的意义并发表了自己的观点。

四、发表研究论文，初步完成研究书稿

虽然学界对悦城龙母传说母题的研究成果颇多，但悦城龙母传说仍给我们留下了一些有意思的学术话题：比如，龙作为一个系统，原本是有阴有阳的，民间既有龙王庙，也有龙母庙，但为什么在岭南乃至南方地区，流传最广、影响最大的不是雄性的龙王崇拜，而是雌性的龙母崇拜？在一个男权观念深重的国度，作为女性的龙母是如何被崇拜为神的？悦城龙母信仰和岭南

庞大的女性文化传统，如妈祖、冼夫人、观音等女神信仰与自梳女、不落夫家等女性文化是否存在逻辑关联？

赖翅萍教授引入性别研究视角，深入探讨龙母崇拜所具有的性别文化内涵与女性文明特征，避免龙母传说系统所蕴含的性别文化意义被遮蔽的危险。论文认为，被岭南百姓世代奉为神祇的龙母，她不仅仅是一个尊贵的地方神祇，还是一个有性别标识的尊贵的地方女神。因此，我们试图把悦城龙母传说当作岭南女性生命活动的一个象征文本来解读，从中感悟岭南女性先民对生命活动过程的原初理解，把握岭南女性文明乃至岭南文明的原生样态。

研究者从人类学、文化学、民俗学等视角，对悦城龙母传说系统留下的一些颇有意味的基本母题的文化内涵进行了卓有成效的阐释。悦城龙母传说作为一个有性别标识的地方传说，必须引入性别研究视角，探讨龙母崇拜作为岭南影响深远的文化景观，及它所具有的性别文化内涵与女性文明特征。研究者运用性别视角重读悦城龙母传说系统所出现的基本母题，如“无父”“漂来的女婴”“无夫”“拾卵豢龙”“误断龙尾”“济物放生”“至圣显灵”“侣白鹿友黄猿”“与赖布衣斗法”等所包含的丰富的性别文化意蕴，指出这些基本母题蕴含着远古时期岭南女性的生命观、母教观、自然观与性别观，表现了活泼的南方女性主体精神，认为龙母传说不但有力地佐证了岭南女性在人类社会历史生活中的主体地位，也成为生生不息的岭南女性文明的源头。受龙母女性崇拜的深刻影响，岭南形成了广泛而强大的女性文化传统。

龙母文化是西江流域的水神信仰，传承着民众信仰龙母母慈子孝、感恩回报的伦理道德观。龙母传说在口耳相传的基础上，产生了大量的诗词、楹联、故事和戏曲等民间创作，因龙母崇拜而创作的诗词、楹联、传说、小说和戏曲等民间文学作品，反映了不同时期的文化风俗和社会心理变化。

王敏教授主要考察以龙母为题材创作的粤剧创作。作为广东的地方戏曲，粤剧有着深厚的群众基础，作为一种地域性的历史和社会记忆，龙母传说的基本信息为戏剧创作提供了情节、人物和主题重写的可能性，粤剧龙母戏在接受龙母传说的同时，又受剧作者所处的时代因素影响，受创作的时代氛围、文化语境制约，体现不同的时代特色与审美追求，表达人民群众的思想感情和心理愿望，表现剧作者的创作倾向和审美追求，龙母戏创作的独特价值由此形成。同样的人物，同样的传说，在半个世纪中呈现出各自的时代特色，从而形成粤剧龙母戏创作的独特艺术价值。

长期以来，学术界对地方戏曲的研究基础薄弱，资料的收集方面是最为关键的环节，有关龙母戏的资料却鲜有保存。迄今为止，粤剧龙母戏中，具有代表性的是湛江粤剧团的《悦城龙母》（首演时间是1959年）、肇庆粤剧团的《龙母传奇》（首演时间是1999年）、梧州粤剧团的《西江龙母》（首演时间是2008年)。湛江粤剧团的《悦城龙母》是龙母题材剧中创作排演最早的戏，剧团曾在中国湛江、吴川、廉江、肇庆、云浮、广州、香港、澳门和新加坡等地演出，备受推崇；肇庆粤剧团的神话粤剧《龙母传奇》在肇庆、广州、香港等地演出时也深受欢迎，2000年3月获得全国戏剧梅花奖、导演音乐奖、优秀表演奖、优秀音乐奖等九大奖项，创作演出均获得空前成功；梧州粤剧团的《西江龙母》在梧州、广州上演，2009年赴澳门演出获得成功，同年获第七届广西剧展大型剧目展演铜奖。传统的戏剧表演形式在匠心独运中寻求创新，粤剧龙母戏表现了人民群众的思想感情和心理愿望，表现出自然山水和道德情操美的高度统一，为人们形象地诠释了龙母精神与人格的艺术魅力。龙母戏以富有地方色彩的独特魅力赢得了观众喜爱，表现了一方水土养一方人的地域风情和文化底蕴。

龙母戏主题表现的创造性体现在不同时代创作的粤剧龙母戏之中，重写更是有差异的创造。在主题表现方面，龙母的对手无论是南海龙王、赖布衣，还是赖巫师；无论是阶级的、言情的，还是地域文化的，对龙母“母仪龙德”的歌颂都是一致的，龙母形象的塑造也都趋于人性化。渐渐地，龙母信仰从图腾崇拜转向了宗族崇拜，从神灵崇拜转向了祖先崇拜。因此，在龙母题材的小说创作中，出现了“神”被“人”化的现象，在粤剧龙母戏创作中，从龙女、温飞琼到温龙女，龙母的形象塑造也越来越趋向于人性化。关于悦城龙母的传说，历代都有基本相似的故事情节，形成悦城龙母传说系统里的“拾卵豢龙”的故事原型，构成“慈龙子孝”的母子关系，反映出以龙为图腾的氏族信仰。丰富的龙母故事传说，为龙母戏创作提供着原生态的资源。依据民间传说，“拾卵”的情节在三出戏中都有讲述，带有母系氏族时期图腾崇拜的色彩，表现出龙母豢龙、养物放生的慈母情怀。不同的是，在龙母戏的创作中各具特色的变更。《悦城龙母》是“一卵一龙”，《龙母传奇》《西江龙母》是“一卵五龙”，也都各有所本。粤剧龙母戏的创作，充分地挖掘龙母文化独特的民间资源，获得了创作和演出的巨大成功，也提示着创作者要深入民间，选取优秀的传说故事资源，不断地融进现代因素与创新艺术手法，才能创作出人们喜闻乐见的好作品。

苏常博士关注于龙母文化的传播。在中国南方，龙母文化的影响力不在妈祖文化之下。透过每年诞期悦城龙母祖庙前的参拜盛况，我们便可窥见龙母文化在当代的流传之广、影响之大。龙母文化作为中国的传统民俗，虽然历经千年，在当代中国却依然生命力旺盛。研究将龙母文化的传播放在当代中国社会的广阔背景之中，运用国家—市场—社会的三元分析框架，基于2010年和2011年的文献研究和田野工作收集的资料，通过传播学的视角分析发现，我们试图去剖析不同权力主体对龙母文化在当代传播所产生的作用和影响，以及交织于它们之间的微妙的互动关系。龙母文化在民众中的广泛传播，事实上包含着复杂的权力关系图景：既有国家新意识形态对于仪式传播的挪用，又有市场产业发展对于文化资源的挖掘，更有转型社会民众对于“心理鸡汤”的渴求。国家、市场、社会是龙母文化在当代传播的重要权力推手。同时，我们基于田野调查的研究亦认为权力的行使应适度有限，否则容易造成对文化的破坏和消解。长远而言，龙母文化的传播应该尊重民俗文化自身的发展规律和特点，才能使龙母文化在中国当代的传播中演绎出更炫耀的光彩。

杨红军博士从民俗学角度研究龙母文化现象。与中原文化典籍中的龙形象相比，南方传说中的龙母减少了神秘莫测的威严，更加贴近人民生活。中原文化的龙是一种天神，穿云破雾，具有特异功能；岭南之龙则生活在水中，在龙母传说中，龙子生活在水中，又具有天龙的特异能力，能够呼风唤雨。神龙在民间传说中不再是不见首尾，而是由人抚养大，与人类朝夕相处，凭借特异功能，为民造福的形象。南北方文化的融会贯通，既提升了本土文化的宏大气象，又积极吸收了异质文化的人文精华。传说中的龙母渗透儒家思想的仁、义、礼、智、信。1076 年，宋朝宋仁宗皇帝特意为广东悦城龙母庙题赐了一块“孝通”匾额，龙母庙因此改名为“孝通庙”；同时也吸收了佛教文化的积极因素，比如众生平等观念，还有一些佛教仪轨，比如，放生鲤鱼、适时斋戒等。文化融合丰富了文化的表现形式，并大大增强了感染力，既提高群众参与的积极性，又使民俗文化仪式所具备的思维力量得到加强。

“德庆悦城龙母文化研究”课题组在对龙母文化的起源流变、民间信仰、民俗文化、精神内涵等方面展开研究，从岭南人民对龙母的崇拜中探讨岭南人民的图腾崇拜、宗族崇拜、母性崇拜等观念，进而探讨龙母文化在当今社会中所发挥的作用以及对当代社会精神文明建设的深刻影响。

目　录

下　编

上编

德庆龙母文化的民俗学研究

杨红军

第一部分　龙母民俗活动的文化融合作用

据有关文献记载以及龙母庙相关古迹考证可知，龙母文化发源地在今肇庆市德庆县悦城江水口，此地处于珠江水系主干之一，是西江由广西流入广东的水路交通要塞，上游连接广西重镇梧州，下通广东肇庆、广州等地，在以航运为主的交通时期，成为西江沿岸重要的河港和军事要塞。据古文献记载，秦时此地成为南北交通必经之地，“三十三年（前214）发诸尝逋亡人、赘婿、贾人略取陆梁地，为桂林、象郡、南海，以适遣戍”[①]。崇祯《肇庆府志》载：“其偏踞岭西，群水所经，溪峒多而沃壤少，然居南海上游，转轴两越，南陈南汉，托始于此自移节镇，文武揍集，居然都会矣。”[②]《资治通鉴》记载：“（秦）以谪徙民五十万人戍五岭，与越杂处。”[③] 南北文化交流促使地方文化迅速与中原文化融合，显示出文化本身的勃勃生机，以及弥合地域冲突的整合作用，这也是龙母文化在此时此地发展，并逐渐成熟的主要原因。

首先，岭南文化在秦以前，具有极强的生机与独立性，这与它的地理位置有关，此地自古就风光秀丽、山川秀美，既有连绵不绝、常年碧绿的山峦，也有水网密布、物产丰富的盆地和平原。但由于高山阻隔交通不便，与中原地区的交通连接比较困难，引进中原先进文化开发本土资源相对其他地域较晚。尤其是在秦以前，与中原地区经济文化交流极少，导致其远古时期文化发展相对独立，南北风格差异很大。岭南古代为百越之地，现在指中国南方五岭以南的地区，相当于现在广东、广西、海南全境，五岭由越城岭、都庞岭、萌渚岭、骑田岭、大庾岭五座山组成，是中国江南最大的横向构造带山脉，是长江和珠江两大流域的分水岭。

其次，秦汉以后，随着交通运输业的发展，岭南在经济文化交流方面，

---

① 司马迁：《史记》卷六《秦始皇本纪》，北京：中华书局1982年版，第263页。

② 崇祯《肇庆府志》卷一《舆图》，日本藏中国罕见地方志从刊续编影印崇祯六年（1633年）刻本。

③ 司马光撰，胡三省注：《资治通鉴》卷七《始皇帝第三》，北京：中华书局1976年版，第242页。

逐渐被统一。龙母文化就诞生在南北文化交流融合时期，并流传至今，经历数千年而历久弥新。在秦始皇时期，随着战争和统治阶级开疆拓土的步伐的推进，原本几乎互不往来的状态开始有所改变，南北文化交流在人员迁徙过程中逐渐增多，大规模文化融合现象成为大势所趋。先是在战争进程中，大批兵士和耕战农民来到岭南，形成直接的物质和精神文化交流。在统一六国后，秦军将领屠睢受命开发南疆，统兵50万分5路向越人发动进攻，他们开始征讨岭南时遭到顽强的抵抗，秦军损失惨重。后来又经历多次增兵，迁徙人口也越来越多，战争前后经历了8年时间，在平定岭南之后，中原南迁人口又大幅度增加。战后秦在岭南设置郡县，对南方广袤土地实施军事镇守和经济行政管理，这是岭南地区行政上归入中央王朝管辖，文化上融入中华大家庭的开端。此后为了提高劳动生产力，秦政府又征派大量先进农业生产工具和各行各业的能工巧匠等迁徙至此，改变了当地的落后生产面貌，丰富了本土文化，进一步开发了岭南。当时最为重要的工程之一，是秦始皇下令开凿了灵渠，把长江与珠江水系连接起来，打通了南北两大水系的交通。开凿灵渠的原初动因，是为了在战时给秦国军队运送兵员、武器和后勤补给物资等，于是，在公元前218年，秦始皇雄心勃勃授命监御史禄，征发大批兵勇在今广西兴安县境内修建一条规模宏大的人工运河。在史禄的主持带领下，秦军与被征发的大批民众经过艰苦的劳动，几经寒暑，最终于公元前214年，成功开凿灵渠。从此以后，两大水系互相贯通，交通便利，从湘江用船运来的粮饷，可以顺利通过灵渠进入漓江水域，源源不断地运到前线，为前方军队的后勤与人员供给创造了较好条件。灵渠如今是世界上最古老的运河之一，有着“世界古代水利建筑明珠”的美誉，至今仍然发挥着水运、灌溉等重要功用。灵渠工程主体包括铧嘴、南北渠、秦堤、陡门等，完整精巧、设计巧妙，通三江、贯五岭，沟通南北水路运输，与长城南北呼应，同为世界奇观。灵渠从开挖成功，至今已有2 100余年的历史。在清代以前的漫长岁月中，它对于中原与岭南地区的经济、文化交流，起了极为重要的作用，为大规模的文化融合创造了条件，龙母文化的诞生就是其主要成就之一。

一、神与人：龙文化的南北融合

秦代以前，中国南北方人民关于龙的文化思考有很多不同的观念。北方传统龙文化主要是一种形而上的天神信仰，南方人民对龙的原始信仰则主要表现为一种形而下的鬼怪形象。关于龙的传说形象，古代岭南百越人主要认为龙生活在人世间，是一种神秘莫测、行踪难测的水怪，所以经常会伤害到人，故在文化观念中多是担心它们突然出现，兴风作浪，伤害水边居民和渔人。《淮南子·原道训》中对此描写说：“人民披发文身，以像鳞虫。”高诱注曰："披，剪也。文身刻画其体，内墨其中，为蛟龙之状，以入水蛟龙不害也。故曰'以像鳞虫'。"① 与此不同，龙在中原文化中的意义大异其趣，它是智慧、勇敢、吉祥、尊贵的象征，在这里人们一般认为龙是一种高贵又法力无边的神祇形象。据后人研究思考，中原文化中龙形象的诞生首先和天象有关，古人在远古时期希望掌握世界的运行规律，以便安排生活和生产活动，他们最初了解世界的办法是仰观天象，通过总结天象演化现象得出一些规律性见解；俯察大地，分析草木荣枯、季节变换的节奏，因此对日月星辰的周流变化以及对自然世界变化的对应情况非常敏感。在这个过程中古人观察到将黄道（太阳和月亮经过的天区）中的恒星分为"二十八宿"，其中东方七宿——角、亢、氐、房、心、尾、箕，连接起来的形象，活像一匹栩栩如生、勇猛强大的动物，随着该形象与自然变化的互相呼应，感觉它好像具有一种神秘的能力，后来就被人们称为龙。《周易・乾卦》中有用"六龙"来解说世界变化规律的爻辞，其中具体描写很像是苍龙星座六星流转天象的描写。《彖辞》中说："……大明始终，六位时成，时乘六龙以御天。"在古代漫长的天文地理观察过程中，古人为了发现总结自然规律，努力把天象变化与人间生活工作的具体事物建立联系，以便做出预测和防范灾变等。王侯会安排比较有经验的专业人士专门负责天文工作，《尚书・尧典》中载尧命羲和"钦若昊天，历象日月星辰，敬授民时"即是此意。文献中关于龙的形象的记载早在先秦时已出现，也是因为观天象解人事贴近具体生活早已深入人心，顾炎武说："三代之上，人人皆知天文。七月流火，农夫之辞也；三星在天，妇人之语也；月离于毕，戍卒之作也；龙尾伏辰，儿童之谣也。"（《日知录》卷三十）这同时也是神话传说发生、发展的群众文化心理基础。青龙与白虎、朱雀、玄武等星相后来作为威力无穷的象征，被合称为"四象"，又被演化成富有传奇生命色彩的四方四神。在军队文化发展中，这四神由于经常被军队描绘在军旗之上，代表四方阵容的精神风貌，因此四神逐渐在人们心目中成为行军打仗时士兵的保护神。将士们与之形影不离之后认为这些天象可以代表一种神奇的魔幻力量，可以鼓舞士气，保佑军队逢凶化吉、战无不胜。《十三经注疏・礼记・曲礼上》对此评论说："如鸟之翔，如龟蛇之毒，龙腾虎奋，无能敌此四物。"龙的形象在文化中不断被细化，成为一种吉祥威猛的神性形象。龙是中国古代神话的四灵之一，古时也有人们以龙作为四时之神坐骑的说法。《山海经》云："东方句芒，鸟身人面，乘两龙。""南方祝融，兽身人面，乘两龙。""西方蓐收，左耳有蛇，乘两龙。"在古代中原文化发展过程中，龙的形象由模糊到清晰，逐渐成为人们崇拜的神秘形象，并逐渐被人

① （汉）高诱注：《淮南之注》，上海：上海书店1986年版，第6页。

们赋予腾云驾雾、呼风唤雨、神秘莫测的能力，《说文解字》曰：“龙，鳞虫之长，能幽能明，能细能巨，能短能长。春分而登天，秋分而潜渊。”

与典籍记载的龙形象相比，在民间传说故事中，龙母的形象更亲民，可见人们在文化交流的过程中，已经逐渐把南方的民间传说与北方严肃的龙文化互相结合，融会贯通，把神秘自然与人间生活融为一体，把世俗现象与神界想象合而为一，既提升了本土文化的宏大气象，又积极吸收了异质文化的人文精华，成为文化融合的一个经典形象。文化融合是指来自外部的文化和本土内部文化的不同特质，通过相互接触、交流进而逐渐相互吸收、渗透，最后融为一体形成新文化形象和理念的过程。它以文化的共鸣同化或情感呼应为标志，在融合的过程中，不同文化细节彼此改塑对方，经过长期多方面的相互渗透、相互结合、互为表里，最终融为一体。在人类历史长河中，文化冲突曾经造成生灵涂炭、民不聊生的惨痛局面，而文化融合却可以巧妙地帮助人类避开因文化分歧而引发的不同阵营的残酷斗争，并迅速推动生产力的发展，为社会进步做出巨大贡献。

南朝时期刘宋文化名人沈怀远著作《南越志》中有目前认为是最早的关于龙母传说的记载。《南越志》曰：

> 昔有温氏媪者，端溪人也。常居涧中，捕鱼以资日给。忽于水侧遇一卵，其大如斗，乃将归置器中。经十许日，有一物如守宫，长尺许，穿卵而出，因任其去留。稍长二尺，便能入水捕鱼，日得十余头。稍长五尺许，得鱼渐多。尝游波中，萦回媪侧。媪后治鱼，误断其尾，遂逡巡而去，数年乃还。媪见其辉色炳耀，谓曰：“龙子今复来也。”因蟠旋游戏，亲驯如初。秦始皇闻之，曰：“此龙子也，朕德之所致。”诏使者以玄珪之礼聘媪。媪恋土不以为乐。至始安江，去端溪千余里，龙辄引船还。不逾夕，至本所。如此数四，使者惧而卒止，不能召媪。媪殒葬于江阴，龙子常为大波，至墓侧，萦浪转沙以成坟，人谓之掘尾龙。今人谓船为龙掘尾，即此也。

在以上所记载的传说中，文化融合主要体现在以下几个方面：首先是天与地相结合，中原文化的龙是一种天神，穿云破雾，具有特异功能，岭南之龙则生活在水中。在龙母传说中，龙子生活在水中，又具有天龙的特异能力，在唐刘恂的《岭表录异》里，已经和呼风唤雨有关系。其次是神与人相联系，神龙并非不见首尾，而是由人抚养长大。最后是王权与民力互相尊重，神龙象征神圣王权，百姓不可违逆丝毫，但是龙子代表民意，却可以与王权进行对话，主张自己的观点。龙母信仰的这种文化融合寄托了人类与自然和谐共处的根本愿望，自然力有神秘莫测的一面，非人力所能理解和驾驭，因此信仰仪式一方面以敬畏龙神的方式表达顺应自然的心态，另一方面又以人神共存的故事表达自然赐福人类的愿望。比如沿袭至今久盛不衰的悦城龙母诞庙会等民俗活动，每逢农历五月初一至初八，信众就会庆祝龙母生辰诞，八月初一至初八是龙母得道诞期，各方善信也都会自发来到悦城龙母祖庙，通过一整套庄严肃穆的民间活动，庆祝龙母得道，人们竭尽所能，贡献出最好的土特产品，表演最经典的民俗活动来表达对龙母的敬爱之情。这些活动主要包括：

（1）摸龙床。信众到龙母梳妆楼上的龙母床上摸摸龙枕、龙被和龙帐，口中祈祷着："摸摸龙枕，高枕无忧。摸摸龙被，一年好到尾。"还有不少信众祈祷早生贵子。

（2）饮圣水。人们相信龙母圣水具有神奇功效，争相饮用，远道而来的信众也会将其带回家给亲人喝。这圣水来源于龙母庙后面的矿泉，据专家研究，该矿泉水属于硫黄矿泉，具有一定杀菌功能。

（3）服香灰。等待拜龙母的香燃尽以后，取少许香灰，用水送服，祈祷平安。

（4）吃"金猪"。用烤乳猪供奉龙母，等祭祀仪式结束之后分而食之。

（5）鲤鱼放生。在龙母得道诞期间，人们会隆重举行一个放生活动，鲤鱼放生是民间自发形成的民俗活动，希望放别人一条生路来为家人和自己积德、造福。

（6）盖龙母金印。金印本来只有皇帝才有权使用，老百姓让龙母来给自己盖龙母金印，既显示了对龙母的高度信赖，又表达了龙母平易近人的人文关怀，民间用它来辟邪。需要盖龙母金印的人们只要备好新毛巾即可。

（7）烧幽。老百姓不但为自己祈福，而且要表达关心别人的布施心，他们常常在进行鲤鱼放生时，烧一些香、纸钱、元宝，燃放鞭炮，祭祀小鬼。

（8）戴龙母符。人们相信龙母符和神像经过开光以后，便会具有神秘的能量，可以帮助人们逢凶化吉、免祸消灾。龙母祖庙那里的商铺摆放着各种各样的龙母符。例如：龙母神像护身符、水府元君护身符、十二生肖金箔龙母护身符、龙母护身卡、龙母平安符等，请一个带在身上，时时提醒自己，小心做事、与人为善，自然也就会心想事成。

二、儒道佛：龙母文化融合的思想基础及其表征

古代岭南百越民族是一个历史悠久、繁荣庞大的部落联盟，其名称是苍梧，是居于现今中国南方和古代越人有关之各个不同族群的总称，后来成为这个区域的地方名称延用下来，至今还有苍梧县保留古代文化痕迹。苍梧这个地名可以追溯到虞舜时代。《战国策·楚策》曰："楚南有洞庭、苍梧。"

《汉书音义》曰：“苍梧越中王，自命为秦王。”公元前111年，汉武帝平定南越国之后正式设置苍梧郡，当时统辖区域甚广，包括广信、猛陵、谢沐、高要、端溪等十县。龙母在传说故事中的故乡悦城镇地属德庆县，德庆在汉代称端溪，故古代悦城隶属古苍梧郡管理，此地相距苍梧郡一百公里左右。悦城龙母庙坐西北向东南，呈现出民间青睐的背山面水风貌：背靠五龙山，因为在那个山顶上呈半月形横向开出五个山峰，故被当地人称为五龙山；后山背后叫金鸡岭，前面有一个开阔的水面，右边是西江河，左边是悦城河，两水就在龙母祖庙的前方汇流，龙母（一位乐善好施的温姓姑娘）的坟墓就位于龙母祖庙的左边，与龙母祖庙的座立方向保持一致。龙母祖庙至今依然是龙的传人，尤其是东南亚华人信众“四海朝宗”的圣地，龙母文化源远流长，影响深远。此地龙母文化的发祥与秦汉时期当地的地理位置和当时社会文化发展形态有密切关系。这里又是交通枢纽，伴随着经济发展中心的形成，这里也成为中原文化同海外文化交流的中心。自汉武帝平定南越后，这里是交趾刺史部七郡的中心地区，物质和精神文明发展很快。由于文化事业发达，诸多文人贤达聚集于古代苍梧地区，所以教育视野开阔、思想先进，官私学校迅速增多，经学研究也人才辈出。经济交通发达又促进了文化交流的繁盛，使此地逐渐成为南方诸郡文化底蕴最为深厚的地方。由于官方管制比中原地区更为宽松，东汉末年的苍梧成为中国重要的学术自由之地之一，比如广信县陈钦、陈元三代人传承的古文经学《左氏春秋》造诣颇深，其影响甚至曾经轰动京师。在丰富文化的熏陶下，当地民风醇厚，读书治学受到扶持，在苍梧地方富裕大士族的资助下，先进知识分子受到生活和社会地位方面的优待，治学环境尤其自由和宽松，本地文化事业方面取得的成就连续数代享誉南方各地。到了东汉末年，按照《牟子理惑论》中所载细节可以推知，中原地区人民在刀光剑影中民不聊生，“独交州差安”（牟子语），“中原士人来避难者以百计”（《三国志·士燮传》）。因此，此地的文化融合非常活跃，期间出现两位推动文化融合的历史文化名人彪炳史册。其中一位是东汉末三国初年的苍梧逸民牟子，他创作了佛学论著《牟子理惑论》，文前有汉末苍梧太守写的序传，清末民初广东学者梁启超说：“《牟子》以调和儒道释三教为职志。”

牟子生活在中原，那时儒家、道家文化受到青睐，他从小勤于学习儒家经典，并与道家术士互相交流，在道学上颇有心得。后来他又到佛教兴盛的交趾去修学佛教知识，可谓集儒道佛经典文化于一身，这几种文化从不同角度教化人民具有共同的人文宗旨，不同学说互相砥砺又融会贯通、圆融无碍。他对吸收多种文化精华的态度是立足现实，对各种不同的文化进行批判继承，他说：“书不必孔丘之言，药不必扁鹊之方，合义者从，愈病者良，君子博取众善以辅其身。”同时，他对外来文化的态度是积极吸收营养：“不可以所习为重，所希为轻，惑于外类，失于中情。”（《牟子理惑》）他把“佛”与“道”的思想关联起来，认为佛所说的“觉悟”相当于道家分析的“无为”：“佛乃道德之元祖，神明之宗绪。”他援引儒家和道家的主要论点，融合佛学基本思想，辅导世人放弃尘累，洒脱生活，帮助人们消除对外来文化的敌对态度，积极弘扬佛法慈悲济世的优良一面，从而达到融会贯通、和谐共处的目的。研究中国佛教史卓有成就的汤用彤教授说：“汉代佛教，附庸方术，魏晋释子，雅尚《老》《庄》。牟子适为过渡时代之人物，则《牟子理惑论》者，为中国佛教史上重要之一页也。”（《汉魏两晋南北朝佛教史》）

此地另外一位文化名人是融合儒佛精髓的契嵩禅师（1007—1072 年），他俗姓李，字仲灵，自号潜子，出生于藤津（今广西藤县）。他生于宋真宗景德四年（1007 年），卒于神宗熙宁五年（1072 年），享年六十五岁。庆历年间（1045 年前后），契嵩居住在杭州灵隐寺潜修佛学。皇祐年间（1051 年前后）携壮志来到京师，当时儒家对外来佛教文化极为排斥，为了弥合儒佛两家文化的尖锐冲突，挽救佛教于狂澜既倒，他先后两次创作万言书陈述佛教情怀上书皇帝，其高瞻远瞩与真知灼见深得京城高僧、大儒信服，仁宗因此为他赐号明教大师。后来契嵩又归隐深山，最终卒于山林。佛教本来是印度文化，经历高僧大德辗转传入华夏之后，异质文化产生的形神冲突逐渐升级。儒家思想初次受到外来文化的严峻挑战，由于两者有较大差异，融会贯通比较困难，两者相互对峙甚至水火不容，于是各自领袖人物之间展开了长期激烈争论。儒家参与争论的学者认为首先一定要捍卫安邦治国之本土文化的尊严，反对佛教的过度渗透导致人心离散，败坏社会伦理秩序。他们指出佛教乃夷狄文化，具有对儒家伦理的反叛性，不符合本土文化秩序，更不能在中国流行，否则会惑人身心、乱人耳目，对社会管理造成的恶劣后果不堪设想。契嵩精通儒家经典，文质兼备、博学多闻，曾经著作《原教》《孝论》等辨析文章十多篇，阐释儒佛两家文化可以贯通的光明前景，与当时极力辟佛的活跃学者据理力争打破文化垄断。他的作品有《镡津集》二十二卷，后被收集在《四库总目》中，成为重要文化遗产，流传于后世。

契嵩融汇儒佛文化的思想在弥合两者争端中大放异彩，对文化引进和提升本土文化做出了巨大贡献。在宋仁宗明道年间（1032—1033 年），文学界诸位名流看到当时各种思想互相激荡，人心不定，于是希望整合思想，欲崇尚古文运动主张以中唐文学家韩愈等人的文风为典范，把儒学道统放到一个极为尊贵的位置，特别是要标举出与佛教文化的冲突和差异，用本土文化的强势进攻来对抗外来文化的入侵。契嵩看到文化专制势力排除异己的行为，认为取消文化多元化生存机会会严重扼杀文化的生机和活力，为了克服人们对外来佛学的蔑视和反抗行为，消解对立情绪，融合两者精华推进文化新生，他写出对后世具有深远影响的重要文章《辅教篇》，在文章中他详细阐明，儒佛两种文化在表述上虽然差异比较大，但内在思想方面存在很多人文教化的相通之处。为了增强说服力、扩大影响，他又继续上奏朝廷，坚决反驳欧阳修等人的辟佛之说。由于他的议论鞭辟入里、切中肯綮，上至仁宗皇帝，下至众多文人士大夫，听闻之后无不为之震动，社会各界名流开始重新思考外来文化的合理性，重新评估佛学的理论思想和社会价值，尊重其学说在认识世界和管理社会中具有的积极影响。就具体议论内容而言，契嵩在《辅教篇》一文中阐明，儒佛两种文化虽然在理解宇宙、社会，指导为人处世等方面有很多形式的区别，比如儒家重于经邦济世、建功立业，佛教重于清心寡欲、随喜安隐。但其目的相同，两者的最终目的都是以经邦济世为己任，以人民福祉为依归。“儒佛者，圣人之教也，其所出虽不同，而同归于治……故治世者，非儒不可也；治出世，非佛亦不可也。”他把佛教的“五戒”与儒家的“五常”进行比较分析，他提出“孝为戒先”，并将这一重要命题对两者进行符合情理的沟通。他阐释说，佛教以戒律包含孝敬之意，其孝重在理念；儒家之孝重在遵守《孝经》中具体的孝行规则，理念和行为本是一体两面不可分割，佛教哲学强调不二法门正是此意。因为他对孝敬的佛学解释深入浅出，耐人寻味，令人心服，所以契嵩在人们心目中获得“一代孝僧”之美誉。他说：“五戒，始一曰不杀，次二曰不盗，次三曰不邪淫，次四曰不妄言，次五曰不饮酒。夫不杀，仁也，不盗，义也，不邪淫，礼也，不饮酒，智也，不妄言，信也。是五者修，则成其人，显其亲，不亦孝乎？”修此五戒，则资之所以为人，大孝。如果将五戒与儒家的五常相配，即不杀，就是仁；不盗，就是义；不邪淫，就是礼；不饮酒，就是智；不妄言，就是信。因此他认为儒佛形式不同而其质同：“以儒校之，则与其所谓五常仁义者，异号而一体耳。”五戒是“先王一世之治迹也。以迹议之，而未始不异，以理推之，而未始不同也”。如果从佛教的人乘来说，它也可以说是儒家修身要求：“脱天下皆以此各修，假令非生天，而人人足成善人。人成善而世不治，未之有也。”“阴自修者，而父益其善，子益其孝，夫妇兄弟益其和，抑亦众矣。”① 契嵩在他的文章中，大力提倡佛儒同源思想，以此来融会佛儒，宣传佛法。“古之有圣人焉，曰佛，曰儒，曰百家，心则一，其迹则异，夫一焉者，其皆欲人为善者也，异焉者，分家而各为其教者也。圣人各为其教，故其教人为善之

① （宋）契嵩：《镡津文集·辅教篇上·劝书第三》，见石峻、楼宇烈、方立天等：《中国佛教思想资料选编》（第三卷第一册），北京：中华书局1987年版，第264页。

方有浅，有奥，有近，有远，及乎绝恶而人不相扰，则其德同焉。”① 契嵩的儒佛沟通论思想为人类两大经典文化的融合，提升文化总体品质，推动社会文明进步做出了巨大贡献。

民间文化对精英文化的吸收，需要借助一种更加形象化的通俗载体，传说中的龙母形象就成为一个通俗文化载体，同时蕴含着忠孝节义等精英文化的深刻内涵。首先，龙母是一位能“仁”的温氏慈母，“仁者爱人”，传说中她是一个勤劳的人，时常浣纱于程溪，忽然有一天，在水边捡到一枚奇怪的巨蛋，她担心有人不小心破坏了这个五彩斑斓的宝贝，所以天天抱着它睡觉，后来彩蛋破壳竟然孵出了 5 条活泼可爱的小龙子，消息不胫而走，温氏从此被当地人称为龙母。龙本身具有神奇的超人能量，而生活在人们身边的这个龙母却对龙有着养育之恩。这个故事在一定程度上反映了人们对征服自然，实现安居乐业的渴盼，也反映出古代人民在面对风云骤变、深不可测的大自然时，希望得到母亲般细心呵护的心理。古代悦城虽然是大批商贾来往之地，但此处“临江，江水自西粤来，谓之西水，每岁夏秋间，淫雨连日，则江水暴涨，漂屋庐，城中亦可行舟，乃塞城门以抵之，城外江口又多飓风，夏日时作，发屋拔木……每四五月，西水发时，粤西大山深涧，冲下孔雀粪及毒蛇、毒虫、红虹叫等恶水，由封川、德庆绕郡而东，水如黄河之浊，饮之腹肿闷胀，所谓瘴毒也”②。虽然龙可以兴风作浪，但龙母既可以驯服龙子，又对老百姓充满仁爱，所以她就可以帮助人们战胜自然灾害，带来风调雨顺，龙母信仰对老百姓来说是一个安全的慰藉，所以能够长盛不衰，流传千年。龙母故事的文化主题之一是重视宣扬孝道观念，于是 1076 年，宋朝宋仁宗皇帝为宣扬教化“以孝治国”理念，特意为广东悦城龙母祖庙题赐了一块“孝通”匾额，这座龙母祖庙因此改名为“孝通庙”。“孝通”二字，表达了“龙母以孝行教导五龙子，龙子又以醇厚孝德报答龙母”的传统孝道教育思想，来这里烧香磕头的老百姓一看到这个匾额，或者听到这个名字，孝道思想就会得到强化，此地的山、水、故事传说、建筑都能让人们具体感受到龙子对龙母的一片尽“孝”之情，自己的心灵就会受到深刻的感染。古代社会的孝道伦理主要体现在两个方面，一是善事父母，二是尊祖敬宗。贤达先人一般认为人如果能做到这两方面，就能穷通幽明，入乎佳境，得到大家认可。《论语·学而》说：“曾子曰：‘慎终追远，民德归厚矣。’”

龙母信仰吸收了佛教文化的积极因素，比如众生平等观念。首先是男女

---

① （宋）契嵩：《辅教篇中·广原教》，见石峻、楼宇烈、方立天等：《中国佛教思想资料选编》（第三卷第一册），北京：中华书局 1987 年版，第 278 页。

② 吴震方：《岭南杂记》（上卷），北京：中华书局 1985 年版，第 13 页。

平等，人们像礼拜菩萨一样朝拜龙母，焚香叩头，使女性形象摆脱男尊女卑的禁锢，这种仪式无形中会对提高女性的社会地位产生较大影响。在母系社会向父系社会过渡的过程中，女性社会地位逐渐降低，在后来很长的历史传统文化中，女性地位一直没有得到公平对待。在殷商末朝，由于商纣王荒淫无道，宠幸妲姬，荒芜朝政，误国殃民，烽烟四起。周武王率众推翻腐败政权之后总结经验，明确提出“牝鸡司晨”各负其责，不能干涉朝政事务。周公后来为了防止“红颜惹祸”，更进一步制定了嫡长子继承制和宗法制，男尊女卑的社会意识形态逐渐得到强化。比如在桓公十五年，郑厉公暗中指使雍纠去刺杀政敌祭仲，事情由于准备不足仓皇失败后，雍纠被逮捕杀害，郑厉公被迫狼狈出逃。史官对此特意描写说，“公载以（雍纠尸）出，曰‘谋及妇人，宜其死也’”。史官在如此激烈的皇权斗争中专门记下这一细节，说明当时女性在人们心目中的形象是多么愚不可及、不可理喻，女性的屈辱地位由此可见一斑。在西周初期，由于沿袭夏商习惯，女性还有一些参与社会重要活动以及朝政大事的史迹记载，在后来的历史发展中，文献记载的女性公务活动逐渐减少并且受到越来越严重的性别歧视。比如《论语·泰伯》：“武王曰：‘予有乱臣十人。’孔子曰：‘才难，不其然乎？唐虞之际于斯为盛。有妇人焉，九人而已。’”有人认为这句话中的“妇人”是指武王的妻子邑姜，因为女人不能算是臣，所以孔子对此发表评论说“九人而已”。在两汉时期的文献记载中，男尊女卑的观念在人们心中已经根深蒂固，在儒家伦理道德建设的著作中，提及此论的数量急剧增加，最著名的是《列女传》《女诫》。西汉时期的文学家刘向在《列女传》一书中大肆鼓吹“夫为妻纲”等伦理观，大力提倡对女性进行接受男尊女卑观念的文化教育。东汉班昭联系自身体会特意编撰《女诫》，系统表达了女性服从男性地位的行为和理论，并为女性制定了细致严格的角色行为规范，“妇不贤，则威仪废缺；妇不事夫，则义理堕阙”。妻子如果我行我素违反道德规范，“天则罚之”，对女性的要求更加严密残酷，缺少平等自由的人文关怀。应该说如果是为尊重男性而对女性制定一般性的伦理道德、行为规范并无不妥，但是一旦走向极端，剥夺其应有的权益就会适得其反。龙母传说的诞生受到多种文化的影响，其中对女性的尊重与佛教的众生平等观点是一致的，至少可以与佛教结成文化同盟对抗鄙视女性的错误观念。佛教看待一切生命都有最终极意义上的平等、自由，遑论女性。在鄙薄女性的古印度，佛陀强调男女佛性平等，他巧妙地化解轻视女性的巨大文化压力，减低社会各界的反对声浪，审慎而技巧性地帮助女性成立了僧团。《大般涅槃经》曰：“若有不能自知佛性者，我说是等名为女人，若能自知有佛性者，我说是人为大丈夫。若有女人能知自身定有佛性，当知是等即为男子。”可见两性尊严相等，“彼丈夫我亦丈夫”，根本没有必要甘受屈辱。

其次是官民平等观念，既然众生平等，官对民的绝对控制地位开始受到质疑，在龙母传说中，秦始皇的意志也可以受到民间力量的挑战，可见平等观念已经深入民心。“秦始皇闻之，曰：‘此龙子也，朕德之所致。’诏使者以玄珪之礼聘媪。媪恋土不以为乐。至始安江，去端溪千余里，龙辄引船还。不逾夕，至本所。如此数四，使者惧而卒止，不能召媪。媪殒葬于江阴，龙子常为大波，至墓侧，萦浪转沙以成坟，人谓之掘尾龙。今人谓船为龙掘尾，即此也。”（南朝沈怀远《南越志》）

另外，还有一些佛教仪轨被人们融合到龙母文化中，比如，每逢庆典人们到西江放生鲤鱼，不吃鲤鱼、爱青龙（即小青蛇）、适时斋戒、禁欲等。有一些龙母庙同时供奉道教八仙等，说明道教的文化因素也被龙母信仰吸收进来，增强了文化的含摄力量。为了让龙母形象更加接近群众，龙母庙的管理也顺应人民的心理需求，让她成为人们表达心中诉求的亲切慈母，关怀子民追求幸福的愿望。因此龙母祖庙每年的固定节庆活动比较多，除了大家现在普遍公认的“春节”“五一”“十一”等节庆活动外，龙母祖庙还有自己独有的固定节庆活动，如每年正月的龙母祈福月、正月初四的龙母开金印、正月廿二的龙母开金库、五月初一至初八的龙母生辰诞、八月初一至初八的龙母得道诞（八月初八为龙母水灯节）、十二月廿八的龙母感恩节等。在节庆活动期间，参观游览人数平均每天有约 2.3 万人次，其中游客人数最多的一天达 4.2 万人次，而在非节庆活动期间，参观的游客人数平均约 1 000 人次，其中游客人数最少的一天可能只有 200 多人次，因此龙母祖庙的参观游客分布不均，呈两极分化状态，旅游淡旺季十分明显，节庆活动期间的日平均游客数大约是非节庆活动期间的 23 倍。节日典礼安排简明扼要，由于顺应群众文化心理，所以深受广大信众喜欢。比如龙母开金库活动是悦城龙母祖庙传统的庙会活动，一年一次，每年正月廿二举行，距今已有两千多年历史。活动当天，善信从四面八方前来龙母祖庙，庙内庙外人山人海，热闹非凡。人们纷纷诚心种福，请龙母金锁匙“开”金库，祈求龙母赐福，期望新的一年财源广进、生意兴隆、生活美好。活动步骤如下：①到活动现场（正殿）列队；②往种福箱投种福金；③从“龙母金库”箱里请出“龙母娘娘赐财券”及“金锁匙”带回家，祈求龙母保佑新的一年财源广进，生意兴隆；④参拜龙母，祈福许愿；⑤年底还库谢恩。

图1　悦城龙母庙开金库之盛况

三、文化融合增强了文化的摄持能力

文化融合是在本土文化面临外来文化冲击时积极进行调整以适应新的文化环境所采取方式之一。人类生活在不同的自然环境和社会环境中，自然会形成各具特色的文化内涵和形式。在古代，由于交通交流不便，不同国家、地区、民族的文化独立性较强。随着生产力的发展，战争、经济贸易、文化交往的范围不断拓展，各种文化的交流与碰撞在所难免。各种文化之间具有不同的生活方式、生活习惯、社交礼仪及价值取向，因此消极的碰撞会引发不同民族、不同地域和不同种族、不同国家和地区的文化冲突甚至长期的战争，给人类带来巨大灾难。而积极的文化融合就会放下各种偏见，积极吸收传统与外来文化的精华，实现多元文化的和谐相处，共同发展，形成强大的精神动力，推动社会进步。以下主要以2010年亲历梧州龙母生辰诞的笔记为例来分析本文关于文化融合增强文化摄持能力的观点。

广西梧州是西江的流经之地，与广东封开交界。车到梧州，壮阔江面以博大胸怀接纳了四方来客。龙母生于斯，庇佑当地人民，造福万家，利泽天下，与西江之博大融为一体。龙母太庙依山而建，白云山顶，38米之高的龙母塑像宛如腾云驾雾，悬浮空中，金光闪耀，无比神圣。普天之下，无不在龙母慈爱心怀的庇佑中。据《梧州十大姓》记载，龙母生于周赧王二十五年（前290年）五月初八，开诞仪式在夜里举行，梧州城刚入夜，白云山灯火通明，香火不断，善男信女们聚集在龙母庙，等候龙母诞辰2 300年的到来。龙母生辰诞庆典活动的承办方在白云山脚下搭建了舞台，为龙母诞献上一份具现代气息的盛宴。白云山顶，龙母圣像在这座寂静古城的夜幕下绽放圣灵的光芒。穿透山野的肃穆钟声，不时回荡在游人的耳畔，为梧州古城增添了几分神秘色彩。调研组向着山顶的光芒，沿山路拾级而上。台阶隐没在林木之间，点点香火点缀其间。俯身回望，西江景观一览无余，在城市灯火的映衬下，西江与梧州城交相辉映。游人有幸在龙母脚下，站在圣人的角度看世事繁华，心中顿生“寄蜉蝣于天地，渺沧海之一粟”之感。登至山巅，龙母神像俨然如天之圣物，游人感慨万分，在龙母脚下，万事万物皆空，龙母的博大、仁慈成为至上的信仰。仅凭这份崇仰，龙母在世人心中便可达到超然的境界。

由远及近的鞭炮声中，龙母生辰诞开诞仪式揭开了序幕。每年的开诞仪式大同小异，广场上彩灯高挂、灯火通明，右侧的五条石柱肃立水中，石柱上的龙纹在灯光的映衬下栩栩如生。众多港澳善信者和当地民众在场下虔诚恭候庆典的正式开始。

1. 钟鼓爆竹齐鸣

爆竹历来是神灵下凡或上天之时必鸣之物，晚上 8 点 30 分，白云山上鼓声、钟声、炮竹声齐响，鞭炮的烟雾在空中腾起一朵祥云，预示着龙母的降临。当地人民称此仪式为：奏发财钟、击平安鼓、燃庆典炮，希望来年财运亨通、平平安安。

2. 龙母出巡

此环节为龙母巡察西江，一队人马从台后列队进场，灯笼、旗幡高挂，演员们个个盛装打扮，侍马随从，胭脂粉黛，台上一片喜庆。

3. 烧猪、水果、鲜花供奉龙母

旗幡下，四名壮丁抬着一头烧猪虔诚地向台中央迈进，侍女手托鲜花、水果，碎步上前。龙母乃仓吾部族首领，百越子民因循古时祭祀之礼，在每年的龙母生辰诞上为龙母奉上贡品，祈求龙母庇佑。

4. 众人向龙母三叩首

在主持人的组织下，在场人员全体起立，向龙母三叩首。一叩首龙母福佑风调雨顺、国泰民安；二叩首龙母福佑身体健康、家庭和睦；三叩首龙母福佑生意兴隆、财源广进。叩首在民间的祭祀活动中是必不可少的环节，它表达了民众对神灵的敬畏与崇仰，通过这一仪式进一步弘扬和传承龙母精神，使龙母勤劳、勇敢、善良、智慧、宽厚、慈爱、利泽天下、为民造福的品质深入人心。

5. 颁发龙母懿旨和接承办旗

此环节甚是庄严，古装打扮的钦差手持懿旨进行宣读，着现代服饰的活动承办方下跪承接懿旨，两个不同时空的人在此神会，颇似古代神灵穿越时空，将福祉带给当代人。

6. 猛龙贺诞表演

鼓声一起，火球一个跟斗翻出来，引来长龙飞舞。你追我赶，鼓点参差，猛龙上下飞越，时而虎视眈眈，时而辗转徘徊。舞到高潮之时，一团火焰从龙口喷薄而出，顿时火光四射，全场掌声雷动。

7. 群狮贺诞表演

群狮一出场，锣鼓喧天，钟鼓齐鸣。六头雄狮摇头摆尾，在木桩四周来回起舞，红黄两色充斥在广场之间。一回望，二徘徊，雄狮纵身跃上两米高的桩上。采青是舞狮的高潮，狮子跳上凌空的木凳，下面正挂着青菜，采青的过程中，它又上演了一段狮子戏水，活灵活现的动作将狮子的灵气表现得淋漓尽致。而后的俯身一气呵成地完成采青的使命，霎时群狮齐舞。龙与狮自古是人们敬仰的神物，舞狮在龙母生辰诞上是必不可少的环节。

图2　广西梧州龙母庙龙母诞·舞龙表演

8. 龙母金船游西江

龙船在一片金光闪闪中，游江一周，将福泽洒向人间。五龙子在船头开路，龙母坐其中，珠光闪耀，满脸慈爱。

9. 粤剧《八仙贺诞》

广西梧州盛行粤剧，八仙是中国神话史上重要的一页。龙母生辰诞上，八仙也远道而来为龙母庆贺。

10. 击平安鼓、奏发财钟、燃祈福炮

仪式进入最后环节，击鼓燃炮之后，龙母太庙正式步入龙母诞期，正是万众齐欢的时刻。

11. 上香参拜龙母

各界人士皆来到香炉台前，向龙母上圣香、高香，当地流行一种说法，上头炷香的人来年将受到龙母的庇佑。据统计，龙母2 300年诞辰，梧州龙母太庙共奉上20炷高香，是高香数量最多的一次。其中有8炷是澳门、广州等地旅客敬献的。2.8米的高香如擎天柱，寄予了人民对龙母的无上敬仰。

以上内容充分说明文化融合增强了文化的摄持能力。摄持有两个主要含义：①护卫；护持。南朝宋谢灵运《山居赋》说道："若乃乘摄持之告，评达养之篇，畏绝迹之不远，惧行地之多艰。"唐司空图《为东都敬爱寺讲律僧惠确化募雕刻律疏》："汎洒六尘，摄持万行。"②掌管；控制。明张居正《答奉常陆五台论治体用刚》："今权珰贵戚，奉法遵命，俯首帖耳而不敢肆；狡夷强虏，献琛修贡，厥角稽首而惟恐后者，独以仆摄持之耳。"清王夫之《读四书大全说·论语·里仁篇二》："故既处约乐，便露乖张，待其长久，则益不自摄持，逢处皆破绽矣。"文化摄持能力借用摄持表达深入影响人的精神和生活的能力。比如我们在阅读优秀文化典籍时，经常会欲罢不能，看一遍欢喜，看两遍更欢喜，千遍、万遍，永远看不厌，这就是文化的摄持能力。文化的摄持能力与其蕴含的文化"力量"有关，文化力度的增强，主要表现在三个方面：文化形式的感染力、思维穿透力和官方扶持力。

（1）多种文化融合丰富了文化的表现形式并大大增强感染力，提高群众参与的积极性与主动性。文化形式诉诸人们感官的内容是产生感染力的基础。观察是人们运用各种感觉器官（眼、耳、鼻、舌、身等）或借助仪器，有目的、有计划地对事物进行考察和了解的一种过程和方法。观察力是人类智力结构的重要基础，是思维的起点，是聪明大脑的"眼睛"，所以有人说："思维是核心，观察是入门。"现代科学证明：人的大脑所获得的信息中80%～90%是通过视觉、听觉收集的。所以一个人要想发展自己的智力，首先就必须把观察的大门敞开，让外界的信息源源不断进入自己的大脑。如果一个人堵住观察的大门，老是让信息吃闭门羹，那么，他的智力不仅不会提高，反而会每况愈下。一切较高级的、较复杂的心理活动如想象思维等都是在观察的基础上产生的。一个人如果对周围的事物不能进行系统周密的观察，他的思维就缺乏深厚的基础，知识也是表面的、肤浅的。龙母文化的艺术表现形式在多种文化的综合影响下五彩缤纷、多姿多彩，比如绘画、雕塑、音乐、舞蹈、戏剧、建筑等。每逢龙母生辰诞等节日，就会进行丰富多彩的文化表演。优秀的文化形式主要有以下两种特点：第一，能抓住典型性形象。深入人心的文化形象能够敏锐地抓住那些共性与个性有机融合又极具代表性的典型形象。龙母形象的鲜明生动和富有感染力的传说故事使龙母文化受到广泛的欢迎。第二，具备富有表现力的文化仪式，比如龙母诞辰的一系列活动。

（2）文化融合使文化仪式所具备的思维力得到加强。思维穿透力是文化形式的核心力量。思维，简单的说法就是思考，是人的大脑对客观事物的认识过程，包括了对于客观事物的感性认知与理性认知阶段。通过思维的运用，我们才能从客观事物获取大量的相关信息，再经过分析、综合，来深刻理解事物的本质。通过思维，人能掌握客观事物的本质和规律，从而有效地改造世界、创造世界。对于文化本身来说如果思维的穿透能力不够强，便只能罗列各种文化现象，而无法给受众带来独到的体会和见解，文化仪式也会因为缺乏足够的逻辑力量而散乱不整。优秀的文化思维力度主要体现在两个方面：①能发现现象背后的本质或规律性。②文化仪式有很强的逻辑力量。比如人们通过对龙母的祭拜学习龙子的孝道，表达对家园守护者的感恩等。

（3）官方扶持力肯定并增强了文化的影响力。悦城龙母祖庙始建于秦汉，千百年来一直是广东省内香火最旺、最富传奇色彩的庙宇。龙母文化的影响力和官方的认可与扶持分不开。该庙曾得到历代皇帝的册封，现在庙中还完整地保存着明代开国皇帝的洪武诏书碑。一千多年来龙母祖庙重修了 13 次。在光绪三十一年（1905 年）曾集中两广的能工巧匠，耗费巨资，花了 7 年的时间重建了这座龙母祖庙。1985 年，社会公众和港澳同胞集资 300 多万元，又进行了全面的整修。自 2005 年以来，南湖国旅坚持大投入对悦城龙母祖庙开展旅游宣传，在广州多条公交车线路上喷绘龙母祖庙形象车身广告，借助公交车每天的往返行走来开展流动宣传；在广州、深圳主要地铁站台制作灯箱广告；在广州、佛山、深圳等地 30 多个大型住宅小区制作电梯喷画；坚持集中在春节、龙母诞等时期前后，在广东省内、港澳地区主要媒体报纸，大版面刊登宣传广告；利用与有关客源地旅行社合作，采取优惠措施鼓励其在收客线路上，刊登龙母祖庙的宣传广告。2009 年，悦城龙母祖庙接待参观人数 130 万人，门票收入 3 219 万元；2010 年，接待参观人数 133 万人，门票收入 3 382 万元，两者分别同比增长 0.02% 和 5.1%。

第二部分　龙母民俗叙事的社会心理分析

美国民俗学家斯蒂·汤普森认为一个母题是一个故事中最小，能够持续在传统文化中反复出现的成分，叙事母题是构成文学作品的重要元素，这些元素通过相近的叙事结构可以构成无数文学作品的大框架，它们通常蕴含着一个民族，乃至全人类的集体无意识，具有丰富文化内涵。女性在古代社会一直处于弱势地位，他们对社会做出的杰出贡献很容易被社会集体遗忘。

一、龙母形象产生的潜意识动力

龙母叙事属于英雄叙事母体，它从另一个角度反映出一种集体无意识中的性别焦虑。历史上有过相当长的一段时期，女性一直处于一种被侮辱地位，男性既想奴役女性又要摆脱心理压力，所以就丑化女性的形象，比如古代文化中，女性多半显得恶毒，是男人的祸水，更是不折不扣的“坏女人”，如《圣经》人物夏娃、古希腊神话里的潘多拉，欧洲在中世纪被宗教法庭当成女巫大规模处死的女性等，另外还有大量的文学作品为推广这种文化观念推波助澜。罗马帝国时期的基督教神学家德尔图良认为女人是负罪的魔鬼。他曾说：“女人啊，你是魔鬼的大门，你把连魔鬼也不敢直接攻击的人引入歧途，上帝之子不得不死是你的罪过；你要永远举哀，永远衣衫褴褛。”① 这种文化发展一直到目前也没有彻底扭转，视女性为“祸水”的现象在今天的电视、报纸、网络等媒体上依然可以找到很多痕迹，从这种叙事母题的框架入手深入分析其文化内涵，可以追溯人们内心存在的传统性别偏见的文化根源，从而帮助人们匡正潜意识深处残存的错误的文化观念。

在过去的半个世纪中，社会心理学家发现，“人类行为最有力的决定因素之一源于我们希望维护一个稳定、正面的自我形象的需求；换言之，我们希望保持一个对自己相对有利的看法，特别是当有证据与我们美好的自我形象相抵触时”②。费斯汀格认为，认知的不一致就意味着认知不协调或失调。假如两个认知要素是相关的且是相互独立的，我们可由一个要素导出另一个要素的反面，那么，这两个认知要素就是失调关系。例如一个人有这样两种认知：“女性不应该受到奴役”，“我在奴役女性”，这个人就会体验到认知失调，认知失调会给人带来精神压力和紧张，人们为了排除压力生活下去，就会想尽办法缓解这种紧张。认知失调以及努力摆脱失调的心理现象存在于每个人的心中，不分时代、种族、性别、年龄、文化水平等。消除自身的认知失调状态是人类普遍的行为模式，它表现在选择一个结婚对象、选购一种商品等时需要人类做出选择活动的方方面面，它会出现在我们每天的生活中。

---

① ［美］海斯著，孙爱华、唐文鸿译：《危险的性——女性邪恶的神话》，上海：上海人民出版社 1989 年版，第 80 页。

② ［美］Elliot Aronson 等著，侯玉波等译：《社会心理学》，北京：中国轻工业出版社 2005 年版，第 146 页。

当失调存在时，个体心理上产生压力和痛苦，个体为了减少心理上的不舒适体验就试图减少失调，达到认知和谐。减少失调可通过多种方式：①改变自己对行为的认知；②改变自己的行为；③改变自己对行为结果的认识；④引进新的认知元素，改变不协调的状况。

在男权社会中，男性群体通常的做法是选择第四种，即从传统文化资源中引进一个认知元素——女性是邪恶的，这样，男性的奴役行为便获得了心理支持，认知失调带来的心理压力也就消失了。比如在15—18世纪初，在欧洲发生的猎巫运动中，大约有10万～20万巫师受到了审判，其中大约有5万～10万人被处死，而女巫则占了其中的75%～80%，以至于许多西方学者把这次猎巫看作是一场主要针对女性的迫害运动。社会一旦认定她们是邪恶的女巫，受迫害就是理所当然的了，而事实上，这些女性只不过是运用自己的智慧参加了社会公共事务，使得男权社会的结构受到威胁而已。在古代中国，对女性的压制体现在“三从四德”的文化管制、裹脚的陋习和对“红颜祸水”的围攻上，这些令女性处于严密的管控之下。显然，这种以暴力压制为主要手段的途径是古代社会专制体制的衍生物，它不允许分辨和反抗。但是，这种管制和潜意识中积累的很多生活表象相抵触，这种冲突被专制体制所压制，却在潜意识中给人类带来不安与躁动。于是，心理学家发现了一种奇妙的群众文化心理，社会表象在潜意识的驱动下会发生叠加与拓展、分解与组合等变化。龙母神话故事是产生符合认知失调之后的另一种比较隐秘的缓解方式：改变自己的行为。不过这种改变是在想象中发生的，并最终以神祇崇拜的方式实现的，人们在仪式上不再污蔑女性，而是重新表达一种崇敬之情。在传说中，龙母逐步成为一个英雄女神，“乡里咸谓之龙母，敬而事之。或询以灾福，亦言多征应”（刘恂《岭表录异》）。

以上这种集体无意识在压力下会成为神话故事的创作动机，表象活动与之有着紧密联系。动机是指为促成满足人的需要的人的行为的动力。在神话产生过程中，创作动机执行着激发构思、推动传达的动力作用。当人类潜意识中同情与尊重女性的情感遭到大力压制的时候，便会在神话中以另一种可以接受的方式表达出来。神话传说在创造神祇形象时，人们集体无意识中所进行的表象运动是纷繁复杂的。它包括表象的生成、记忆、回忆和各种各样的加工变化。表象在脑海中的运动是神话形象产生的内在依据。

二、龙母形象诞生的心理表象变异方式

关于表象的心理学研究，可以上溯到现代心理学发展的初期，“我们可以把心理学中对心理表象的研究分成三个发展时期：哲学时期（前科学时期）、

测量时期和认识时期"①。在不同时期，不同的研究者或组织对表象的认识有所不同，这里运用的表象学理论主要吸收的是现代认知心理学中的研究成果。认知心理学对表象研究的重点是对作为表象基础的信息表征的特征和性质的研究，"现代认知心理学一般认为，'表象（image）或心像（mental image）可以被看作为对象表征的抽象类似物（abstract - analog），因为表象能够以它们自身不断地变换、改变来模拟外在对象的连续变化，而且这种模拟并不依靠和外在视觉通道或其他的感知觉通路相关联'（安德森 JRanderson，1984《认知心理学》）"②。

如何给表象下一个清晰的定义和明确的界定，在目前的认知心理学研究中还没有定论。但大量的研究工作已取得了令人欣喜的丰硕成果，揭示了表象作为一个内部的信息加工过程的一些基本特征：

（1）它们能够表征不断变化着的信息。

（2）它们能够承受各种施之于它们的操作，这种操作乃是空间操作的类似物。

（3）它们并不联系于视觉形态，而似乎是一种更一般的系统的一部分，这种更一般的系统在于表征空间的和不断变化着的信息。

（4）大小这一类的数量彼此越接近，在表象中就越难加以辨别。

（5）表象比图形更富于柔顺性，却具有较小的易碎性。

（6）复杂对象的表象可以分裂为若干片断。

神话传说对生活的反映包罗万象，无论它构建的世界是多么奇幻，若从其事件、旨意、情感、境界等方面进行考察，就会发现它最终还是对社会、人生的深切观照。外部事物在我们的大脑中形成的表象是人类观察、思考的外部世界，是产生意识的前提条件，正所谓"胸罗万象凭吞吐，笔秉千钧任翕张"。想象是人脑对已有表象进行加工改造而创造新形象的过程。想象表象的构建形式主要有：黏合和夸张。"黏合是把客观事物中从未结合过的属性、特征、部分在头脑中结合在一起而形成新的形象。通过这种综合活动，人们创造了许多童话、神话中的形象，如美人鱼、猪八戒、飞马等。夸张又称为强调。这是通过改变客观事物的正常特点，或者突出某些特点略去另一些特点进而在头脑中形成新的形象。例如，人们创造的千手佛、九头鸟、大人国、小人国等形象，都是采用这种方式进行综合的。"③ 龙母形象是把生活中的很多女性形象进行黏合并进行神化夸张的产物。

---

① 乐国安：《当代美国认识心理学》，北京：中国社会科学出版社 2001 年版，第 101 页。

② 赵为华：《表象表征的若干问题》，《北京师范大学学报》（社会科学版）1994 年第 1 期。

③ 彭聃龄主编：《普通心理学》，北京：北京师范大学出版社 2001 年版，第 250 页。

龙母表象的黏合是一种叠加过程，龙母形象在漫长的历史发展过程中叠加了无数劳动妇女的形象，比如母亲、渔妇、神女等表象。相异的表象在大脑的区分辨认功能作用下，会各行其道，不会叠加在一起，否则会使人们辨认事物出现困难。表象的叠加指的是相同或相近的表象互相重叠，从而造成表象的部分改变。这种情况在类表象的形成过程中尤其多见。“类表象就是大脑中反映类事物的表象材料。”① 比如“她撅着小嘴看我们，眼睛里有好多怨艾”，当人们有怨艾的时候，其表现应该是多种多样的，生活中的多种此类表象叠加在一起，就会形成一个比较有共性的类表象出来：撅嘴、怨艾的眼神等，作者选取类表象的一部分描写出来，人物的外部表现就恰如其分地反映了她的内心活动。

相同的表象叠加是指，我们的感官多次接受同一个外部事物的刺激，这样能促进表象的深化，也就是使该表象便于回忆，回忆起来更清晰。在生活中，我们也经常有这种体会，想快速记忆某些事物，但若是不去反复接触它，效果是不理想的。相近的表象叠加是指，同一种事物的形形色色的个体表象重叠，从而形成类表象，这是相近表象叠加最常见的方式。比如提到“马”，我们的脑海中可以浮现出一个具有很多马的共性的类表象，原因就是当我们见过许多个别的马之后，其共同的部分在我们的脑海中形成了类表象。龙母就是一个优秀劳动妇女的类表象，在她的能力被夸张之后就成为一个神话形象。

三、龙母叙事结构的张力及其心理意义

龙母叙事结构的张力来源于内外双结构的偏离。什么是文章叙事的内结构和外结构呢？在文字产生以前和书面传播昂贵的历史阶段，人类对文化的传播和继承主要依赖口头传授，为了方便记忆，人类喜欢借助讲故事的手段。这样的结构通常遵循时间顺序或其他比较稳定的序列，呈现外化倾向，我们称它为外结构。与之相对应，有一些现代叙事有意通过结构本身传达丰富的思想内涵，比如《狂人日记》的文言与白话结构等。“外结构是指情节安排为序列、为故事服务，或者说，完整的或切割的情节之间的联系是序列、时序，目的是组合故事。内结构是指单纯的序列之间的联系是意象或命题，目的是多角度地阐述命题。”② 外结构一般是指时间序列结构，内结构则具有表意功能，通常是多角度表达一个命题，两者通常在同一部作品中有机结合，并行

---

① 袁红章编著：《表象学》，北京：科学技术文献出版社 1995 年版，第 255 页。

② 董小英：《再登巴比伦塔：巴赫金与对话理论》，北京：生活·读书·新知三联书店 1994 年版，第 188 页。

不悖。

龙母传说从外结构看具有明显的英雄叙事特征，它们体现了传统英雄叙事的情节模式，李稚田对英雄神话叙事模式的总结对我们有很好的启发①：

外结构	英雄诞生	英雄验证	英雄建功	英雄崇拜
英雄叙事	可能在上面的环节中加入“再生”	寻宝或学习，证明有超越常人之处	克敌克难为国家或民族做出极大贡献	正剧英雄或悲剧英雄
龙母传说	交代龙母身世	养育龙子	有消灾灭难等神异功能	正剧英雄

龙母叙事的外结构迎合了英雄崇拜的群众文化心理。英雄叙事和爱情叙事是人类最常见最古老的两种叙事模式。他们都是人类在摆脱野蛮时代进入文明时代过程中心路历程的一种投射。爱情需要表明人的精神世界摆脱了原始的蒙昧混沌，英雄崇拜则表现了人类对把握自己命运的渴望和对自我能力的充分自信。

人类对英雄的崇拜，从远古就已经开始。在远古神话中，各个民族都有不胜枚举的英雄人物和英雄故事。并且这些故事往往在当时的文字记载中占据主要位置，给人类留下永不磨灭的记忆，英雄崇拜甚至构成人类意味深长的集体无意识。远古时期的英雄是具有超人力量的神；后来英雄开始走向人间，半神半人；近古以来，文学作品塑造的英雄形象大多是人类社会中具有卓越才能的领导人或干将，英雄最为突出的特征就是用出众的能力和才华为人民群众建功立业。

崇拜原本是一个宗教词汇，指信徒对神灵、偶像的畏惧、敬拜的仪式，后引申为尊敬爱戴，指某种特殊的崇敬、忠诚，不管这崇拜多么模糊不清和违反常情。英雄崇拜反映了人民群众的普遍文化心理：渴望超越自身平凡，以英雄为榜样，实现自我理想，实现人生价值；希望出现强有力的领导人或干将冲破现实中的罗网、枷锁，让自己的理想在英雄所向披靡的打斗中潇洒实现；希望在生活中为非作歹或阻碍社会发展的势力被冲击得粉碎，人民在看台上拍手称快；失败的英雄照样可以满足大众的期待心理，因为能够把反面人物的丑行公开展示出来，并呈现他们迫害英雄的动机和行为过程，这本身就是群众意志的胜利，它告诉人们斗争才刚刚开始，取得初步胜利，大家要团结一心，共同努力。

① 关于龙母故事部分为笔者所加。

综上所述，英雄形象是备受大众青睐的，由于他体现了老百姓的愿望，最容易产生轰动效应。同时，对一个社会群体来说，英雄形象最具有号召力，他具有团结大众、齐心协力实现社会目标的巨大功能。他的言论是济世良言，人人都能信赖。他一旦把柴火点燃，一切都围绕他本身燃烧，变成和他自己一样的熊熊烈火。

龙母故事的内结构是一个表意结构：一个普通民间妇女却能带给百姓巨大福祉，未入朝廷却成为百姓的保护神。

龙母叙事的内结构呼应了人们集体无意识中的逆反心理。从以上对情节模式的分析可以看出，龙母故事的内结构主要描写的内容是通过民间力量与封建统治力量的对比，表达了对前者的信赖以及对后者的不信任。一个普通女性在民间扶危济困，得到群众的广泛信赖，给当地老百姓带来了莫大的安全感。但是面对朝廷的召唤，她却因病或不情愿去皇宫受宠，故事为了不让她脱离民间，甚至干脆以病亡来结尾，这些情节耐人寻味。情节内结构的各个环节都从不同角度论证了同一个命题：宁愿信赖民间保护神，也不愿意信赖封建统治者。

外显内隐的结构张力蕴含深层文化心理。纵观中外古今神话传说和文学经典，我们发现故事中蕴含的艺术张力是触动读者心灵的重要力量源泉之一。有了精彩的艺术张力，即使是日常小事，也会因艺术内涵的博大精深让人过目难忘，甚至是刻骨铭心。“张力”一词最早见之于物理学。从物理学的角度讲，张力是物体受到两个相反方向的拉力作用时所产生于其内部而垂直于两个部分接触面上的互相牵引力，例如，悬挂重物的绳子或拉车的绳子内部就存在张力，我们平常还讲水的表面张力等。物理张力的特征有二：其一，它产生于静止或相对静止的事物中，如挂重的绳子是静止的，拉车的绳子之于车是相对静止的；其二，它是相互作用的力，不是单一方向的力。

孙书文先生在他的文章《文学张力：非常情境的营建》中对张力概念的表达比较清晰，他说，文学张力与物理张力有相似的特质，平衡态中包容不平衡态，“不动之动”的动态感；多种因素，尤其是相互矛盾因素的组合与相互作用力。分而论之，文学张力具有这样四个特征：

其一，多义性。文学张力追求文本的充盈感，其基础在于文本的多义性，即力求在有限的文字空间内容纳多种意义。

其二，情感的饱绽。

其三，对矛盾冲突的包孕。比如《红楼梦》中平时动辄哭哭啼啼的林黛玉在大限将至之时，面对来探望的众人，却总是以“微微一笑”或“笑而不语”相对，黛玉表面的“笑”与令人断肠的“悲”，在反逻辑与合逻辑、反情理与合情理的对立中产生张力效果。

其四，弯弓待发的运动感。情感的流露、意义的表现要含而不露，具启示性。

总的来说，张力是指作者描写的生活场景具有丰富的思想、动人的情感、相互依存的矛盾等。龙母叙事正好暗合了这三个特征，所以才具备经久不衰的艺术魅力。

1. 丰富的思想

龙母故事本来很单纯，并无复杂的戏剧冲突和角色分明的人物对峙，但是这并不妨碍思想的丰富性，否则其艺术魅力不会如此巨大。其秘密在于故事外结构和内结构的不同思想统一存在于一个看似简单的故事中，相得益彰、相映成趣，内容便显得五彩缤纷、扑朔迷离起来。外结构塑造了一个女英雄形象，满足了老百姓丰衣足食、安居乐业的普遍要求，这是故事的外显思想，此外还有一个内隐思想使故事产生了巨大的艺术张力。弗洛伊德认为，在人们受到挫折后，除非允许他们宣泄自己的攻击性，否则攻击性的能量将受到抑制而产生压力，由于这种能量需要寻找一条输出通道，因而便产生暴力行为，或者以精神疾病的状态显现出来。只有生气者对于使自己受到挫折的人或物进行一种安全的、没有自疚感的攻击，精神发泄的效应才最明显。民众在封建统治者那里受了不少委屈，又不能找到合适的发泄对象，所以通过讲故事表达对统治者的不服从，就成为一种安全的想象性攻击行为。意识与潜意识的较量在这里构成了张力，具有了紧张感和趣味性。

2. 动人的情感

龙母故事在叙事过程中始终蕴含着饱满的情感，比如龙母细腻深沉的母爱之情、龙子的孝道之情、龙母宽广的爱民深情等，令人倍感温馨。在真情的笼罩下，信仰对象会因为信仰者的心血注入而生动与人格化。因为那所谓可爱、可恨、敬佩、信赖、讨厌、惋惜、悲伤等情感并不是事物本身就有的，这些本来与事物无关的东西在信仰者眼中成为事物的意义，这些情感渗透进信仰对象之中，成为信仰者注意神话形象的心理结构。当情感消失，在非人格的情况下，事物似乎并未改变，但是神话形象却会因缺少情趣而枯燥乏味起来。

3. 相互依存的矛盾

叙事过程中，矛盾冲突的形成与展开能够大大拓展作品的内涵空间，故事的矛盾描写包括外部矛盾和内部矛盾，外部矛盾主要是指人与生活环境的矛盾，主要是自然灾害等问题。内部矛盾主要是指集体潜意识中的内心矛盾，主要是对封建统治者的不满。这些矛盾的双方既互相冲突，又难以分离，所以只好相互依存，形成一个充满矛盾又互相紧密联系在一起的有机体，故事的内涵也因此而无限丰富起来，充满了运动的紧张感。

龙母故事的外结构是显在的、张扬的，充满了激情，而内结构则是隐蔽的、含蓄的，浸润着苦涩。这种英雄叙事的内外差异使我们可以从内外结构的张力中发现一些意味深长的事情，以往相关的读者接受和文学评论大都关注于外结构的乐观进取精神，对内结构透露出的隐含信息虽有提及，但分析不多。英雄叙事的外结构彰显了民间英雄的理想和力量，由于这种理想和力量具有冲破思想樊篱、打烂行动枷锁的意义，崇拜的呼声迅速高涨，很容易被神化为民间信仰的形象。内结构在激情叙事的背后却在默默地表达着另一种不敢明确说明的心理现象：对封建统治者的逆反。一个热烈、一个冷静，一个光明、一个灰暗，一个积极进取、一个消极反抗。两个结构统一在共同的叙事过程中，并依此形成巨大的叙事张力。

如今，封建专制制度早已经寿终正寝，龙母崇拜的香火却越来越兴旺，此时的群众文化心理与古代已经截然不同。2009 年，悦城龙母祖庙接待参观人数是 130 万人，门票收入 3 219 万元；2010 年，接待参观人数 133 万人，门票收入 3 382 万元，两者分别同比增长 0. 02% 和 5. 1% 。德庆县文化局对出现递增变化的主要原因做了分析：

一是宣传攻势的持续强化。自 2005 年以后，南湖国旅坚持大投入对悦城龙母祖庙开展旅游宣传。县旅游局根据春节、龙母生辰诞、龙母得道诞、龙母感恩节等节庆民俗活动的时间表，开展相关的策划和报道，主要是：①网站专题宣传。提前一个多月，在德庆旅游网上推出节庆活动专题，介绍节庆活动的内容及意义，同时提供往年活动情况的浏览。②电视宣传。在 2006 年之前，集中在春节和生辰诞前两周，在珠三角电视台的有线电视频道，插播龙母祖庙宣传广告。2006 年以来，在本地电视台有线频道，在各民俗活动的前两周，滚动播放各活动的消息。③手机信息宣传。坚持在每个节庆前期，通过中国移动的企信通平台，发送节庆活动的宣传信息。④报纸媒体宣传。坚持在每个节庆的前后期间，通过县电视台、县新闻信息室，把最新的活动新闻报道发送出去。

二是销售部门力量得到强化。自 2008 年开始，南湖国旅对德庆旅游景区驻广州营销中心销售人员进行了调整，将集团内部销售精英充实到营销中心来，负责开展德庆景区的营销工作。

三是门票销售策略得到强化。近两年来，盘龙峡德庆营销中心持续实施龙母祖庙景区门票“惠上惠”奖励返还销售策略，对一次性购买 100 万元以上门票总数的旅行社，实施人数返还奖励政策。除此之外，还对在其推广报纸线路上刊登龙母祖庙广告的旅行社，实施一定金额的人数返还。这些措施，极大地激发了旅团社的组团力度。

关于龙母信仰在大众中越来越流行的社会心理原因，当地旅游局对其进行了分析，主要原因包括：首先是龙母文化本身特有的魅力。龙母文化的核心切合中华传统文化，是中华传统文化的组成部分，其所倡导的中华传统美德，如“母仪龙德”、利泽天下、奋发向上、亲和团结、赤子孝道等对普罗大众具有吸引力；其次是民众普遍的信仰缺失的社会现实，为龙母文化传播得以流行甚至扩大影响提供了土壤；最后是随着市场经济的发展，社会矛盾日益复杂，各种各样的压力越来越大，龙母祖庙以其神奇灵验在满足大众追求心理安慰，表达人们求福避祸的心理，如发财致富、健康长寿、平安幸福、事业有成等美好愿望方面发挥了积极作用，成为人们祈福的首选之地。

龙母信仰是一种通俗文化，是精英借助地方文化因势利导教化民众的一种方式。儒家、佛家都崇尚仁德，而一个自然人是不愿意约束个人欲望的，所以孔子说，“我未见好仁者”（《论语·里仁》）。而践行仁德的有效途径只能是用礼来制服私欲膨胀之恶俗，“一日克己复礼，天下归仁焉”（《论语·颜渊》）。荀子说：“人生而有欲，欲而不得，则不能无求，求而无度量分界，则不能不争。争则乱，乱则穷。先王恶其乱也，故制礼义以分之，以养人之欲，给人之求。”（《荀子·礼论》）由此可知，仁德教化本是一剂治理人类野蛮习俗归于优雅的良药，是古代精英用“礼”教化人民在“做蛋糕”“切蛋糕”和“分蛋糕”的过程中遵守约定俗成的基本规则，从而避免因各种贪婪形成恶俗引发血腥屠戮的策略。可是单纯灌输“四书五经”和佛学经典对底层民众的道德修养提升几乎无用，所以精英知识分子只好运用诸如龙母信仰此类通俗文化来引导人民从善。《说文解字》注：“精，择也。”段玉裁注曰：“择米也。《庄子·人间世》曰：‘鼓荚播精’……引申为凡最好之称，拨云雾而见青天亦曰精。”“英，荣而不实者。”不结果的花谓之“英”①，精英字面意思是精挑细选出来的花，引申为珍宝、精粹、出类拔萃之人等。就人物而言，精英是“指由于某种原因在社会中处于较重要的地位，具有较大影响力的人物。如政治精英、经济精英、军事精英、科技精英等。精英所指的范围要比统治者的概念更为广泛，因此从权力分配的角度说，可以分为统治精英与非统治精英两种”②。衡量精英的指标通常有职位、声望、影响决策力度三种，我们梳理的对象主要是精英知识分子群体。“庸，用也。从用从庚。庚，更事也。”“俗，习也。习者，数飞也。引申之凡相效谓之习。”③ 庸俗的含义就是“①平庸，鄙俗。《荀子·非相》：‘好其实不恤其文，是以终身不免

---

① （汉）许慎著，（清）段玉裁注：《说文解字》，上海：上海古籍出版社1981年版，第598、86页。

② 马国泉主编：《社会科学大词典》，北京：中国国际广播出版社1989年版，第336－337页。

③ （汉）许慎著，（清）段玉裁注：《说文解字》，上海：上海古籍出版社1981年版，第250、676页。

埤污庸俗。’②指平庸鄙俗的人。《抱朴子·论仙》：‘且常人之所爱，乃上士之所憎；庸俗之所贵，乃至人之所贱也。’”① 庸俗之人就是与精英相对之平常人，他们信奉实用主义，既根据生存需要善变，又能把遵守风俗习惯作为人的第二本性；精英指导平民改变不良习惯，遵守社会公德并率先垂范，因此两者既有推动社会发展的统一性又充满认知视角与策略选择差异的冲突性。精英既然是社会各领域的优秀人物，对社会发展至关重要。马克思虽然信奉人民决定论史观，但他并不否认精英发挥关键作用，甚至认为人民创造历史的必然性只有通过精英指引和发动才能实现。龙母信仰曾经被批判为迷信糟粕，其实这种忽视底层民众文化观念的行为有失偏颇，为普适性伦理失去良心钳制埋下隐患。知识精英利用民众自发形成的信仰开展教化，其主要目的是想让人通过这种简单形式做到知书达理，比如龙母信仰宣扬的“孝敬、仁德、慈悲”等思想。礼虽来源于“俗”，但只有符合情理的民俗才可以被提炼为“礼”，不符合情理的部分诸如男尊女卑、强权专制等都是“礼”要转化的恶俗。“礼”是人类文明的瑰宝，是人类对自然和社会规律的总结，“天地以合，日月以明，四时以序，星辰以行，江河以流，万物以昌，好恶以节，喜怒以当；以为下则顺，以为上则明，万变不乱，贰之则丧也。礼岂不至矣哉！”（《荀子·礼论》）关于民间信仰，百姓在传统习惯的影响下亲近这些形象，并且该信仰能够帮助人们闲邪存诚，从善如流，我们就应该把它看成一种古代流传下来的积极文化遗产，加以保护和珍视。

---

① 安德义主编：《逆序类聚古汉语词典》，武汉：湖北人民出版社1994年版，第175页。

岭南女性生命活动的一个象征文本
——悦城龙母传说的性别文化内涵解读

赖翅萍

悦城龙母传说系统，留下了一些颇有意味的基本母题，研究者分别从人类学、文化学、民俗学、传播学等视角，对这些基本母题的文化内涵，进行了卓有成效的阐释。但悦城龙母传说，毕竟是一个有性别标识的地方传说，因此，必须引入性别研究视角，探讨龙母崇拜作为岭南影响深远的文化景观，它所内具的性别文化内涵与女性文明特征，否则龙母传说系统所蕴含的性别文化意义就有被遮蔽的危险。本文运用性别视角重读悦城龙母传说系统所出现的那些基本母题，如“无父”“漂来的女婴”“无夫”“拾卵豢龙”“误断龙尾”“济物放生”“至圣显灵”“侣白鹿友黄猿”“与赖布衣斗法”等所包含的丰富的性别文化意蕴，指出这些基本母题蕴含着远古时期岭南女性的生命观、母教观、自然观与性别观，表现了活泼的南方女性主体精神，认为龙母传说不但有力地佐证了岭南女性在人类社会历史生活中的主体地位，也成为生生不息的岭南女性文明的源头。受龙母女性崇拜的深刻影响，岭南形成了广泛而强大的女性文化传统。

图 1　悦城龙母庙龙母娘娘像

广东悦城龙母传说，从先秦远古流传至今，久传不衰，而且影响广泛，深入人心，成为岭南一种重要的民间信仰。据考证，关于悦城龙母传说最早的文字记载出现在南朝刘宋年间沈怀远所撰写的《南越志》一书中：

昔有温氏媪者，端溪人也。常居涧中，捕鱼以资日给。忽于水侧遇一卵，其大如斗，乃将归置器中。经十许日，有一物如守宫，长尺许，穿卵而出，因任其去留。稍长二尺，便能入水捕鱼，日得十余头。稍长五尺许，得鱼渐多。尝游波中，萦回媪侧。媪后治鱼，误断其尾，遂逡巡而去，数年乃还。媪见其辉色炳耀，谓曰："龙子今复来也。"因蟠旋游戏，亲驯如初。秦始皇闻之，曰："此龙子也，朕德之所致。"诏使者以玄珪之礼聘媪。媪恋土不以为乐。至始安江，去端溪千余里，龙辄引船还。不逾夕，至本所。如此数四，使者惧而卒止，不能召媪。媪殒葬于江阴，龙子常为大波，至墓侧，萦浪转沙以成坟，人谓之掘尾龙。今人谓船为龙掘尾，即此也。

继《南越志》后，经唐、宋、元、明、清等1 300多年的历史演变，悦城龙母传说形成了一个庞大的传说系统，留下了唐刘恂的《岭表录异》、宋张维的《永济行宫记》、宋吴揆的《赐额记》、清程鸣的《孝通祖庙旧志》、清屈大均的《广东新语》等历史文献和大量的民间传说文本。因受不断南下的中原汉文化影响，龙母传说内容上总体呈现出愈传愈丰富，愈传愈系统的趋势。

梳理悦城龙母传说系统不难发现，不管龙母传说的内容与结构经历了怎样的变化，它都是某些基本母题的变量叙述，而这些基本母题就成为悦城龙母传说系统中的"不变项"或"重复的形式"，比如关于龙母的"无父""漂来""无夫""拾卵豢龙""误断龙尾""济物放生""至圣显灵""侣白鹿友黄猿""与赖布衣斗法"等，就是龙母传说在漫长的历史生成中遗留下来的基本母题。很多学者分别从人类学、文化学、民俗学、传播学等诸多视角切入，卓有成效地探讨了这些基本母题的生命印记与文化内涵：早在1934年黄芝冈就指出，关于龙母"拾卵豢龙"的传说是远古感生神话的一种变异①。陈摩人认为："龙母的族属是骆越民族，她是百越族群由母系氏族向父系氏族过渡前夕生活在西江中游的一支氏族的头领，这一传说反映了古百越族群的社会生活。"② 叶春生则从龙母传说推演出，中华民族不仅起源于北方的黄河流域，

① 黄芝冈：《中国的水神》，上海：上海译文出版社1988年版。

② 陈摩人：《悦城龙母传说的民族学考察——民间文学的横向探索》，《华南师范大学学报》1987年第1期。

南方的长江流域、西江流域也是其重要发源地[①]，并指出“龙母传说已不是一般的龙图腾。龙之有母，并形成其家族体系……正好说明它是从图腾崇拜转为宗族神灵崇拜的产物”[②]。曾昭璇则认为起源于秦代西江下游的龙母传说可能与西江生长鳄鱼有关。[③]

虽然学界对悦城龙母传说母题的研究，成果显著，但悦城龙母传说仍给我们留下了一些至今未解的学术谜团：比如，龙作为一个系统，原本是有阴有阳的，民间既有龙王庙，也有龙母庙，但为什么在岭南乃至南方地区，流传最广、影响最大的不是雄性的龙王崇拜，而是雌性的龙母崇拜？在一个男权观念深重的国度，作为女性的龙母是如何被崇拜为神的？悦城龙母信仰和岭南庞大的女性文化传统，如妈祖、冼夫人、观音等女神信仰和自梳女、不落夫家等女性文化，是否存在逻辑关联？又存在着怎样的逻辑关联？

要解开这些学术谜团，笔者认为必须引入性别研究视角，深入探讨龙母崇拜所内具的性别文化内涵与女性文明特征，否则龙母传说系统所蕴含的性别文化意义就有被遮蔽的危险。因为，被岭南百姓世代奉为神祇的龙母，它不仅仅是一个尊贵的地方神祇，同时还是一个有性别标识的尊贵的地方女神。因此，我们试图把悦城龙母传说当作岭南女性生命活动的一个象征文本来解读，从中感悟岭南女性先民对生命活动过程的原初理解，把握岭南女性文明乃至岭南文明的原生样态。

一、关于生命起源的密码

悦城龙母传说首先指向了生命的起源问题。生命起源是一个亘古未解之谜，生于何时、何地，以及以何种方式诞生，千百年来一直成为学界关注和人们争论的焦点。西方的创世说，中国的女娲造人与盘古开天辟地说，中国老子的道生一，一生二，二生三，三生万物说以及西方达尔文的生物进化论等，种种臆测、假说或理论让生命的起源变得扑朔迷离。

悦城龙母传说通过对龙母身世与龙子由来的讲述，形象地诠释了生命的由来，曲折地反映了岭南先民对生命起源的另一种文化想象。

---

① 叶春生：《从龙母传说看中华民族的两大发源地》，《思想战线》1998 年第 4 期。

② 叶春生：《龙母信仰与西江文化》，《母仪龙德》，广州：南方日报出版社 2004 年版，第 184 页。

③ 曾昭璇：《天后的奇迹》，香港：香港书局 1991 年版。

图2　梧州龙母庙龙母诞·龙母故事歌舞剧表演

首先是作为龙的母亲——龙母的生命是怎么来的？《南越志》《岭表录异》《永济行宫记》《赐额记》《洪武诏书》等文献里并无记载，直到清代的《孝通祖庙旧志》才给龙母添加了父母：“其先广西藤县人，父天瑞，宦游南海，娶悦城程溪当氏，遂家焉。生三女，龙母，其仲也，生于楚怀王辛未之五月初八日。”此外，还有一些悦城民间传说提到龙母是坐着木盆从西江上游漂流而下的一个弃婴，后被德庆悦城打鱼人梁三收养。归纳起来，悦城龙母传说对龙母生命起源的叙述经历了无父无母、“漂来的弃婴”与有父有母这三个阶段，仔细研读这三个阶段的一些基本叙述，不难发现其中所蕴藏的丰富的性别文化内涵，也能发现岭南性别统治与性别意识演变的历史轨迹。

（1）关于龙母无父无母的传说。因为《南越志》是记载龙母传说的最早文献，且记载的多是野史琐闻，受正史影响不大，因而它对龙母无父无母的讲述，是关于龙母生命由来的最早讲述，这种讲述体现了岭南先民对生命起源的原初看法，即他们认为生命是从无生命物质中产生的。造成岭南先民对龙母生命由来持“无生源论”观点的原因也许是复杂的：一方面也许因为生命起源神秘与复杂，岭南先民无力破解生命起源的困惑与矛盾，才使关于龙母身世的讲述出现“无”字状态；另一方面，这种“无”字的讲述也许透露出岭南先民对生命所持的一种独特的伦理观念，即生命并非一定来自血缘，它也许来自非血缘关系。值得关注的是，坚持生命起源的非血亲属性，使龙母传说迥异于父权社会对生命所持的血缘观念，从而使龙母传说带有了鲜明的女性生命意识。据此，我们可以推断龙母传说应是父权社会前的母系社会的文化遗留物。

（2）关于龙母是西江上游“漂来的弃婴”的传说。对“漂来的弃婴”这一母题内涵的解读，有学者认为，这“暗示了这支氏族来源于那里，是沿江漂流迁移的印证。西江上游是古骆越地，透露出龙母的族源与骆越有亲缘关系”①。实际上，“漂来的弃婴”这个母题，除了深埋着古老岭南族源学的丰富信息外，还深藏着远古岭南性别文化结构密码。把龙母传说里的“漂来的弃婴”母题与中外文学里的“漂来儿”原型进行比较分析，就能破解这种远古岭南性别文化结构密码。《圣经》里的摩西、《西游记》里的唐僧和悦城龙母传说里的龙母的身世有着惊人的相似之处。《圣经》之《出埃及》里叙述了摩西的身世，“摩西”在希伯来语的意思就是从水里拉出来的儿童或儿子，他虽然出生在埃及新王大肆屠杀以色列新生男丁的时代，但他是幸运的。他先是被他的母亲约基别用涂有柏油的篮子放在高高的芦苇当中，由他的姐姐米莉安照看。后来又被到河边洗澡的埃及公主发现，并把他认作干儿子，交由摩西的生母约基别抚养成人，长大成人的摩西最终成为受人敬仰的神。《西游记》第九章也讲述了唐代高僧玄奘的身世：玄奘的母亲为使刚出生的玄奘免遭刘贼迫害，将他放在江中的一块木板上漂流逃生，漂流到镇江，玄奘被金山寺的法明和尚施救并抚养，最后成佛。尽管摩西、唐僧、龙母作为中西文学“漂来儿”原型的变量叙述各有各的风貌，但也存有一些共同的情节单元：弃婴—漂流—成神。这些共同的情节单元象征着凡身俗体对向神升华的体验与认知：弃婴漂流的过程是经受磨难的过程，凡身俗体只有经受磨难才能超越自身，成为英雄或神佛。但细究这三个分属不同文化圈的“漂来儿”原型，不难发现龙母传说的独特性。摩西、唐僧等中西方文学所塑造的“漂来儿”多为男性，所传达的是“男性神祇或英雄受难”这一男权集体无意识的经验遗存，而龙母传说里的“漂来儿”则为女性，传达的是“女性神祇或英雄受难”的女性中心集体无意识。毋庸置疑，这种女性中心集体无意识正是岭南母系社会的文化遗留物。

（3）关于龙母有父有母的传说。如上所言，关于龙母有父有母的传说一直到清代的《孝通祖庙旧志》里才出现。这种讲述是悦城龙母传说受不断南下的中原儒家文化影响所致。在儒家文化的濡染下，无父无母的龙母被儒家文化赋予了生命的血缘属性。当然，我们也不难发现，在龙母的生命被儒家伦理披上合法外衣的同时，龙母传说的性别文化结构与性别意识也开始发生微妙的变化，龙母传说里的女性中心集体无意识正在遭受来自男权中心集体

① 陈摩人：《悦城龙母传说的民族学考察——民间文学的横向探索》，《华南师范大学学报》1987 年第 1 期。

无意识的修改。换句话说，在悦城龙母传说有关龙母生命的变量叙述里，我们清晰地看到了父权社会所留下的文化印痕。

在关于龙子生命由来的讲述上，我们同样也能看到岭南母系社会文化与父权社会文化交相争夺话语权的历史痕迹。关于龙子生命的由来，历朝历代的悦城龙母传说都持大体相似的看法：相传龙子在未成形之前，是被弃于野外的一颗或数颗卵，后由龙母孵化为壁虎或小蛇，长大为龙。所不同的是数量差异，《南越志》《岭表录异》《永济行宫记》《赐额记》等持一卵一龙说，而《洪武诏书》《孝通祖庙旧志》等，则持一卵五龙说，由此形成了悦城龙母传说系统里著名的“拾卵豢龙”的故事原型。

学界对这一原型故事的解读，大多持感应说的观点，并认为这个故事是岭南文化从母系氏族向父系氏族过渡时期的“文化遗留物”。所谓感应说，“意指着有关‘感应’而孕生的神话，因此，无论是‘天命玄鸟，降而生商’，还是‘履帝武敏歆’，的确都可算作‘感应’而生的神话”①。依此，有研究者认为，“龙母是百越族群中生活在西江中游的一支氏族的头领，大约正处于母系氏族向父系氏族过渡的前夕，龙母传说没有提到她有丈夫，实际上母系氏族社会的对偶婚制还不可能有固定的丈夫。她将巨卵孵育出五龙子，从而构成‘慈龙子孝’的母子关系，恰好反映出这个氏族是以龙为图腾信仰”②。

然而，对龙母“拾卵豢龙”原型的解读，无论是持感应说，还是认为它是母系社会向父系社会过渡时期的“文化遗留物”，都尚未能穷尽这一原型的文化内涵。实际上，这一原型的真正含义是无性分娩，借助波伏娃的《第二性》理论，我们窥见了龙母传说“无性分娩”的性别文化内涵。

波伏娃指出，对人类生殖现象的解释，在很长时间里，有性分娩学说占据学术中心，这种学说旨在确立生殖学上男性优于女性的男权中心意识：“亚里士多德认为，胎儿产生于精子与经血的结合，男性本源贡献了力量、活动、运动和生命，而女人只是提供了被动的物质，希波克拉底也坚持类似成见，他认为有两种种子，一种是软弱的或女性的，另一种则是强健的或男性的。亚里士多德的学说贯穿于整个中世纪，并延续到现代。”③ 然而，“无性生殖和单性生殖现象，似乎与有性生殖现象同等重要。我曾说过，有性生殖无权被 a priori（先验地）认为是主要的；但是事实也根本没有证明，它对任何重

---

① 梁艳敏：《略析〈诗经〉“感生神话”之含义》，《乐山师范学院学报》2010 年第 3 期。

② 赵明龙：《广西环大明山龙母文化与西江流域龙母文化比较研究》，南宁：广西民族出版社，2006 年版。

③ ［法］西蒙娜·德·波伏娃著，陶铁柱译：《第二性》，北京：中国书籍出版社 2004 年版，第 9 页。

要机制的作用是可以贬抑的"①。透过波伏娃对有性分娩和无性分娩的权力分析不难发现，龙母传说系统对龙母无性繁殖龙子的叙述，其性别文化含义就在于，它传达了迥异于父权生殖观念的女性生殖观念，这种女性生殖观念不仅摒弃在生殖中男权中心的先验存在，甚至排斥男性参与生殖活动，认为女性自身便可完成生命的孕育过程。事实上，龙母传说所体现的这种女性生殖主体观念，正是母系氏族向父系氏族过渡这一历史进程里的文化遗存。虽然这时期的父权文化已经开始蠢蠢欲动，反抗"知其母不知其父"的母系氏族生育观念，寻找女性之外的生育源，以便在文化上逐步削弱女性在生育上的主体地位，但这时的父权观念尚未完全占据统治地位，因而还不会像成熟时期的父权社会文化那样，通过创设"鲧生禹"这样的神话，来赤裸裸地剥夺女性的生育权利，宣扬由父产子的父权生育观念。亦即是说，母系氏族向父系氏族过渡时期的生育文化仍然是以女性为主体的生殖观念。

从以上分析可见，悦城龙母传说正是借助龙母与龙子生命起源的讲述，再现了在母系社会向父权社会过渡时期岭南女性先民在人类生育史上的中心位置与主体意识。

二、母教/母性观

龙子穿卵而出后，进入了生命的成长阶段。《南越志》曾用非常简练的文字记述了龙子的身体成长过程，"经十许日，有一物如守宫，长尺余，穿卵而出，因任其去留。稍长二尺，便能入水捕鱼，日得十余头，稍长五尺许"。一尺、二尺……五尺，斗转星移，龙子由壁虎长成"辉色炳耀"的长龙。

然而，生命的成长并不单指物质生命的生长，更指精神生命的成长。中国传统教育文化历来重视母亲对儿女精神生命成长的引领作用。汉韩婴在《韩诗外传》卷九里曾说："贤母使子贤也。"汉刘向的《列女传·邹孟轲母》也曾说过："孟子之母，教化列分。处子择艺，使从大伦。子学不进，断机示焉。子遂成德，为当世冠。"由此世人便以"母教"来指称母亲对于子女的教育，并形成了中国重视家庭教育的母教文化。

悦城龙母传说系统在记述龙母对龙子的言传身教中，留下了许多具有岭南女性特征的母教文化思想，既包括观念、行为与经验，也包括像"误断龙尾"这样的物态母教文化现象。

在《南越志》和《岭表录异》里，有关于龙母龙子朝夕相处的简洁叙述。这些简洁的叙述，不但塑造了龙母的慈母形象，也显露出远古时期岭南

① ［法］西蒙娜·德·波伏娃著，陶铁柱译：《第二性》，北京：中国书籍出版社2004年版，第10－11页。

母教文化自由与温爱的特点。

首先，在养育方式上，《南越志》记载龙母对龙子的养育方式是“因任其去留”，即听凭龙子来去自如。宋张维在其《永济行宫记》里，也描述了龙子在江里“嬉游自适”的生存状态。这些叙述折射出岭南早期母教文化是采取听其自然、任其自由的养育方式的，其“粗放经营”的背后，折射出岭南先民对生命成长所持的自由观念。也许在他们看来，生命成长的精髓就在于生命能自由舒展地成长。很显然，岭南先民这种自由的生命观有别于中原儒家文化对生命的伦理约束与禁锢。

其次，龙母传说对龙母的养育动机也有简洁的叙述。父母养育儿女，所欲何为?《岭表录异》说龙母在悉心养大龙子后，“遂送于江次，固无意望报也”。这也体现出岭南先民的母教观与渴望回报和补偿的儒家养育观是不同的，体现了他们在养育观念上更多强调父母的责任感。

再次，在养育的伦理上，《南越志》曾用简练的文字描述了龙母与龙子之间亲密和谐的关系：“常游波水，萦回媪侧。媪后治鱼，误断其尾，遂逡巡而去。数年乃还，媪见其辉色炳耀，谓曰：‘龙子今复来也。’因盘旋游戏，亲驯如初。”《岭表录异》也有类似的描述：“媪常濯浣于江边，忽一日，鱼出水，跳跃戏于媪前，自尔为常。”“常游波水，萦回媪侧”“盘旋游戏，亲驯如初”“跳跃戏于媪前”，这些母子间亲昵欢乐的情状描述，烘托出亲密融洽、欢快和谐的情感氛围，体现了岭南温爱快乐的母子伦理。特别是“龙子复来”的描述，更是形象描摹了母子亲密无间、息息相通的关系：龙子被龙母误断龙尾离家多年，后再见龙母，他“盘旋游戏，亲驯如初”，意在向龙母撒娇，以讨龙母欢心。而龙子之所以向龙母撒娇，是因为他经过一番水上闯荡后变得成熟了，他不但意识到了当年的错误，改正了错误，而且他也深信母亲知道儿子改过从善后，一定会打心底替他感到高兴，并饶恕他当年所犯下的错误。所以，他多年后见到龙母，仍能亲密如初。

龙母传说系统对温爱快乐、亲密无间的母子伦理的诉求，不但体现了岭南先民对于轻松愉悦的家庭关系与家庭伦理的强烈渴望，也曲折地表达了岭南先民对父权社会尊卑等级家庭伦理的抗诉，再现了岭南先民自由的生命意识，揭示了温爱是精神生命健康成长的温床。

然而，恰如晋夏侯湛在《昆弟诰》里所说：“纳诲于严父慈母。”严父慈母、阴阳结合的教育方式，一直是中国传统儒家文化所钦定的教育孩子的方式。到了女性解放的今天，这种教育方式仍然受到一些人的热捧。北京师范大学发展心理研究所沃建中教授就认为，“严母慈父的教育对性别特征的形成有负面影响，既不利于男孩培养男性魄力，也不利于女孩认知男性的阳刚与理性，男孩女孩都无法深刻体会到女性（母亲）的温柔与体贴。所以，现代社会仍需要强调严父慈母，由男性扮演家庭权威的角色”[①]。实际上，“父”字的古文字写法是一只手执一条杖，隐喻做父亲的常用棍杖训诫子女，因此，“严父”的初始含义是指父亲对孩子的驾驭与控制。所以，父教文化与男权主张驾驭、控制女性实则同出一辙。

饶有意味的是，悦城龙母传说以“误断龙尾”的原型故事，挑战了“严父慈母”的父权教育观念。它让龙母在充当“慈母”的同时，也扮演“严母”角色，但这种“严母”角色只取教育严格之意，却无“严父”对儿女的专制意味。

“误断龙尾”也是悦城龙母传说系统里的基本母题。《南越志》说：“媪后治鱼，误断其尾，遂逡巡而去。”《永济行宫记》与《孝通祖庙旧志》也延续了龙母误断龙尾的说法。由于龙的原初动物形态状似守宫，即壁虎，因温氏媪“误断其尾”而“逡巡而去”，多年后，化成了“辉色炳耀”的龙。“误断龙尾”这个母题的真正寓意隐藏在动物化龙这一情节里，而这一情节象征着自然生物（壁虎）转化为超验形态的神性生命（龙）的过程。龙母“误断龙尾”的行为，无疑是这场超越世俗的生命蜕变里最关键一环。如何解读这关键一环的象征意义？按姚立江、邵非的研究，“断尾母题则是生命‘过渡仪式’的符号表征，隐喻着人只有通过某种仪式才能完成角色转变、人格转变、精神转变，使生存方式与生命形态提升到一个全新的阶段”[②]。换句话说，龙母扮演“严母”角色，挥刀断尾，是期望龙子迅速脱离幼稚的自我，融入江河，在与自然风浪的搏斗中，获得生命的质变，实现对有限生命的超越与升华。

综上所述，悦城龙母传说借助龙母集“慈母”与“严母”双重角色于一身的讲述，不但诠释了岭南早期母教文化所蕴含的仁爱、自由、责任与严格等多重文化内涵，同时也从侧面暗示了岭南女性先民在人类精神传承上所起的主体作用。

正因为有龙母伟大的付出，才有龙子感人的孝行。悦城龙母传说系统，如唐刘恂的《岭表录异》、宋张维的《永济行宫记》、宋吴揆的《赐额记》、清程鸣的《孝通祖庙旧志》都载有龙子的许多孝行，如五龙替龙母捕鱼；五龙利用神力阻止秦始皇强征龙母入宫；龙母仙逝后，五龙转沙成坟，后又移龙母墓至江北等。龙子的这些孝行与美德，一方面体现了岭南先民期望子女孝顺的心理诉求，另一方面也从龙子的孝顺烘托出龙母对龙子的慈爱。

龙母不但以自己宽严相济的母教赢得了五龙子的爱戴，同时也赢取了岭

---

① 徐李燕：《严父慈母比严母慈父好》，《生命时报》2010 年 1 月 8 日，第 5 版。

② 姚立江、邵非：《解读龙母故事的断尾母题》，《宁夏大学学报》2001 年第 3 期。

南人民的拥戴与崇敬，成为母仪天下的典范。德庆悦城的龙母诞习俗，自秦代至今绵延了2 000多年，久传不衰就是有力的佐证。龙母诞民俗是指在每年的农历五月初一至初八，在德庆悦城龙母祖庙举行龙母生辰诞的祭祀仪式。短短几天的诞期，海内外前来观光、朝拜的游人达十几万之多，这样的民俗活动，被誉为华南和港澳地区四海朝宗的盛会。

为什么自古至今会有这么多的人朝拜龙母？民俗学家在探讨其原因时，大体归结于龙母的神力、功绩与德行，如叶春生先生认为，人们朝拜龙母的原因有三个："①整治水患，抗击洪涝灾害；②执仗护航，保护人民生命财产；③行善积德，为民消灾除祸。"[①] 其实从岭南文化的深层结构考察，龙母信仰是岭南母系社会母神信仰的一种文化沉淀与延续，体现了岭南人民对母性的崇拜之情。放眼龙母诞的种种祭祀习俗，如龙母沐浴、龙母圣物开光、龙母贺诞仪式、万人放生、零时圣香、摸龙床、饮圣水、盖龙母金印、请"龙母运程香"、戴"龙母符"等，考察人们形色各异的祭祀心理，我们发现，岭南人之所以视龙母为母亲，亲切地称龙母为"干妈"，并且赋予她无所不能的神力，如问卜祸福、逢凶化吉、呼风唤雨、治洪防涝、保境安民、给人福佑等能力，是因为在岭南人看来，龙母不仅是天下之母，同时也是他们的先人、祖宗、土地或家乡的化身，是正义、智慧、幸福、平安、吉祥等美好理想的代名词，甚至是岭南地区西江流域人文始祖的象征。岭南人民对龙母这种深厚而绵长的崇拜情结，折射出岭南文化自古至今都对伟大母性怀抱至高的尊重和敬意。

三、自然观

悦城龙母传说的很多母题，如"拾卵豢龙""济物放生""至圣显灵"等，表面看来讲的是龙母从凡人转化为神的传奇故事，实际上，这些母题的深层意蕴传达了岭南先民对人与自然关系的理解与把握，体现了岭南富有女性特征的自然观。因为在这些母题里，一直活动着两组形象，一组是以龙母为核心的人的形象，一组是以龙子为核心的，包括白鹿、黄猿、雷、电、风、雨、江、河等自然形象，这两组形象彼此间的矛盾纠葛或友善相处，无不透露出岭南女性对自然的情感态度、价值取向与文化想象。

如前所言，"拾卵豢龙"是悦城龙母传说自有文字记载以来的"不变项"，不同朝代不同版本的悦城龙母传说都记载了这一故事。这个故事原型体现了龙母对生灵的爱惜。到了清代的《孝通祖庙旧志》，龙母的好生之德便从具体的龙泛化到其他生物："母复与姐妹邻姬济物放生，发狂行乐。喜白鹿，

---

① 林雄主编：《母仪龙德》，广州：南方日报出版社2004年版，第3-5页。

常豢之，……放之南山麓”，龙母去世后，“时有白鹿黄猿守墓，朝夕叫号者竟年”。“有三足鹿，即母所豢者，善鸣，鸣辄验。”可见，龙母的好生之德不仅体现在她的“拾卵豢龙”上，也体现在她的“侣白鹿而友黄猿”上。

深究龙母爱惜一切自然生命的行为背后，实际上暗藏了中国古代哲学的自然整体观思想，也与北宋张载在《西铭》里提倡的“民吾同胞，物吾与也”的“物与”精神暗暗相通。龙母之所以能“拾卵豢龙”“侣白鹿而友黄猿”，是因为在她看来人类应该有博爱思想，人类应引万物为自己的同类，并以待兄弟姐妹一样的友善仁爱来待天下万物。

后来，为感念龙母这种好生之德，岭南一带形成了放生鲤鱼和不食鲤鱼的民俗。这些民俗也从另一侧面体现了岭南文化对自然生灵的珍重。

当然，强调人对自然应有同类感与恻隐之心，并不是要抹杀人与自然在价值上的等差。因为人是万物之灵长，有自我意识与道德意识，因而人与自然的关系就天然地包含着不同等与不平等。正因为人与自然有价值上的等差，所以悦城龙母传说才通过龙母“至圣显灵”的诸多故事，赋予龙母以征服自然的神力与神威，书写人是自然的主人这种文化想象。如宋代张维在《永济行宫记》里记述了龙母显灵制服“风波之虞”护卫皇家政事的神功：“大宋熙宁丙辰岁，交贼犯顺，皇师致讨，兵甲粮馈之运舟，首尾相继，未尝有风波之虞。使者具言夫人有功于国，宜在祀典。”宋吴揆在《赐额记》里写龙母具有征服水旱疾疫的神力：“坟祠俱在悦城北岸，舟人往来，蠲洁祭享，讫无惊波怒涛覆溺之患。每以水旱疾疫祈禳，悉随叩随应。”宋邓桓显在《孝通庙记》里写龙母具有降雨除灾的能力：“以旱岁有数，乃以雨泽四方，故能历享圣朝封诰之典。”此外，一些民间传说也经常讲述龙母在五小龙的相助之下，带领人民抗洪治水，让老百姓过上风调雨顺的日子的故事；在现代版的《母仪龙德》里，也讲述了龙母用仙气当场击毙作恶的独角白鹿的故事。因为龙母对自然具有神力与神威，所以在明洪武九年（1376 年）朝廷封龙母为“护国通天惠济显德龙母娘娘”，掌握风云电雨、岳麓山川，考较人间功过、福善祸淫，上奠神京之带砺，下佑普天之苍生。这表明，经由皇权的册封，龙母由一个普通的民妇，正式演变为能主宰自然、护佑百姓的尊贵神祇。

龙母成为主宰自然的神祇的想象，体现了岭南女性自然观的又一种思想：当自然危害人类生存时，人类渴望获得神力来驾驭与征服自然，成为自然的主人。事实上，这种女性自然观源远流长，最早可追溯到中华民族的“人祖”——女娲“炼石补天”“积灰治水”挑战大自然的主体精神，可惜这种精神随着父权社会的确立，逐渐被男性盘古的开天辟地精神所取代。可喜的是，遗失了的女娲精神在悦城龙母传说系统中得到复活，并成为岭南自然观的主导思想之一。

综上所述，悦城龙母传说反映了岭南文化对自然的一种原初立场：人与自然同类却不同等，即：一方面，人对自然应怀抱同类感，坚持“物与”精神；另一方面，也应看到人与自然界的生命在价值上是不对等的，所以人的生命在价值上应高于自然，这是人类成为自然的主人的主要哲学依据。

应当说，龙母传说体现了刚柔相济的自然观，这种自然观具有典型的女性特征，它与带着文化偏见的刚性的男性自然观是不同的。学者文洁华曾指出，西方现代科学之父培根就是这种刚性的男性自然观的典型代表：“西方现代科学之父培根曾以大量与性有关的比喻来表达人对自然的态度。他把自然比喻为女性，而人类科学的工作乃是人对自然的一种男性方式的驾驭。他说：‘让我们在人类心灵和自然之间建立一种忠贞和合法的婚姻关系……把自然引到你的跟前来，把她捆绑，为你服务，也使她成为你的奴隶。’”① 换句话说，征服、驾驭、压制与改造自然，把自然归顺于人类意志，这种人类中心主义思想，正是男性自然观的主要内容。

然而，也正如文洁华所指出的，为修补因男性人类中心主义所造成的人与自然的恶劣关系，“有关学者在构想一种新的思维方式，暂且称之为‘女性主义科学’，其特性不再是中心化的，而是多元的、非等级性的、被开放诠释的，并在态度上，以女性与大自然之间的亲和关系为基础”②。当我们重新审视龙母这种原始的自然观时，不难发现它与当今学者正在构想的这种人与自然的新的思维方式是暗合相通的。换句话说，重新认识龙母自然观的内涵，必定可以发现更多值得引进及转化到当今社会中来的价值观。

四、性别观

中国自父权社会以来就形成了男性本位的社会性别文化传统，“男帅女，女从男，夫妇之义由此始也。妇人，从人者也；幼从父兄，嫁从夫，夫死从子”（《礼记·郊特性第十一》）。男权文化在男女两性关系上实施男性中心、女性附属的等级制度，它强调女性作为女儿、妻子（媳妇）、母亲等家庭角色，并将她们嵌入“从父、从夫、从子”的从属地位，认为女性只有在孝顺父母、照顾公婆、为夫家养育儿女等家庭文化空间里才能实现自我价值。

然而，产生于母系社会向父权社会过渡时期的悦城龙母传说，则通过对龙母的身份与地位的讲述与展示，表达了与父权社会的男权文化成规迥异的

① 文洁华：《美学与性别冲突：女性主义审美革命的中国境遇》，北京：北京大学出版社 2005 年版，第 39 页。

② 文洁华：《美学与性别冲突：女性主义审美革命的中国境遇》，北京：北京大学出版社 2005 年版，第 41 页。

一种女性主体的性别文化想象。

我们注意到在悦城龙母传说里，龙母作为女性的角色身份是残缺不全的，她只有母亲的身份，却没有妻子/媳妇的身份，而女儿的身份也不是一开始就有的，直到明清时期龙母传说里的龙母才被添加上父母，有了女儿的身份。悦城龙母传说对龙母角色身份的配置，一方面是出于造神的需要，因为龙母的人伦关系越简单，就越有利于塑造她的神性、神力与神威；另一方面，也与岭南深厚的女性文化传统有关。在整个悦城龙母传说系统里，作为女性的龙母在文化地位上不但没有屈于从属的位置，反而是处在“女主居阳位”的主体位置。

首先，在悦城龙母传说里，龙母作为妻子/媳妇的身份为什么一直是空缺的？这是一个饶有意味的性别话题。在女性的女儿、妻子、母亲三种身份里，中国传统男权文化特别强调对女性妻子角色的塑造。因为只有女性有效地完成女儿身份向妻子身份的转换，才能真正实现男权在性别统治上的霸主地位。于是，男权文化便制定了很多民俗礼仪，比如嫁入夫家、从夫居、随夫姓、禁止在娘家生育、婚后到夫家的祖坟认祖，告知祖先她已成为这个家的成员，死后葬入夫家祖坟，只能接受夫家的祭祀等，强制塑造女性作为“妻子/媳妇”的“顺从”品格。悦城龙母传说因产生于母权向父权过渡的特殊历史时期，女性在氏族生活中所占据的主导和支配地位，以及亚血缘群婚制度的实施，使婚姻双方分别属于两个出自不同女性祖先的母系氏族，形成了以女方为主的男方走婚形式，这种婚姻习俗是龙母妻子身份空缺的主要原因。然而，在岭南地区进入父权社会阶段后，龙母传说里的龙母为什么仍然处在无夫状态，龙母的妻子身份为什么仍然是空缺的呢？究其原因，是母系社会的女性主体意识作为一种集体无意识在岭南世代传承，一直在支配着龙母传说对性别内容和性别结构的价值取向，使龙母传说即便在父权思想深重的唐宋元明清时代，也仍然没有被男权文化思想所涂改，保留了女性主体地位的文化想象。

其次，在龙母仅有的母亲身份里，悦城龙母传说也并没有将龙母在母子关系里的角色设置为传统男权文化所设想的“从子”角色，从前文分析可见，龙母在母子关系中，一直发挥着一个母亲的生育、养育与精神引领功能，她既是龙子生命的赐予者，也是龙子生命成长的精神导师。

最后，龙母在传说中一直位居主体位置，还体现在悦城龙母传说对男女两性关系的叙述上。悦城龙母传说所叙述的男女两性关系，除了龙母与龙子这样的母子关系外，还有一组男女关系深含性别文化意味，那就是民间关于龙母和赖布衣斗法的传说。这个传说有多种版本，但核心故事说的是龙母和赖布衣为了争夺悦城珠山风水宝地而展开斗智斗法：先是赖布衣扔铜钱占据福地，龙母却技高一筹，把一根细细的针插在了铜钱眼里；接着，赖布衣又提出比赛扔铁拐杖和竹牛鞭进河里，谁的下沉为谁输的办法，龙母因得龙子相助而取胜。连续败了两次的赖布衣恼羞成怒，决意施展茅山妖法，将昆仑山上的石头赶到西江，意在堵塞江水，以淹死龙母，夺取福地，但龙母却在龙子的帮助下，使用鸡鸣法再一次粉碎了赖布衣的阴谋。故事的结局是龙母获胜，她不但保住了风水宝地，也降服了法师赖布衣，而赖布衣则在龙母升天后改邪归正，住在龙母庙，天天侍奉龙母。

从道德伦理上去解读，这个故事讲的是道魔斗法，龙母代表正义与光明，赖布衣代表邪欲与黑暗，因而赖布衣失道寡助，自始至终是一人独战，而龙母则是得道多助，先是有龙子相帮，后又得公鸡相助——公鸡是阳鸟，能呼唤阳光，因而象征着光明。因此，龙母和赖布衣斗法，就成了光明和阴谋、正义和邪恶的一场较量，其结果必然是光明战胜阴谋、正义战胜邪恶。

从性别伦理去解读，这个故事讲的是一男一女之间的斗争。故事自始至终强调的是“智斗”而非“武斗”。关于智慧质素的分配，西方文化把专司智慧和知识的职能分配给女神雅典娜，而中国传统男权文化则主张把智慧分配给男性，把顺从和贤惠分配给女性，“夫也者，夫也，以知帅人者也”（《礼记·郊特性第十一》）。认为男人就是靠智慧来统驭女人的。但有意味的是，悦城龙母传说将智慧分配给了女性的龙母，并且让龙母用女性的智慧战胜了男性赖布衣，守住了悦城的风水宝地。在民间的叙说里，女性的龙母不仅是正义之神、一方水土的守护神，同时也是智慧之神，而男性的赖布衣则被描摹成一位富有攻击性和侵略性的贪婪之徒，男女两性的斗争，呈现出女道男魔、女主男从、女智男愚、女胜男败的性别格局，这也充分体现了悦城龙母传说对男女两性关系的女性中心的文化想象。

无独有偶，在当代京剧《沙家浜》那场家喻户晓的“智斗”里，“阿庆嫂智斗刁德一、胡传魁”这场戏，实际上是“龙母与赖布衣斗法”这一原型的变体。在这样一个故事里，我们不但读到了如龙母一样智勇双全的女性阿庆嫂形象，也读到了如悦城龙母传说那样的“女道男魔、女主男从、女智男愚、女胜男败”的性别格局构想。

五、龙母信仰空间化解读

以上分析可见，悦城龙母传说系统里的龙母，不仅在岭南人民的物质生命的延续和精神生命的成长上发挥着主体的作用，同时也在岭南人类社会生活的一些重要层面，如人与自然或两性关系上处于主导和支配地位，成为正义、光明、力量、智慧与福祉等美好事物的化身，接受岭南人民世世代代的祭祀。据王元林、陈玉霜对地方志的不完全统计，明清时期广东西江流域修建的龙母庙有66所，位于西江流域上游的广西修建的龙母庙共有22所[①]，加上没有录入地方志的龙母庙更是不计其数。“一种地方民间信仰成熟的首要标志是祠庙的建立，即祭祀场所和相关礼仪及制度的形成，以数量而言，民间祠庙的多少可以直接反映一个地区民间信仰的兴盛与否。”[②] 岭南龙母庙数量众多，祭祀礼仪的丰富与系统，都充分说明了，“龙母信仰和祭祀是岭南民间独有和历史最悠久的神灵……龙母信仰是岭南越文化的早期遗存，是岭南民间信仰的杰出代表”[③]。

神话传说化，传说历史化，这两句话是对民间传说流传规律的经典描述。但传说空间化，却是龙母传说给传播学带来的新命题。显见的事实是，龙母与龙王同属龙族，但龙母传说与信仰却在岭南地区广为流传，而龙王传说与信仰则更多在北方地区流传。岭南地区在龙崇拜与龙文化传播上，选择了雌性的龙母，而非雄性的龙王，这种性别选择并非偶然，而是深厚的岭南地域文化使然。

第一，岭南龙母崇拜与岭南母系氏族社会持续时间较长有关。据考证，北方中原地区在距今5 500年以前，母系社会文化一枝独秀，而父权本位文化则从距今6 000年前萌芽，到5 500年前成长，到距今4 500年前壮大。岭南在历史上属百越故地，据考古发现，“距今三四千年前，岭南也同样已从母系社会进入了父系氏族社会”。比较中原地区和岭南地区性别文化圈的存续时间不难发现，岭南地区的母系社会文化存续的时间要比中原地区的母系社会文化存续的时间晚近一两千年。这种社会文化环境，为比较多、比较长时间地保存以女性为中心的母系社会文化的思维方式、风俗习惯、行为礼仪等创造了条件。龙母传说与龙母信仰在岭南地区的兴盛，正是与岭南母系氏族社会文化在岭南社会的持续绵延密不可分。

第二，岭南龙母崇拜与岭南的稻作文化有关。和北方的粟作文化不同，岭南地区是稻作文化。稻作生产有其复杂的过程，包括耙田、开渠、积肥、选留谷种、播种、栽秧、田间管理放水、除草、割谷、脱粒、晒谷、归仓等活动，而女性几乎参与了稻作生产的全过程，尤其承担了从选留谷种、栽秧到割谷等繁重的劳动。诚如研究者所指出，“珠三角地区稻作文化的农耕方式，使得该地区的女子不可能永远藏在深闺，必须承担更多的家庭义务，除了家庭内的职责以外，还要承担几乎与男子相当的户外劳动。因此妇女们广泛地参与社会活动，并得到社会认同”。换句话说，岭南的龙母信仰与岭南女

① 王元林、陈玉霜：《论岭南龙母信仰的地域扩展》，《中国历史地理论丛》2009年第4期。
② 王元林、陈玉霜：《论岭南龙母信仰的地域扩展》，《中国历史地理论丛》2009年第4期。
③ 王元林、陈玉霜：《论岭南龙母信仰的地域扩展》，《中国历史地理论丛》2009年第4期。

性在社会生产活动中的主体地位有关。

第三，岭南龙母崇拜与岭南的江河文化与航运文化有关。悦城龙母庙地处岭西水路交通枢纽，即西江与悦城河、洚水、杨柳水的交汇处。溯西江而上，能抵达广西、云南、贵州，顺西江而下，可到广州、江门、香港、澳门等，周遭水网密布，舟楫纵横于星罗棋布的洲岛之间，这样的地理环境孕育出典型的江河文化与舟楫文化。这种文化和北方文化相比，呈现出阴性特征，适合同属阴性的龙母信仰的生长，也为龙母信仰的传播提供了天然的交通便利。

第四，岭南的龙母崇拜与岭南盛行巫文化有关。岭南人迷信鬼神，巫风流行的历史久远。《汉书·郊祀志》曾说过，“粤人俗鬼，而其祠皆见鬼，数有效。昔东瓯王敬鬼，寿百六十岁。后世怠慢，故衰耗。乃命粤巫立粤祀祠，安台无坛，亦祠天神帝百鬼，而以鸡卜。上信之，粤祠鸡卜自此始用”。在岭南俗信里，关于鬼神的俗信颇为流行，如巫啸、符法、占卜、巫舞、禁咒等，这都表明在岭南巫俗浓厚，巫术盛行。巫文化的思维方式主要是人们试图通过某种巫术仪式，操控和驾驭超自然的鬼神力量，以求得他们的帮助。而巫术这种思维方式和龙母崇拜里对龙母神性的崇拜与对神力的期盼十分相似，可以说，岭南的巫术、巫风、巫俗为龙母信仰扎根岭南提供了文化沃土。

第五，岭南龙母崇拜与岭南地处统治中心的边缘有关。岭南远离中原父权与男权文化的控制，较多地保留了母系社会的女性主体精神。加上岭南灵秀山川的滋养，海外风情的熏陶，使得保留下来的岭南女性主体精神，得以逐渐演变为岭南文化的精神核心。因此，从某种意义上看，对龙母的祭祀与崇拜，实际上是岭南人民对自我本质力量的一种确证。而这也正是龙母崇拜为什么在岭南地区广为流行的又一个重要原因。

六、龙母信仰——南方女性文明之源

龙母信仰不仅是岭南民间信仰的典范，还是岭南女性文明的源头。随着龙母信仰的广为传播，龙母精神的内核——女性主体精神，对岭南后世的女性文明建构产生了深刻影响。仔细分析岭南地区一直活跃着的种类繁多的女性文化现象，比如，妈祖、观音等信仰，冼夫人与瓦氏夫人等祖先与英雄崇拜，以及“自梳女”“不落夫家”“串隆闺”等婚嫁风俗，以及“苍梧走廊”一带神秘的“女文化”等女性文化现象，不难发现，它们都与龙母信仰有着千丝万缕的联系，甚至，可以说是龙母崇拜催生了岭南地区林林总总的女性文化景观。

第一，看岭南信仰习俗与龙母信仰的关联。在岭南流行着妈祖信仰和观音信仰，这两种信仰其实都深受龙母信仰的滋养。相传妈祖的真名为林默，

是莆田湄洲（今福建省莆田市湄洲岛）人，生于宋建隆元年（960 年），雍熙四年（987 年）去世。林默幼年时就比其他姐妹聪明颖悟，八岁从塾师启蒙读书，不但能过目成诵，而且能理解文字的意思。长大后，她决心终生以行善济人为事，矢志不嫁。生长在大海之滨的林默，还通晓天文气象，熟习水性。湄洲岛与大陆之间的海峡有不少礁石，在这海域里遇险的渔舟常得到林默的救助；她还会预测天气变化，事前告知船户可否出航，所以人们都称她为“神女”“龙女”。从妈祖行善济人、慈悲为怀、救苦救难的精神与矢志不嫁的婚姻选择中，都可看到龙母精神在妈祖传说中的延续；岭南信奉观音的人数众多，观音诞期一年有四个，分别为二月十九、六月十九、九月十九、十一月十九等，以六月十九日山紫铺南泉观音庙的活动最为隆重。而观音传说对观音的慈悲、济世、智慧与处女之身的讲述，也与龙母传说对龙母的讲述十分神似。

第二，看岭南地区的祖先崇拜、英雄崇拜与龙母信仰的关联。当人们把对女神龙母的崇拜移情为对杰出女性的敬仰时，岭南自东向南向西就出现了对“岭南圣母”冼夫人与桂西瓦氏夫人的广泛崇奉。深入辨析冼夫人与瓦氏夫人崇拜的信仰内涵与崇奉动机，不难发现与岭南早期的龙母信仰十分相似。就信仰内涵而言，无论是龙母信仰还是冼夫人信仰或瓦氏夫人信仰，其内涵都同属于祖先信仰、英雄信仰与保护神信仰；就信仰动机而言，信众对龙母、冼夫人与瓦氏夫人的崇奉动机，大体有三种，或为寻根问祖，寻求亲缘或民族认同；或为纪念女性英雄有功于国、造福于民的历史功绩；或为对福、禄、寿等世俗利益的诉求。从冼夫人崇奉与瓦氏夫人崇奉，不难发现龙母信仰对岭南后世信仰的深刻影响。

第三，看岭南婚嫁风俗与龙母信仰的关联。“自梳女”“不落夫家”“串隆闺”等风俗，是岭南地区婚嫁风俗中的奇葩，它们最大特点是女性独身或非婚，流行于海南黎族地区的“串隆闺”婚恋习俗类似于现代的“同居”或“试婚”，其实质是两性关系的自由。无论是“自梳女”“不落夫家”还是“串隆闺”，都显示了近现代岭南社会女性社会地位的提高，主体意识的日渐觉醒。事实上，岭南这些婚嫁习俗的价值取向正是龙母信仰滋养的结果。应该说，随着龙母信仰的广泛传播，龙母无夫的处女情结，在两性关系中自由、独立、自强的精神，以及义结金兰的同性情谊等，也日渐渗透到岭南的社会生活实践中，并催生了岭南女性自由、独立、自强的主体精神，正是这种女性主体精神决定着岭南“自梳女”“不落夫家”以及“串隆闺”等婚嫁习俗的独特样貌。当然，岭南也曾出现过一些极端的婚嫁风俗，比如“代守清”，即一些女子既不想嫁又不想自梳，就嫁给一个早夭的男子，给死鬼守寡。这种婚嫁习俗的价值取向实质是倡导两性关系的疏离。这样的价值取向表明，由于历史发展的吊诡，龙母信仰在漫长的历史发展过程中，也难免会发生信仰异化的情况，人们由于过分强调女性的自由与独立而导致与男性关系的疏离与对立。

第四，看“苍梧走廊”的“女文化”现象与龙母信仰的关联。在岭南西江流域中部的狭长地带，形成了许多纵横交错的河流网络，它们成为勾连长江流域与珠江流域的重要纽带，并由此形成了岭南地区一个独特的文化地带——“苍梧走廊”。“苍梧走廊”“其范围就是漓水、封水（贺江）流域，即今天西江流域中部的粤、湘、桂三省区相交汇的狭长地带。”据邓艳珍的调研，“苍梧走廊”文化带曾经出现过女性非常活跃或者被非常重视的时期，产生过众多独特的“女文化”现象，如“女书、花山娘娘庙、霸王祖（瑶民祭奠的造反女英雄）、女楼（当地的房子专设二楼为女子专区）、女菩萨、龙母娘娘庙、‘女同’（妇女互相认姐妹）、女俑（反映军旅生活的鬼崽石像中有大量女性）、‘女贵’（民间传说瑶女成为皇后或皇妃）……而这一切都与龙母文化的浸润有关，龙母文化催生了这一带的神秘‘女文化’现象，对当地历史与社会发展产生了重大影响”①。

通过以上对分属于岭南的广东、广西、海南等地的信仰习俗、祖先崇拜、英雄崇拜、神祇崇拜、婚嫁风俗甚至是更为广泛的民俗文化的简要分析，不难看出龙母信仰对岭南民俗文化影响的深入与恒久，龙母信仰持续而深入影响的历史效果，便是滋养出一种富有充沛的主体精神内涵的岭南女性文明。

七、龙母信仰对龙信仰的影响

尽管随着河运和海运的发展，龙母信仰闻名海内外；尽管自汉代开始，官方不断赐封龙母，使龙母信仰得以从民间信仰跃升为国家信仰。但从总体而言，与龙作为民族的神、国家的神相比，龙母不过是一个区域性的女神，从未成为一个全国性的神。

虽然如此，岭南的龙母信仰仍然是中华龙信仰不可或缺的重要组成部分，它极大地丰富了中华龙信仰的文化内涵与精神气度。

龙凤文化研究专家庞进先生指出，“秦汉以降，龙的身上具有象征君主帝王的神性——其原因，盖由于经过几千年的吸纳、综合、演进，到此时，龙的融合过程已初步完成，龙身上所具备的通天、善变、显灵、征瑞、示威、兆祸等神性已经强大且彰显，这些神性和‘帝王性’多有吻合之处（比如龙可以‘通天’，帝王们也认为自己‘受命于天’），龙遂被帝王们看中，拿来

---

① 邓艳珍：《龙母文化北渐与苍梧走廊神秘“女文化”现象研究》，《企业家天地》（理论版）2010年第11期。

做了自己比附、象征的对象”①。这段话精准地揭示了龙文化的神性和阳性特征。有关龙文化的神性特征，我们耳熟能详，在此不再赘言；而有关龙文化的阳性特征，庞进先生的解释是：由于帝王们多为男性，因此自秦汉以来，龙的性别出现了较大的转变，从雌雄两性转向单一的雄性，龙文化也因此整体上呈现出阳性化特征。随着龙文化整体上趋于阳性化，龙文化作为阴性的精神气质与文化风范便被深埋在地下，日渐成为中华龙文化的一个文化盲点。

所幸的是，悦城龙母传说以其独特的岭南文化神韵，扫除了中华龙文化阴性缺失这一文化盲点。从以上几个方面的分析可知，悦城龙母信仰从生命观、母教观、自然观、性别观等方面，极大地丰富了中华龙文化的内涵，它不但给中华龙文化增添了阴柔的精神气质，也使中华龙文化得以克服神性所带来的虚幻色彩，平添了许多人间烟火气息，增补了中华龙文化的凡俗品格。更重要的是，它使中华龙文化化解了因阳性特征而带来的坚硬与专制，携带上温婉的精神气质与人性化的文化内涵。当龙母文化的阴性内涵被整合进龙文化时，中华龙文化才能成为一种阴阳互补、神人共生的优秀文化。

悦城龙母传说的意义还不只这些。中国人常常自喻为“龙的子民”，然而，当我们在对源远流长的中华龙文化进行追根溯源的时候，我们却陷入了“我们从哪里来”这一永恒的生命困惑——我们是龙的传人，龙又是谁的传人？悦城龙母传说通过构造龙的母亲形象，为我们解答了中华族群这一永恒的生命之谜。

“天下有始，以为天下母。既得其母，以知其子；既知其子，复守其母，没身不殆。”老子在《道德经》第五十二章里曾经用母子关系来比喻道和万物的关系，认为母亲乃是万物之源，母亲之道即是天下万物的生长和发展大道。我们在对悦城龙母传说的多角度分析表明，龙母之道，既是岭南女性文明之源，同时也是岭南文明之源，在某种意义上更是中华文明之源。

① 庞进编著：《凤图腾》，北京：中国和平出版社2006年版，第243页。

龙母文化传播与其民间创作

王　敏

文化是人类的创造活动和人的精神演进过程所创造的精神产物的积淀，反过来也影响或制约人们的活动和发展。传统的民俗文化具有文化的一般特征，在历史的发展与演变中，形成了一种相对稳定的形式和内容，从而影响着人们的思想观念和行为方式。

著名神话学家袁珂在《中国神话传说》中说过：秦始皇时代，有两个传说故事对后代有着普遍的代表性，一个是关于陷湖的传说，另一个是关于龙母的传说。在人们心目中，龙母已成为美与善的化身。对龙母的崇拜和祭祀，作为西江流域民俗文化传统基础上形成的民间信仰，是一种地域性的历史和社会记忆，承载着民众对龙母信仰母慈子孝、感恩回报的伦理道德观，对两广和珠三角地区人们的思想与行为方式，产生着深刻的影响。

西江流域山多水多，水患频发。自秦汉以来，岭南与中原的商旅往来，多取道汉水、漓江，经西江到梧州、德庆，然后到沿海各地。作为交通枢纽，德庆在历史上被称为“岭西舟车之会”，由此沿西江而上，可抵广西、云南、贵州，顺西江而下，可达广州、香港和澳门。当人们的生产方式由渔猎采集和原始农业发展到水上运输阶段，人们就渴望风调雨顺、出行平安。龙是主管水的神灵，龙母有恩于龙子，龙子受龙母管辖，龙母自然就是水神，可以整治水患、执杖护航……龙母信仰使龙母祖庙的规模越来越大，龙母的行宫遍及广东德庆、高要、顺德、广州，广西梧州、藤县和港澳等地。作为西江流域一种传统的民俗文化，龙母文化在历史的演绎中传播深广，深刻地影响着西江流域一带人们的思想与行为方式。

自改革开放以来，随着民间信仰环境的逐渐宽松，龙母文化作为一种“草根文化”的民间信仰，其影响与传播更为繁盛。龙母文化研究专家蒋明智先生指出：“龙母信仰，主要包括了图腾崇拜、水神崇拜和祖先崇拜的内容。”① 龙母信仰和龙母文化，对西江流域的乡村世界产生了沟通情感、规范道德行为和增强文化向心力的功能。

虽然，龙母崇拜体现了民间信仰的功利性和实用性特点，但悦城龙母祖

---

① 蒋明智：《悦城龙母：从传说到信仰》，《文化遗产》2008年第2期，第140页。

庙作为一个神圣的空间，龙母诞等节庆活动往往成为民间盛大的节日，每逢龙母诞期间，前来祭拜进香的人络绎不绝，爆竹声震天动地，堪称奇观。在每年的祭祀仪式中，各方信众捐资、演戏、舞龙舞狮，百姓在烧香、祈福、还愿的同时，得到了精神与心理上的欢愉，增强了人们的文化认同感。

龙母传说在口耳相传的基础上，产生了大量的诗词、楹联、故事和戏曲等民间创作，由龙母崇拜而创作的诗词、楹联、传说、小说和戏曲等民间文学作品，反映了不同时期的文化风俗和社会心理变化，构成了龙母文化传播的重要方式。

一、粤剧龙母戏创作：表现龙母精神的艺术魅力

龙母文化是西江流域的水神信仰，承传着民众信仰龙母母慈子孝、感恩回报的伦理道德观。作为广东的地方戏曲，粤剧有着深厚的群众基础，在民间传说基础上创作的粤剧龙母戏，以《悦城龙母》《龙母传奇》和《西江龙母》为代表。作为一种地域性的历史和社会记忆，龙母戏为粤剧创作提供了主题、情节和人物重写的可能；同时受创作的时代氛围、文化语境制约，体现了不同的时代特色与审美追求，表达了人民群众的思想感情和心理愿望；表现了自然山水和道德情操美的高度统一，形成了龙母戏创作的独特价值。这对于龙母文化的传播，具有独特意义。

迄今为止，粤剧龙母戏中，具有代表性的是湛江粤剧团的《悦城龙母》（首演时间 1959 年）、肇庆粤剧团的《龙母传奇》（首演时间 1999 年）、梧州粤剧团的《西江龙母》（首演时间 2008 年）。湛江粤剧团的《悦城龙母》，是龙母题材剧中创作排演最早的戏，剧团曾在中国湛江、吴川、廉江、肇庆、云浮、广州、香港、澳门和新加坡等地演出，备受推崇；肇庆粤剧团的神话粤剧《龙母传奇》在肇庆、广州、香港等地演出时深受欢迎，2000 年 3 月获得全国戏剧梅花奖、导演音乐奖、优秀表演奖、优秀音乐奖等九大奖项，在创作演出中获得空前成功；梧州粤剧团的《西江龙母》在梧州、广州上演，2009 年赴澳门演出获得成功，同年获第七届广西剧展大型剧目展演铜奖。传统的戏剧表演形式在匠心独运中寻求创新，粤剧龙母戏表现了人民群众的思想感情和心理愿望，表现出自然山水和道德情操美的高度统一，为人们形象地诠释了龙母精神与人格的艺术魅力。龙母戏以富有地方色彩的独特魅力赢得了观众喜爱，文戏感人，武戏精彩，表现了一方水土养一方人的地域风情和文化底蕴。

图1　湛江粤剧团演出《悦城龙母》

图2　肇庆粤剧团演出《龙母传奇》

图3　梧州粤剧团演出《西江龙母》

我们考察以龙母为题材创作的粤剧，注意到龙母戏在接受龙母传说影响的同时，又受到剧作者所处的时代因素影响。龙母传说的基本信息为戏剧创作提供了情节、人物和主题重写的可能性；受当时社会时代氛围、历史文化语境的制约，表现出剧作者的创作倾向和审美追求。同样的人物、同样的传说在半个世纪中呈现出各自的时代特色，从而形成粤剧龙母戏创作的独特艺术价值。

长期以来，研究界对地方戏的研究基础薄弱，资料的收集方面成为关键环节。有关龙母戏的资料更鲜有保存。笔者收集了湛江、肇庆和梧州的粤剧剧本和演出资料，现以《悦城龙母》《龙母传奇》和《西江龙母》为例，探讨研究粤剧龙母戏的创作特色。

1. 龙母戏主题表现的创造性

地方戏曲具有民间文化形态的内容形式和趋于完善的表演艺术，群众基础十分深厚。所以，把龙母的神话传说搬上粤剧舞台，使人们有了审美的期待。龙母传说凭借着民众的情感、想象的丰富，体现出生活在西江流域的人们基本的价值观、道德规范和行为准则，折射着人们的善恶观，包含对自然的敬畏、神灵的保佑、动物报恩、母慈子孝等，都是积极的正面力量，对人们的心理产生极大的影响。

龙母生活在西江流域，传说她能耕能渔，预知祸福，医治百病，又有豢养五龙、治水利民的传说。从肇庆悦城往西江上游的梧州和藤县，都有用白米筑龙祭祀龙母的习俗，三地的龙母传说内容也基本相同。龙母鞠育龙子，有德于民，有功于国；龙子孝敬龙母，利泽天下，形成人们称道的“母仪龙德”。1987 年杨应彬先生拜访悦城龙母祖庙，感民间传说之动人而为诗：“龙母出龙国，江声载誉声，原无迷信意，本为济苍生。”粤剧龙母戏超越时空具有共同点：一是济苍生的主题；二是龙母的形象，都是美丽善良、利泽天下的女性。当然，由于龙母戏创作演出的时代不同，三出龙母戏在主题表现上又各具特色。

荷兰的 D. 佛克马指出：“所谓重写……就是复述与变更。”“任何重写都必须在主题上具有创造性。”① 以粤剧形式对龙母的传说进行创作改写，形成了龙母戏独特的审美价值。半个世纪中被重写的龙母传说，重写中的复述与变更，连接着历史与当下、传统和现代。传说为剧作提供了主题、人物和情节重写的可能性；又受时代和社会文化语境的制约。粤剧舞台上的龙母戏，表现出剧作者的审美追求及创作特点，主题表现的创造性是引起观众讶异的关键点。

20 世纪 50 年代末 60 年代初，当代文学形成了一个历史剧创作、演出的繁荣局面。1956 年 6 月，召开了第一次全国戏曲剧目工作会议，根据“百花齐放”和“推陈出新”的方针，开展发掘整理戏曲遗产的工作，如《蔡文姬》《关汉卿》等。陈思和在《中国当代文学史教程》中指出除“古为今用”“借古喻今”的创作外：“第三类作品带有强烈的民间趣味和民间意识，它们是顽强的民间传统在新的历史环境下的延续。”② 戏剧界对创作与演出的政治与道德教化功能的重视，使得在民间广为流传的“母仪龙德”的龙母传说恰好符合时代要求，这使龙母走上粤剧舞台成为现实。何锡洪、李悦强、黎仕权编剧的《悦城龙母》，开篇写南海龙王在祝寿日无情弃蛋，善良的龙女“拾蛋”成为龙母，充满民间的慈爱亲情。作为统治者象征的龙王，先无情弃蛋后又想找回亲情；龙母教育龙子造福百姓，母慈子孝。在亲情冲突与正义选择中，突出了草根百姓与南海龙王的心灵善恶之冲突，凸显出鲜明的民间意识和民间趣味，给观众以心灵的震撼与心理的愉悦感，表现出民间文化形态的审美价值和顽强的生命力。1959 年，湛江粤剧团的《悦城龙母》首演“一

---

① ［荷兰］D. 佛克马：《中国与欧洲传统中的重写方式》，《文学评论》1999 年第 6 期，第 144 页。

② 陈思和主编：《中国当代文学史教程》，上海：复旦大学出版社 1999 年版，第 110 页。

炮而红”。

20世纪90年代，在市场经济冲击下的文化转型期，形成了相对多元的文化格局。戏剧创作出现一些注重娱乐性与思想性、舞台性与现实性结合的通俗作品。以普通人的生活、爱情与家庭为题材，以戏剧性的情节表现一个通俗感人的故事，以满足观众强化自我、宣泄情感的心理需要的作品逐渐增多。此时的剧作主题不再单一，而是在纵向上深入挖掘题材内涵，在横向上拓展主题的多样性。肇庆粤剧团《龙母传奇》的编剧秦中英，着眼于民间神话色彩的故事新编，对龙母戏创作的创新思考突出了剧作家的主体意识和全新的艺术理念，剧本以表现龙母面对爱情与责任冲突时体现的崇高品质作为讴歌主题，适应了改革开放后人们向往和追求爱情的心理诉求，体现出时代特点和审美的变化。《龙母传奇》生动刻画了龙母在面对爱情与责任的矛盾选择中痛苦的心灵历程，充分展示龙母情感的丰富和崇高的品格，赋予龙母戏以崭新的生命活力。从观众接受角度来说，剧作者重视观众的接受心理，创作出适合观众欣赏、凸显创作个性、雅俗共赏的作品，从这个角度上说是成功的。剧作提升了人们的精神品质和审美判断力，具有较高的审美价值。2001年11月，粤剧《龙母传奇》参加第七届中国戏剧节，荣获中国曹禺戏剧奖、剧目奖等多个奖项。

2008年，在注重开掘地方历史文化资源的时代环境氛围中，梧州粤剧团创作演出了《西江龙母》。张丽萍、李建军、梁超平创作的《西江龙母》以流传在梧州的龙母民间传说为主线，深入挖掘地方的历史文化资源，使得粤剧表演具有浓郁的“水”文化色彩。

梧州位于广西东部，东与广东省封开县、郁南县接壤，西、南、北为苍梧县。地处珠江水系的浔江（西江上游）与桂江的交汇处，广西80多条河流，90%的水量汇总梧州。梧州背靠大西南，面向珠江三角洲及港澳，是广西的“水上门户”。梧州属亚热带季风气候区，年平均降水量为1 485毫米，雨季集中在4—9月份，易发生洪涝。据统计资料，光绪二十六年（1900年）至1994年，无洪水的年份只有24年，洪灾比率达74.55%，特殊的地理环境使世世代代在此居住的人们产生了强烈的治水愿望，于是有了龙母传说和龙母文化的代代传承。

梧州粤剧团创作演出的《西江龙母》讲述的是初春时节龙王寨祭祀西江水神的仪式、民间的巫文化、结义金兰的姐妹情谊等，在秀丽的山水中丰富并完美地诠释了龙母的慈爱精神。依据民间传说创作，从自然神话发展成社会性的故事，主题表现凸显了“水神”崇拜，展示了地域文化的丰富色彩，满足了观众的审美追求。

从道德伦理上去解读，这个故事讲的是道魔斗法。龙母代表的光明正义与赖巫师代表的黑暗邪恶的斗法，结果是光明战胜黑暗，正义战胜邪恶。从自然神话发展成社会性的故事，表现了民间的愿望和民众的心理向往，既具有时代的意义，也具有审美的价值。

从性别伦理去解读，这个故事讲的是一男一女之间的斗争。故事自始至终强调的是“智斗”而非“武斗”。关于智慧质素的分配，西方文化把专司智慧和知识的职能分配给女神雅典娜，而中国传统男权文化则主张把智慧分配给男性，把顺从和贤惠分配给女性。但有意味的是，悦城龙母传说将智慧分配给了龙母，并让龙母用女性的智慧和勇敢战胜了男巫师，守住了悦城的风水宝地。

同时，龙母的“无意望报”的豢龙、养物放生的仁慈、博爱的母亲情怀，使人们感觉亲切而温暖，以至把龙母看成自己的祖宗、母亲而四时礼拜。特别是人们在追求一种理想或目标遭受挫折时，就会像向祖宗、向母亲倾诉一样向龙母祈祷，从而获得内心的慰藉。人们从海外，从粤、港、澳、台各地来到悦城，这里虽然是他乡，然而这里有龙母，是千千万万龙的传人的母亲，“他乡”自然就变成亲切的“故乡”了。千百年来，许多人正是怀着这种寻根拜祖的情感来到龙母祖庙，用他们的真情赞美母仪龙德，感激慈恩庇荫，是对“母爱”主题的真情抒发。

不同时代创作的粤剧龙母戏是重写，是有差异的创造。在主题表现方面虽有差异，但龙母的对手无论是南海龙王，还是赖布衣；主题表现无论是阶级的，还是言情的，或是地域文化的，在对龙母“母仪龙德”的歌颂，都是一致的。

2. 龙母形象塑造的人性化

在民间传说中，龙母以“母仪龙德”的形象被人们广为称颂。在戏剧创作中塑造人物形象，表现出剧作者对生活的理解与发现，同时人物应是美的化身，才能具有艺术魅力。龙母不是龙王的妻室，却被称为“龙母”，在人们心目中，奇特而具有非凡才能的龙母，是百姓心灵的寄托。虽然历朝历代统治者封龙母为“程溪龙母崇福圣妃”“护国通天惠济显德龙母娘娘”等称号，但在民间传说和民众心目中，龙母是人们心目中亲切的“阿嬷”，是造福护佑百姓的人间母亲。正如龙母祖庙妆楼对联：“龙光普照东西粤，母德长留覆载恩。”宋邓桓显《孝通庙记》：“凡仕宦之南北，商旅之往来者，靡不乞灵于祠。”① 龙母诞期间，香客络绎不绝，祈求龙母保佑。人们越来越把龙母看作是“阿嬷”，民间拜龙母转为“探阿嬷”，龙母信仰从图腾崇拜到宗族崇拜，从神灵崇拜转向了祖先崇拜。因此，在龙母题材的小说创作中，出现了“神”

① 欧清煜：《悦城龙母祖庙》，北京：中国文史出版社2002年版，第23页。

被“人”化的现象；在粤剧创作中，从龙女、温飞琼到温龙女，龙母的形象塑造也越来越趋向人性化。

（1）母爱精神的充分展现。好的剧本往往以情动人，以美悦人。粤剧龙母戏创作中，龙母的慈爱精神是最值得称颂、最感人的元素。无论是《悦城龙母》《龙母传奇》还是《西江龙母》，都离不开对伟大“母爱”的歌颂，体现龙母“母慈子孝”的传统价值观。未为人妻的龙女面对非议，勇敢地挑起哺养龙子的责任，悉心培养、教育龙子长大成人，与企图伤害龙子的邪恶势力斗智斗勇。《悦城龙母》的结尾，“为勉龙儿斗志，毅然跳崖自尽”，塑造出为龙子甘愿牺牲生命的龙母形象。《龙母传奇》中第五场龙母唱道“人生最可贵，是情比金坚固。母子亲，母子恩，情铸于肺腑，献身心，为福施德世上人……试看天下间，今今古古，几曾见临难弃儿。”龙母不惜牺牲生命，掬血为五龙点睛，展现伟大而无私的母爱光辉。《西江龙母》中，五龙被绑后龙母唱道：“纵然碎骨粉身，亦要为娇儿雪冤枉”，把戏剧冲突推向高潮。总之，三出龙母戏虽创作演出时代不同，但在龙子成长过程中，都表现出龙母养育龙子、训诫“教子”，表现出龙母的仁爱而又严厉，教导有方又惩罚有度的慈恩，超越时代，十分感人。龙子能飞腾变化，造福一方百姓，正是龙母“断尾”教育的结果，对我们也有深刻的现实意义。

（2）人性化形象的凸显。改革开放以来，粤剧的创作更加契合当代观众的审美趣味，在刻画人物形象时更加注意人物性格的多样性和矛盾性，使人物形象呈现出个性化、立体化的特点，在人物形象塑造方面达到一个新的高度。龙母形象的塑造，经历了由“神化”逐渐“人化”的过程。

20 世纪 50 年代，戏曲被推到意识形态的中心，戏剧界出现了对创作与演出的政治与道德教化功能的特殊重视，龙母“母仪龙德”的精神内涵恰好迎合了时代的要求，所以龙母形象走上戏剧舞台具有了现实的可行性和意义。这时的主题选择重心，也决定了以龙母为题材的戏剧表现出一定的局限性。1959 年湛江粤剧团的《悦城龙母》，表现出民间文化形态的强大生命力。

20 世纪 80 年代以来，社会结构的调整和文化生态格局的变化，既给戏曲创作带来了希望、提供了机会，又给它带来了前所未有的冲击，从而造成了戏曲的边缘化。20 世纪 90 年代末的中国戏剧开始注重在思想内容上、题材选择上、反映社会角度上、塑造戏剧人物上进行探索。戏剧的内涵不再只是表达一个主题，而是从纵向上对题材内涵进行挖掘、逐渐深化和在横向上扩大主题的多样表达，同时表现出文化转型期较强的娱乐性与思想性、舞台性与现实性。以普通人的生活、爱情、家庭为题材，是 20 世纪 90 年代戏剧创作的一大特点。《上海往事》《留守女士》《太平洋电话》等作品，都是在一个通俗感人的故事里，以戏剧性的情节打动观众，顺应现代人对休闲性、娱乐性的消费趋势，也迎合了强化自我、宣泄情感的心理需要。对题材的重新解构，传达出全新的艺术理念，也赋予了戏剧新的生命力。肇庆粤剧团的《龙母传奇》突出了神话色彩的现代改编，突出了爱情的主题，适应改革开放后人们对爱情的自然追求与向往的心理诉求，表达出时代认知模式的转变，表现出主人公面对种种诱惑，在道德责任与自由的矛盾选择中经历的心灵历程。爱情是人类永恒的主题，是戏剧创作中不断焕发光彩的“生命力”。中国古籍中的女神大多是没有爱情的。这与传统文化“截断巫山云雨”和心理洁癖的原因有关。谢选骏在《中国古籍中的女神——一群没有爱情的原始雕像》中指出“人祖的女神”具有三大特点：“全部仅有氏族始祖的特殊性身份”，“她们无一例外地都生下了伟大的儿子”，“但她们无一经历过世间的两性生活”[①]。河合隼雄也说：“日本人心中仙女或天女的形象，……必然与色域绝缘，是纯洁无瑕的。”[②] 1999 年创作的粤剧《龙母传奇》，突出了龙母“人性化”的一面，依据龙母品德上的“义”，加入了爱情的因素，设计了剧中人物情感与理智的矛盾、感情与道义的冲突。剧作在塑造龙母形象时，面对爱情与责任发生冲突时，选择使龙母的身心经历极大考验，既丰富了龙母的形象，又使龙母形象贴近常人，从而闪现着人性的光辉。《龙母传奇》既充满生动的人情味，又符合观众的心理期待，在粤剧龙母戏创作中可谓是大胆创新。

《龙母传奇》描写正值花季年华的温飞琼（龙母）与青年才子布衣两情相悦的爱情故事，剧作赋予龙母以常人的七情六欲，使得龙母的形象更饱满，是一部充满浓郁的民间趣味、民间情感和民间意识的戏曲作品。《龙母传奇》塑造了新的、富于生命力的龙母形象，在爱情的描写中表现民族的精神大义，成功地对龙母原型重新赋形，具有时代的特点。2002 年 4 月，主演曾慧获得第十九届中国戏剧梅花奖，也说明龙母形象的高尚美好与生动感人的艺术魅力。

在民间传说里，龙母是正义之神，是一方水土的守护神，同时也是智慧之神。随着时代的发展，龙母逐渐被还原为人们心中有功于国、有德于民的英雄人物。她以龙为子，精心养育五龙成才，与龙子一起造福于民，因而被百姓称为龙母；她勤劳、勇敢、善良、智慧、慈爱，是为民造福的巾帼英雄。悦城龙母的传说将智慧分配给了龙母，并让龙母用女性的智慧和勇敢战胜了男巫师，守住了悦城的风水宝地。梧州粤剧团的《西江龙母》设计的是龙母

---

① 苑利主编：《二十世纪民俗学经典 · 神话卷》，北京：社会科学文献出版社 2002 年版，第 269 页。

② ［日］河合隼雄著，范作中译：《日本人的传说与心灵》，北京：生活 · 读书 · 新知三联书店 2007 年版，第 174 页。

和巫师、一男一女间的斗智斗勇。有意思的是，巫师赖布衣被描摹成一位富有攻击性、歹毒的贪婪之徒。龙母和巫师之间正义和邪恶、智慧和蛮横的斗争，呈现出女智男愚、女胜男败的性别格局，结尾更显示出了龙母的宽容精神，充分体现了龙母传说对男女两性关系女性中心的文化想象，抒发出民间百姓的生活情趣，也是作品深受喜爱的原因。

3. 龙母戏的情节设计扣人心弦

关于悦城龙母的传说，历代都有基本相似的故事情节，这些散见于民间的故事形成了悦城龙母传说系统里的“拾卵豢龙”的故事原型，构成“慈龙子孝”的母子关系，反映出以龙为图腾的氏族信仰。相传龙子在未成形之前，是被弃于野外的一颗或数颗卵子，后由龙母孵化为壁虎或小蛇，长大为龙。不同的是数量的差异：《南越志》《岭表录异》《永济行宫记》《赐额记》等持“一卵一龙”说，而《洪武诏书》《孝通祖庙旧志》等持“一卵五龙”说，《中国神话传说》持“五卵五龙”说。

丰富的龙母故事传说，为龙母戏创作提供着原生态的资源。依据民间传说，“拾蛋”的情节在三出戏中都有复述，带有母系氏族时期图腾崇拜的色彩，表现龙母豢龙、养物放生的慈母情怀。不同的是，在龙母戏的创作中各具特色的变更。《悦城龙母》是“一卵一龙”，《龙母传奇》《西江龙母》是“一卵五龙”，也都各有所本。

矛盾冲突是戏剧的灵魂，粤剧的龙母戏表演离不开情节设计的矛盾冲突。1959 年湛江粤剧团首演的《悦城龙母》洋溢着浓厚的魔幻色彩。戏剧共分为七场，第一场和第六场的场景在南海龙宫，其余均在西江河畔。第一场“产蛋”：在南海龙王祝寿日，龙后生下一蛋，龙王大怒，蛋被丢弃。第二场“拾婴”：西江河畔，悦城渔家父女打鱼网得一只五彩蛋，后来蛋裂化作婴儿。渔父虽疑虑，女儿不忍弃婴，便认作儿孙。第三场“闹海”：16 年后，龙儿长大，却任性无知，于西江戏水闯祸，致船覆水淹，祸及乡邻。第四场“教子”：龙母训以大义，教子为民造福。龙儿知错，自断龙尾，以示痛改前非。第五场“夺宝”：适南海龙王泛洪水为患，龙儿承母训，勇闯黑水岩，击败乌须龙，夺得火龙宝牌，使洪水退去。第六场“争儿”：恼怒的南海龙王查得盗牌退水之人，正是 16 年前所抛弃的亲生怪蛋所化，设计骗龙母到龙宫，教儿认亲归宗。龙儿闯龙宫索母，却见龙后认子情切，不禁左右为难。龙母责儿不要忘却断尾之志。龙儿醒悟，救龙母逃至悦城水口，不幸被龙王擒，被逼以牌换母。第七场“飞升”：龙母为勉龙儿斗志，毅然跳崖自尽。龙儿挫败龙王，驮母升天，共治水患。剧作设计了“龙子闯祸，龙母怒断其尾”“南海龙王诱骗龙子认亲归宗”“龙子勇救龙母”等矛盾冲突，使全剧充满张力。龙母未生龙子，却充满慈爱亲情，教子以大义；龙王无情弃子，制造泛滥洪水，后又想找回亲情；亲情的冲突与正义的选择，一环紧扣一环构成矛盾冲突，使得龙母这位仁慈博爱、舍己为人、深明大义的母亲形象更加鲜明生动。演员在表演中成功塑造出前后迥然不同的龙母形象：少女时期的天真活泼、开朗泼辣；成年时的稳重大方、深沉老练，这些形象生动感人地呈现在舞台上，使得悦城龙母成为百世流芳的“治水娘娘”。据由张建渝主编、岭南美术出版社出版的《孔雀屏艺术人生》记载，《悦城龙母》1989 年第一次到中国香港、新加坡演出，获得极大成功。半个世纪以来，《悦城龙母》总计演出 700 多场，将龙母文化传播得更为广远。

选取普通人的爱情和家庭生活为题材，是 20 世纪 90 年代戏剧创作的特点。1999 年，肇庆粤剧团排演，2000 年上演民间故事神话粤剧《龙母传奇》，在创作方面带有时代的特点。五幕剧《龙母传奇》，在设计戏剧的矛盾冲突中，把民间传说中龙母与赖布衣斗法的故事，大胆改写为龙母与赖布衣由斗法而相爱的情节，剧作设计龙母的爱情与道义的情节和矛盾冲突，进一步深化了冲突中的人性色彩。“倒数”的构思编排独特：场次安排“一、二、三、四、五”，内容则是“五、四、三、二、一”。第一场“五龙现世”：梁三老汉收养的渔女温飞琼已到花季年华，养父担心姻缘，女儿却一心尽孝。飞琼见石蛋爆出五只小龙，念小龙无母可怜，动爱心收养，梁三反对女儿未嫁人先养子，未为人妻怎能先做龙母？青年才子赖布衣寻游到此，向“秀丽容颜”的龙母乞地被拒，又因飞琼哺养五小龙而产生误会。第二场“四护龙儿”：南海龙王视五小龙为孽种，决意斩草除根。龙母面对杀身之祸，勇斗龙王和猛虎，卫护龙儿。龙母的有情有义，大仁大德，使布衣相见恨晚。第三场“三鞭教子”：五小龙生性顽劣，翻江倒海，祸及乡亲。众乡亲找龙儿算账，龙母心痛，训育五小龙“以德立世”“福泽黎民”。小龙自斩龙尾谢罪。第四场“二违天命”：龙王报复龙母护儿，要端州三年大旱、五谷不收、水涸无鱼。赖布衣请飞琼一起去苏杭避难，待灾荒过后，重返故乡。美好的爱情与为母的责任，使十八岁的飞琼十分为难：“上有高堂白发，下有五个儿郎”，她不能走。龙王要龙母交出龙子，即赐甘雨，龙母再违天命。第五场“一脉归神”：龙王恨透龙母，发兵进讨。梁三劝女儿忍痛舍儿，龙母不应：“母子亲，母子恩，何惧生死得失。”布衣再劝龙母去苏杭，飞琼忍痛舍弃爱情，甘为龙母，教儿庇护苍生；龙王雷轰，五小龙跌地，龙母勇掬心血，用生命喷血点龙睛，使五小龙腾空，龙王逃遁，感动布衣，“姑娘盛德，堪传千古，布衣发誓，为你永守门庐”，众乡亲叩拜龙母。秦始皇派钦差大臣宣旨封为秦龙母，永驻千秋。剧作者在情节安排上虚构点染，梁父与龙母的“孽障”和“善缘”之争，布衣与龙母的斗法与爱情，龙王与龙母、龙子斗争较量中龙母不畏强权的勇敢，成就这感人的“龙母传奇”。

梧州粤剧团的《西江龙母》有六场，主要设计了龙母和赖巫师之间的冲突，主要集中在“教子”和“采药”两场戏。《西江龙母》第一场“拾蛋”讲述秦朝时西江边龙王寨初春举行祭祀西江水神仪式，温龙女拾到一只石蛋，石蛋中有五龙。她盼望瑞龙降福，由此与巫师发生争执。第二场“出世”，初冬时温龙女终于孵化出五龙子。第三场“回归”：龙母送龙儿回归西江，告诉他们“兄弟关照互相帮”，利泽天下，让西江“风平浪静鱼米飘香”；赖巫师散布谣言，说孽龙将使龙王寨大祸临头。第四场“教子”：五龙子回来朝拜龙母，途中青龙酒醉，导致洪水泛滥；巫师赖布衣指责龙母，放毒蛊诬陷五龙子造成瘟疫。龙母教子救民水火，五龙子帮村民重建龙王寨。第五场“采药”：龙母与金香上山历尽艰辛，与虎搏斗，五龙赶来救母；采来还魂寄生草，救治村寨瘟疫。第六场“流芳”：赖巫师诬龙母拾蛋、五龙回乡传播瘟疫，要阿旺大王绑五龙治罪。龙母拿到赖巫师做蛊的罐，指证赖巫师放蛊造瘟疫，采来草药治住瘟疫。真相大白后，阿旺要将赖布衣沉江，龙母却为之求情，巫师惭愧。众人将龙母奉为造福百姓的西江女神，永远歌颂和膜拜。从一般的女性崇拜或称生育崇拜上升为母性崇拜，那是人们的思想观念从非理性崇拜上升为理性崇拜，从蒙昧走向自觉的新阶段。龙母鞠育龙子，有德于民，有功于国；龙子孝敬龙母，奋发力强，这就是人们所称道的母仪龙德。对龙母的歌颂和崇拜，追求的是人性的善与美。梧州粤剧团的《西江龙母》中龙王寨的各色人物图景的展现，极大地丰富了龙母形象的人性内涵，使得龙母题材的戏剧表演具有吸引力。

一般来说，“大团圆”结局是体现戏曲民间性的重要特色。龙母剧的结尾却是例外。由人到神，戏剧突破了传统的“大团圆”结局。龙母的结局虽不可避免的，然而她的崇高精神却永存人世间，龙母精神获得了永恒。众人将龙母奉为西江的女神，永远歌颂和膜拜：“让龙母的光芒照亮我们的心灵，照亮我们的未来。”三出龙母戏塑造出美丽善良、利泽天下的龙母形象，表现了自然山水和道德情操美的高度统一，突出对“母仪龙德”的歌颂。《悦城龙母》和《龙母传奇》突出了龙母的仁慈博爱与勇敢无畏的精神，《西江龙母》结尾则体现了龙母宽厚仁慈的无私胸怀。《龙母传奇》着重于民间神话色彩的现代改编，突出剧作家的主体意识和艺术理念的变化，表现龙母面对爱情与道义冲突的崇高品质，体现出时代特点和审美观的变化；《西江龙母》中的“水”文化和祭祀仪式，突出了龙母和姐妹们的“义结金兰”，誓言要利泽天下；音乐方面融入梧州水上民歌的华丽元素，具有浓郁的地方文化色彩，令人耳目一新。广西大明山地区壮乡“三月三，龙拜山”，以歌祭龙神、以歌娱龙神的传统习俗，都带有浓郁的龙母文化特征。考察龙母戏对“母爱”主题的真情抒发和时代特点，使人们获得心中亲切而温暖的感觉。我们深知，无论运用怎样的创作形式，只要能以独特的魅力走进人们心中，就能找到地方戏创作的艺术生命力，让“母仪龙德”的龙母文化得以更广泛地传播。

随着时代的发展，龙母逐渐被还原成了人们心中有功于国、有德于民的英雄人物，她以龙为子，精心养育五龙成才，与龙子一起造福于民，因而百姓称之为龙母；她勤劳、勇敢、善良、智慧、慈爱，是真正为民造福的巾帼英雄。这种意识形态投影在戏剧表演中，无论是剧本内容还是舞台表演，更贴近人们的生活情景，切合群众的审美意向。在民间的叙说里，女性的龙母不仅是正义之神、一方水土的守护神，同时也是智慧之神。《西江龙母》中的对手是代表男权的赖布衣，他被描摹成一位富有攻击性和侵略性的贪婪之徒，是被嘲讽的角色。男女两性间蛮横和智慧的斗争，呈现出女智男愚、女胜男败、女主男从的性别格局，充分体现了西江流域的龙母传说对男女两性关系中女性中心的文化想象，抒发出民间百姓的生活情趣，也是这部作品受到喜爱的深层原因。

千百年来，戏剧一直与庙会结合在一起。戏剧以庙会为载体而获得生存与发展，庙会又借戏剧以娱神（人），在满足人们信仰意愿的同时，实现商品交流与文化娱乐的目的。庙会在繁荣农村经济的同时，也为戏剧提供了演出场所，培养了大批观众，提高了欣赏力；而庙会的普遍性则使各行各业的人都能得到看戏的机会，受到戏剧的熏陶。龙母丰富多样的传说故事为龙母戏剧的创作提供着各种原生态资源。粤剧龙母戏的创作，充分挖掘了独特的龙母文化的民间资源，获得了创作和演出的巨大成功，也提示着剧作者只有深入民间，选取优秀的故事资源，不断地融进现代创作因素与创新的艺术手法，才能创作出人们喜闻乐见的好作品。

二、民间传说：承载着大众的心理期待

民间创作的幻想是基于现实的幻想，这个幻想从来不超出现实的物质世界。关于龙母的民间传说故事，故事的主人公一般有名有姓，事件发生有具体的时间和地点；人物活动或事件发展的结果也常与某些历史、地理现象及社会风俗习惯相附会。民间传说，是中国民间口头叙事文学。由与历史事件、历史人物及地方风物有关的故事组成，是劳动人民智慧的结晶和本土民间文化的精华。龙母的人物传说故事中的丰富文化内涵，正是基于现实生活土壤，承载着不同时期人们的心理期待的文化传承，弥补着现实社会的弊端和缺憾，从而得到人们广泛的传播。

从古到今流传下来许多有关龙母题材的民间传说。清徐文犀《龙母神灵感记》中说：“人立庙祀之，称曰龙母神，历朝崇拜。……岁旱祷之而雨，舟

危祝之而安，祈福往往有验。”[①] 龙母造福百姓的事迹越传越灵验、神奇，具有了神话的色彩。“根据麦克·谢尔默的说法，人本性上是‘找模式，讲故事’的动物，我们喜欢那些容易理解的事情，而容易理解的又是熟悉、简单的模式或叙述。”[②] 我们将民间流传的龙母故事传说，简单梳理划分为以下类别：

1. 龙母的故事和神奇传说

宋张维的《永济行宫记》是龙母故事和传道中的典型代表。

> 永济夫人龙母温氏者，晋康郡之程水人也。其先不可得考记。秦始皇时，夫人浣于江，岸旁得卵如斗，异焉。持归藏器中，后有物如守宫，破卵而出，长数尺，性喜水，投之江，嬉游自适。每夫人往观，辄以鱼置其侧而去。一日，夫人治鱼，误挥刀斩其尾，遂不复见。久之复来，遍身生鳞，文有五色，头有两角，夫人与邻里始以为龙。郡守以上闻，秦始皇遣使尽礼致聘，将纳夫人于宫。夫人不乐，使者敦迫上道。数旬，至始安郡。一夕，龙引所乘船还程水，使者复还，龙复引归，凡数次。夫人果以疾殒。既葬西源上，后大风雨，其墓忽移于江北，即今悦城也。阖境畜乘皆汗而疲困，昼夜号哭有声如人。远近神之，共立龙母庙于墓旁，祈祷应答如响。唐太和中，李景休、会昌赵令则刻文于碑，详矣。[③]

碑文除了记述龙母的来历外，还记载了龙母佑皇师运粮船，有功于国的事迹和龙母庙的由来。

对于龙母生平流传下来的民间故事，中山大学的叶春生教授在他的《悦城龙母文化》研究著述中，根据《端溪温媪》和《岭表录异》所记，将悦城龙母传说归纳为四个情节单元[④]：

（1）温氏在岸边拾卵得龙。

（2）温氏误断龙尾，掘尾龙离家远走。

（3）秦始皇遣使致聘龙母，龙子引舟还。

（4）龙母卒，龙子移墓葬母。

龙母传说涉及龙母的仁慈、龙母教子、龙母与官府、五龙子的孝心善行、多次引船而返、萦浪转沙成坟、祭祀等细节，反映了中华文化传统的“老有

---

① 欧清煜编：《古坛仅存——悦城龙母祖庙》，北京：中国文史出版社 2002 年版，第 94、24 页。

② 王元林、陈玉霜：《论岭南龙母信仰的地域扩展》，《中国历史地理论丛》2009 年第 4 期。

③ 欧清煜编：《古坛仅存——悦城龙母祖庙》，北京：中国文史出版社 2002 年版，第 94、24 页。

④ 叶春生、蒋明智主编：《悦城龙母文化》，哈尔滨：黑龙江人民出版社 2003 年版，第 162 页。

所养，终有所送”的观念，也寄托了民众对自己子女孝顺的期待，成为龙母传说中最感人之处。《论语·学而》说：“孝悌也者，其为人之本欤。”龙母庙有题诗：“葬母龙能孝，训龙母亦仁。”龙母精神中的孝道观念，符合人们的心理期待，而传播久远。相关的故事还有“龙母与赖普仪斗法”表现出龙母的聪明智慧；“云浮石山的来由”“鼎湖山的传说”“七星降人间”“龙母巧设白沙阵”传说里也有赖布衣、金鸡精、南海龙王、黄鳝精与龙母斗法的情节，民间将龙母的仁义美德和慈爱佑民的智慧，融进了肇庆美丽的山水名胜之间：鼎湖山、七星岩、端州、崇禧塔、白沙滩都留下龙母的足迹；“龙跃天池”五龙子为民除害、“李纲拜龙母”、广西“布衣”探龙母等，还有民间不食鲤鱼、爱护青蛇的习俗；每逢龙母诞，藤县人着锦衣绣履前来龙母祖庙朝拜龙母，同时为龙母更衣的习俗也传播久远。从弃婴到渔妇，从渔妇到龙母，进而到女神，龙母有功于国，有德于民。与史籍和碑刻记载相比，这些民间故事更富有世俗的生活气息，龙母与五龙子的形象在传说中刻画得更加生动感人，符合了人们喜欢趋同和形象直观的情感接受方式。

如《“断尾龙”的故事》讲述心地善良、乐善好施的龙母自小就懂事，整天忙里忙外。一天，她同养父一起出海捕鱼，拾到一只五彩斑斓的巨卵，十分高兴，像拾到宝贝一样把它藏起来。某日，巨卵裂开，孵出五条小龙来。从此，她便精心养育五龙子，人们都称她为龙母。这些小龙喜欢游水，在龙母呵护下，身体一天一天地长大。传说五条龙中，最小的胆子大、爱逞强，贪玩好动。有一次，这条龙变成了一条鲤鱼，跳进西江游水，十分开心，无意中却游入了龙母养父的渔网里，龙母手起刀落，把整条鱼尾剁了，痛得小龙子大呼救命，立即现了原形。此后，它便成了“断尾龙”，一直心存怨气。从秦朝开始至1996年，每年农历五月初七或初八，即龙母诞期的最后两天，悦城龙母祖庙肯定会下场暴风雨，传说是“断尾龙”跟龙母斗气。

2. 宣扬孝道观，扬善惩恶的故事

龙母的故事传说在叙事中始终蕴含着饱满的情感，比如龙母细腻深沉的母爱之情、龙子的孝道之情、龙母宽广的爱民之情等，都让龙母的形象更加接近民众。龙母庙的管理者顺应人们的心理需求，让龙母成为人们表达心中诉求的亲切慈母，关怀子民追求幸福的愿望，在今天趋利的社会中令人倍感温馨。

宣扬孝道，是龙母故事的重要主题之一。1076年，宋朝宋仁宗皇帝为宣扬教化“以孝治国”理念，特意为广东悦城龙母庙题赐一个“孝通”匾额，龙母庙因此改名为“孝通庙”。“孝通”二字，表达了“龙母以孝行教导五龙子，龙子又以醇厚孝德报答龙母”的传统孝道教育思想，成为龙母信仰的基础。孝是以对祖先的宗教祭祀形式而存在的。岭南人多重视孝道，重视对祖先的祭祀。来这里烧香磕头的老百姓一看到这个匾额，或者听到这个名字，孝道思想得到进一步的强化，此地的山水、故事传说和建筑雕刻，都能让人们形象地感受到龙子对龙母的一片“孝心”，感受“孝”的宗教情怀，自己的心灵也会在龙母祖庙里受到触动和深刻的洗礼。

在民间故事传说中，龙母的形象非常可亲，龙母对龙子既仁慈厚爱，又不失严厉；既深明大义，又惩教有方，从而使龙子长大后能造福于民，平息水患，惠泽四方。这正是中国式家教的成功经验。人们在文化交流的过程中，逐渐把南方的民间传说与北方的龙文化相互结合，把神秘自然与人间生活融为一体。传说中的龙母不仅会做饭、洗衣、织麻、浣纱、织网、打鱼、放牛，而且还救死扶伤，解人危难，塑造了可亲可敬的龙母形象。龙母之所以历代都受到人们崇拜和祭祀，是因为传说中的龙母以自己的聪明和智慧才干，保佑一方百姓的平安，惩治为非作歹的恶人。在历代百姓的崇拜中，龙母由人变成了神，成为有神奇本领的“阿嬷”。“龙母诞”庆典时，“阿嬷回宫了”的呼唤，贴切地表达了民众的愿望和对龙母的敬仰和崇拜。

龙母的故事在百姓中传颂，龙母逐步成为一个英雄女神。“乡里咸谓之龙母，敬而事之。或询以灾福，亦言多征应。”所以，西江流域一带的水上人家（船家）一直十分尊敬龙母，无论船只大小都放了一个龙母像，每月农历初一、十五烧上几炷香，遇上不顺心的事也会上香，祈求龙母保佑平平安安；西江流域的百姓崇拜龙母，有的甚至不顾路途遥远，专程到悦城龙母祖庙上香祈福。悦城龙母祖庙被称为“南中国最神的庙”，至今依然是海内外龙的传人尤其是东南亚华人信众“四海朝宗”的圣地。

《悦城龙母庙志》记载了历朝历代许多扬善惩恶、灵异感应的故事。凡是利国佑民的事情，都能得到龙母的保佑：宋朝的安南招讨使郭逵奉命，有神龙护粮馈之运舟；元朝梁全统兵讨伐作乱前，向龙母祈祷，顺利破贼；明朝洪武元年（1368 年），龙母护佑保境安民；清嘉庆十八年（1813 年）知肇庆府事张存贤撰写的重修龙母祖庙碑记云：“清乾隆年间，花县骆村骆建刚为人善良，游羊城，见路有遗金，拾还失主，人见其忠厚，资助其到梧州做生意。骆建刚坐船路过悦城时，遇狂风大作，全船人顿时色变，唯他危坐默祝，忽见一小青龙盘曲在船檐上，遂风平浪静，安抵梧州。骆某知龙母保佑他诸事顺遂。”做生意发达后，重刻庙志百本、以千金重修龙母庙以酬答龙母之恩。人们传说凡是遇到危难、病痛时，向龙母祈祷，就可得到护佑：清嘉庆二十一年（1816 年），顺德人冯豪举西江遇暴风雨，默念龙母圣号，转危为安；光绪戊申，羊城梁某妻身患恶疾蛇疮，求龙母指点，终得痊愈等。

龙母故事在传播中逐渐融入了佛家、道家的元素，体现了民众惩恶扬善的希冀。小惩大诫，使世人懂得仁义、明白事理，戒贪欲欺诈，戒好色，有利于人们修德励行和怀有感恩之心。传说中世人或被贪念所累，或做了淫秽恶行，都会遭到龙母的惩戒，无法得到龙母的庇佑。清徐文犀《龙母神灵感记》中记载：嘉庆初，守庙者乏薪水而务赌博私出祭器质之；道光年间，土匪窃去神像簪珥等，历数“过失虽小，神复知之”。都受到了惩戒和处罚。龙母祖庙，“粤俗娱神，辄烧花炮，又争拾炮头，以占吉利。……羊城之东裕堂，连获首炮五年，动皆顺遂”；“另有武弁某获得花炮首座，当年升官得利。次年酬神，适为梨园主人名优美妓声色震动，悦城归之羚峡中流”，遇疾风而无龙母庇佑。“出峡，报其子死。越数月，某亦瘐亡”；东裕堂梁某曾过娼寮作谑浪语，后被炮震手掌血流不止；某戏班与某堂争接首炮，欲要引发械斗，“时进香人悉惶恐”，午间狂风大作，械斗者一哄而散……这些故事传说，看起来是记录民间俗事，但一些佛教的戒律显然也被人们融合到龙母文化传说之中。通俗易懂的故事，符合民众的心理和理解水平，透过民间俗事却显示出深刻的人生警示作用。

3. *龙母爱护自然的故事*

龙母的好生之德不仅体现在她的“拾卵豢龙”上，也体现在她的“侣白鹿而友黄猿”上。在她看来，人类应该有博爱思想，人类应引万物为自己的同类，并以待兄弟姐妹一样的友善仁爱来待天下万物。

传说龙母升仙之前，日以济物放生为乐。又性喜豢白鹿，农人恶其伤稼，龙母断其一足，放之南山麓（《悦城龙母庙碑记》）。大慈大悲的龙母去世后，“有白鹿黄猿守墓”。据《悦城龙母庙志》讲，青旗山的树木优良，用来做船，其快如飞。这么神奇的树，百姓急用时，但砍无妨；达官贵人却不能仗势滥砍。一个传说讲，一艘民船行到龙母庙前，船舵坏了，船夫向龙母祈求，把几两银子放在神座前，上山砍了一棵树，修好了船舵。第二天，船夫回到南宁，龙母却派鲤鱼把几两银子送上船来；一位将军想砍青旗山的树木，拿二千钱去祈求龙母，龙母不同意。这位将军带人，强行砍伐八九根……忽然天昏地暗，飞沙走石，所砍的树木全部飞落西江中。这两个故事传说，表现了古代人们自然崇拜意识的痕迹和民间的立场。在龙母影响下，西江人爱青龙（即小青蛇），忌食鲤鱼，遇即放生。五龙山上，树木葱郁，“有猿，有白鹇，有麢，有野牛迭出，并无一人惊之”（见重刊《孝通庙旧志》）。

后来，为感念龙母这种好生之德，岭南一带形成了放生鲤鱼和不食鲤鱼的民俗。这些民俗也从另一侧面体现了岭南文化对自然生灵的珍重。

如今每逢庆典，人们仍有到西江河放生鲤鱼，不吃鲤鱼、爱青龙、适时斋戒、禁欲等。有些龙母庙同时供奉道教的八仙等，道教崇尚自然的文化因素也被龙母信众吸收进来，增强了文化的整合力量。在西江流域龙母生活的时代，人们对自然环境的尊重和保护，与大自然的和谐相处，给今天破坏自然生态、不懂得尊重自然的我们，提供了一面深刻反省的镜子。

龙母传说在西江流域已流传了千百年，有着深远的历史渊源，跨越了不同的年代。龙母传说代代相传，总是和人们的心理需求相关。龙是中华民族的图腾，龙母作为龙的生命的赋予者，表现出母爱对生命的呵护以及对人间苦难的拯救。龙母如此，观音菩萨也如此。色彩艳丽的龙母于是成为情感和经验层面上人类母亲的偶像，成为鼓励生殖和拯救苦难的西江水神。龙母的信众多集中分布在西江流域和珠三角地区，以中老年女性居多，当然也有一些年轻人。随着时间的流逝，社会经济的发展、人们生活的富裕影响着人们的观念、习惯、兴趣、追求、心理和理解力。

现代流传的龙母传说，不断地增加现代生活的元素，寄予着现代人的生活愿望，与改革开放后的社会经济发展和社会现象有着密切的关联。在经济全球化的影响下，人们的社会价值观也发生了很大的变化，对金钱利益的欲望日益膨胀化，使得人们在龙母信仰中更多地表现出对金钱的渴望和精神的迷失。所以，在后来的许多关于龙母的民间故事中，内容也偏向于以“发财”“升官”为主调，以及对捐款者的礼遇，例如，2001 年悦城龙母诞祭祀仪式上捐款最多的陈策文先生点燃头炷香的荣耀和幸运。祭拜龙母与人们的生活虽息息相关，蕴含了浓郁的生活气息，却也表现出随着时代的急速发展，民间信仰呈现急功近利的世俗特点。

在悦城龙母文化的田野调查中，笔者咨询了一些香客为什么选择来敬拜龙母，得到的答案大多是：“龙母很灵，能帮我们办事。”这种强大的愿望期待是百姓们直接的心理需求，而这种需求在流传中也曾有人实现过，从而也扩大了人们对龙母的信服和信仰。民间故事以现实世界中形形色色的普通人的生活遭遇及其理想愿望为叙说中心，用巧妙的方式编织而成，富有趣味性和教育性，它们有的贴近实际生活，有的饱含神奇幻想，构成一个多姿多彩的艺术世界。龙母故事源于生活并通过口头传播的形式在民间广泛地传播，适应着各个阶层群众的“口味”，并得到了普通大众的认可，一代一代流传下来。且不论这民间故事中包含多少迷信成分，其确实以生动、贴近人们生活的独特形式承担着龙母文化信息的传播，在历史的发展中不断地增加文化的传播能力，重新激活民间文化中富有生命力的部分。

三、小说创作“神化”与“人化”的再现

以龙母为题材的小说创作迄今为止并不多，影响也不太大。以本土作家何初树、钟道宇合著的《悦城龙母》（1999），谈湛梧著的《悦城龙母传奇》（2006）为代表。

小说创作离不开虚构，作者塑造形象时，并不是简单地描摹社会生活中实有的人和事，而是对生活素材进行集中、概括，并运用丰富的想象补充人物和事件中不足的和没有发现、发生的环节，或者对分散生活材料进行集中、熔铸，以构成小说的情节，塑造形象。这种虚构艺术使得以龙母为题材的小说创作具有独特的魅力，展现了龙母高超的“神力”，实现了人们把龙母“神化”的心理期待。“神化”是人们将典型的正面人物“神圣化”的过程，扩大其“伟大”的成分，成为不食人间烟火的“神”。“神化”的过程寄予着人们的期望，希望得到神灵的帮助，解决生活中遇到的困难。

历年来，龙母祖庙的香火十分旺盛，作为“南中国最神的庙”，口耳相传加上巨大的广告效应，人们现实的愿望使得龙母的传播越来越广泛，也使得龙母题材的小说创作中始终脱落不了“神化”的影子，适应了大众的心理需求。

何初树、钟道宇合著的《悦城龙母》是在收集了大量与龙母相关的神话故事（如“勇闯虎牙洞”“大战蛇妖”“智歼水妖”等）的基础上创作的，渲染出浓厚的魔幻色彩。小说的开篇交代龙母原是天上的神仙，是王母娘娘的十三妹，一直管治着烟波浩渺的九州洋，因帮助牛郎与织女相会，触犯了天条，被王母娘娘贬为凡人，一生命途多舛，接受人间的各种苦难。这一情节安排迎合了佛界“前世、今生、来世”之说，是自古神话小说创作常用的方法之一，为下文龙母有超人的本事埋下了伏笔。在小说中，作者牵动了人、神、物三界的精灵参与到龙母一生的故事演绎，包括“神界的玉帝、王母娘娘和各类神仙；人界的龙姬一家、地主梁仁杰和普通的平民百姓；物界的五龙子、西江灵龟、蛇精、鼠精、兔精、蚁精等”，小说展现了一个变幻莫测的神幻世界：龙蛇大战、人蛇大战、人鼠大战。当各种灾难不断地发生，龙母总是尽心尽力地为百姓消灾除害、排忧解危，最后与黑蛇精同归于尽。龙母仙逝之后深受百姓的缅怀与歌颂，并得到了王母娘娘的原谅，重新归列仙班。《悦城龙母》与一般的神话小说、魔怪小说一样，运用了大量的虚构，勾勒出一个充满神奇色彩的世界，深受许多读者喜爱，也满足了人们心中对龙母“神圣”超人力量的心理期待。曾在《西江文艺》杂志上被多期连载。

在历史的发展中，人们的认识水平在不断提高，“神”被“人”化的现象也逐渐出现，人们也越来越把龙母看作是“阿嬷”，拜龙母转向为“探阿嬷”，从神灵崇拜转向祖先崇拜。虽然这只是一部分，但在传统文化的传承中确实是找到了另外一条“路子”。这条“人化”的“路子”，为民俗传统文化的进一步发展提供了新的“氧气”。谈湛梧的《悦城龙母传奇》出版于2006年，在《悦城龙母》出版7年后。小说侧重于龙母“人”的一面的描写，开头是以香港儒商张念龙曾得到龙母的“保佑”，在外经商发财，20 年后带着全家到悦城龙母祖庙参拜，以给儿女讲龙母故事的形式，引出了龙母传奇的一生。梁三救婴，龙母育龙，怒斩掘尾龙，与赖布衣斗法，五龙子救母，五龙子拢沙移墓等一系列故事穿插其中，歌颂了“母仪龙德”的精神内涵。谈湛梧的创作，是人们逐渐接受“人化”意识的表现，把“神”请下神坛，还原为人，在龙母题材小说创作中的影响也是深远的。《悦城龙母传奇》把龙母塑造成为人们崇拜的实实在在的一个英雄，在社会历史的发展中得到了更多的认可。

纵观龙母题材小说创作，虽然产生了一定的影响，但创作手法的落后与故事情节的老套，在现代社会中并不能引起读者多大的阅读兴趣，在一定程度上也限制了龙母文化的传播发展。我们期待着，龙母题材小说创作应该走向现代，融进更多现代因素和创新手法，才能塑造好龙母的形象，吸引更多的读者，重新激活龙母题材小说的魅力，成为地方文化建设中的精品。

有关龙母题材的民间创作，种类繁多。以上主要分析了粤剧龙母戏、龙母民间传说和小说创作三种创作形式。随着时代的发展及人们知识、文化水平的提高，人们对民间创作的要求不断地发生变化，如深受年轻人喜爱的动漫作品。据了解，第一部讲述龙母的动漫作品《龙母传奇（第一季）》，由肇庆市日月文化传播有限公司拍摄，现已拍摄完毕。肇庆学院的舞蹈《母仪天下》，向我们展现了龙母善良、慈爱、普济苍生的美丽形象。舞蹈中演绎了广为传颂的龙母形象，心灵手巧，能耕善织；积德行善，护航治水，龙母用一种温柔的力量引导人们向善向美。此舞蹈荣获 2007 年广东省大学校园文化艺术节民族舞一等奖。舞蹈音乐由田春生作曲，著名歌唱家谭晶演唱。

梧州歌舞团创作《龙姬》表现端庄秀丽的龙母抗洪治水，帮助群众，重建家园的场景。

龙母，穿越历史的时空来到我们面前。龙母是一个鲜活的创作题材，龙母精神将永远活在龙的传人心中。无论采用怎样的艺术形式，只要不断地从民间汲取源泉，探索创新，就能以独特的艺术魅力走进人们的心中，就能找到艺术作品的生命力，让龙母文化得以更广泛地传播，让“母仪龙德”的精神流芳千秋。

作为民俗传播的龙母文化：国家、市场、社会、媒介

苏　常

广东德庆悦城境内，坐落着一座历经千年的龙母祖庙，庙后背靠五龙山，庙前灵水洄澜，波不扬涛，独到精致的古建筑群令它享有“古坛仅存”的美誉。而更令人啧啧称奇的是，每逢诞期，龙母祖庙里里外外定是人声鼎沸、香火缭绕；庙外公路上，搭载各方香客而至的车队往往延绵数公里，蔚为壮观。这种万人空巷、万众祈祷的参拜盛况，足见龙母文化在南中国的影响力之巨大，其辐射之广远从某种程度上甚至不输福建沿海一带的妈祖文化，而“成为华南地区、港澳乃至东南亚的一大文化事项”①。这一文化事项已然引起不少前辈学人的关注，他们分别从文学、民俗学、建筑学、人类学的角度去研究龙母文化：或归纳龙母传说的类型特点，或分析龙母信仰的传承演变，又或阐释龙母祖庙的建筑风水。

本文力避上述研究视角，试图从传播学的角度去研究龙母文化这一中国传统民俗在当代中国的传播。我们的分析着力点不在民俗传播的特点、方式与类型，我们着重关注的是民俗传播生成背后复杂的权力关系图景。正如民俗传播学者仲富兰所言，“旧时代的民俗，有的已随着那个逝去的社会所淘汰，有的则在新的历史时期被种种复杂的因素所影响、所裹挟并得以强化”②。历史久远的龙母文化穿越两千多年的时光隧道，缘何没有销声匿迹，反而在这个现代社会越发璀璨夺目？是什么因素造就了这样的传播图景？又存在什么样的传播推手？本文将龙母文化的传播放在当代中国的广阔背景之中，运用国家—市场—社会的三元分析框架，基于 2010 年和 2011 年的文献研究和田野工作③。我们试图去剖析这些权力主体对龙母文化在当代传播所产生的作用和影响，以及存在于它们之间的复杂交织和微妙的互动关系。同时，我们还试图对龙母文化在当代中国的传播和推广路径，提出建设性意见。

---

① 蒋明智：《悦城龙母：从传说到信仰》，《文化遗产》2008 年第 2 期。

② 仲富兰：《民俗传播学》，上海：上海文化出版社 2007 年版，第 5 页。

③ 田野工作包括 2010 年和 2011 年在悦城、藤县、梧州三地龙母庙的考察调研，在龙母诞期间对于三地龙母诞活动的参与观察，以及在三地对政府官员、龙母庙管理者、群众、商家、动漫公司负责人的访谈。

一、国家的挪用：新意识形态与仪式传播

国家在龙母文化的传播过程中一直扮演着举足轻重的角色，并在不同的历史阶段呈现出不同的作用导向，直接决定着龙母文化在民众中传播的顺畅程度。

在中国古代封建社会，龙母一向受到国家的重视和认可，龙母传说中所承载的“孝道”观念，恰恰迎合了封建国家对社会民众的伦理道德要求。而龙母自秦诞生以来，更被国家权力意志的管理体系所收纳，并由此获得历朝历代封建君主的封敕，据史料记载，龙母在“汉朝封程溪夫人，唐朝封永安夫人，宋朝封永济夫人，明朝封程溪龙母崇福圣妃，清康熙时则从娘娘被提封为元君”①。这种由民间信仰向国家正祀的转变过程，折射出中央集权与地方势力通过民间文化资源所达到的互动与共享。“一方面，地方上的士绅通过请求朝廷将地方神纳入国家神统而抬高本地区的地位，有利于地区的利益；另一方面，国家通过赐额或赐封号的方式把地方神连同其信众一起收编，有利于控制地方社会。”② 国家对龙母的持续推动和利用，使龙母文化在封建时代得以广泛传播，并成为民众中极具感召力的一种信仰文化。

不过，这种信仰文化的传播却在无神论思想的笼罩下戛然而止，其后，受到毁灭性打击，龙母文化的发展受到重创。

改革开放以来，国家对于宗教信仰的政策逐步放松，无疑为龙母文化的再度登场提供了空间。社会转型时期的国家意识形态是被称为“威权型的新意识形态”，较之以往“极权型的旧意识形态”，它的作用方式“从强制、灌输、控制到同意、咨询与召唤”③。而龙母文化因其所展现的仪式传播的形式特点，适宜于对普罗大众实施个体询唤，而被新意识形态所借重，被国家所重新征用。詹姆斯·凯瑞认为，“传播的起源及最高境界，并不是指智力信息的传递，而是建构并维系一个有秩序、有意义、能够用来支配和容纳人类行为的文化世界”④。仪式传播恰恰是上述传播观的生动展现。从“仪式传播”的视野去审视龙母文化，其在当代的传播功效主要体现在道德教化、社会整合以及认同建构这三个方面。

---

① 《岭南民俗：龙母后天 2294 岁》，http：//www. ycwb. com/gb/content/2004 -06/23/。

② 赵世瑜：《国家正祀与民间信仰的互动——以明清京师的“顶”与东岳庙为个案》，《北京师范大学学报》（社会科学版）1998 年第 6 期。

③ 潘知常：《新意识形态与中国传媒——新世纪新闻传播研究的一个前沿课题》，《江苏行政学院学报》2006 年第 4 期。

④ ［美］詹姆斯·凯瑞著，丁未译：《作为文化的传播》，北京：华夏出版社 2005 年版，第 7 页。

1. 道德教化

中国自古便是一个讲究社会伦理道德的国家，封建时代起就一直流传着“三纲五常”的说法。道德是中华民族屹立世界的自强之本，同时也是维系这个社会正常运转的重要规范。不过，随着改革开放的大门轰然打开，中华民族被卷入商品化、市场化、自由化的全球化浪潮，这个古老的民族正面临着前所未有的挑战。市场化改革满足了人们追逐物质财富的无限欲望，却在一定程度上撞击着人们精神层面的道德基础。随着西方消费主义意识形态的漂洋过海，各种享乐主义、拜物主义大行其道。社会中的投机倒把、偷蒙拐骗，都昭示着人们的道德体系产生危机。国家为确保长治久安，急需重建这个现代社会的道德体系。而某种程度上龙母文化恰恰满足了这种需求，因而得到重视和征用。

龙母文化承载着中国传统儒家伦理思想的“孝道观”，它所宣扬的母慈子孝、利泽天下、奋发向上、亲和团结、赤子孝道的道德观念，不仅在封建社会具有重要作用，即便是放在现代社会也同样具有现实意义。提倡“孝道观”，一方面有利于家庭关系的和睦稳定，另一方面则有助于社会发展的和谐有序，恰恰是国家建设“和谐社会”的题中之意。国家不断宣扬龙母传说，推广龙母文化，根本目的在于把龙母这个古老传说的人物主角包装成现代社会的道德楷模，并希望凭借其在社会民众中的广泛影响力，成为道德重建过程中可供人们参照的学习标杆。每逢龙母诞期，尊崇龙母的各方信众纷至沓来，共同参与盛大的祭祀仪式。民众在参与仪式的过程中，一方面可以通过戏剧、传说等形式反复学习龙母利泽天下、惩恶扬善的义举美德；另一方面则通过与龙母精神的不断比对，观照反思自身日常道德行为实践的不足。因而，龙母文化的仪式传播实则兼具了道德教化和道德洗礼的双重功效。

2. 社会整合

国外学者认为，“仪式庆典的作用在于以一种旨在用王权、神权以及类似的权威来迷惑、威慑广大观众的方式来象征权力；以过去展现等级的方式来表现社会秩序；通过仪式表演与参加庆典的大众的程式化反映之间的仪式化的对话来传输对忠诚的表达；通过表现延续的象征来唤起传统；通过突出社会崇尚的中心价值来强调社会团结”①。换言之，“集体仪式是社会整合的一种核心媒介”②。因而，仪式对处在现代化转型中的当代社会而言意义重大。

---

① ［美］丹尼尔·戴扬、伊莱休·卡茨著，麻争旗译：《媒介事件：历史的现场直播》，北京：北京广播学院出版社 2000 年版，第 254 页。

② ［美］米切尔·舒德生：《文化和民族的整合》，载［美］戴安娜·克兰主编，王小章、郑震译：《文化社会学》，南京：南京大学出版社 2006 年版，第 28 页。

社会学家孙立平认为，断裂和失衡是当代中国社会的主要表征。下岗失业、官员腐败、贫富悬殊、城乡差距，这诸多社会问题已然使阶层分化越发明显，而随着改革开放进程中人民公社的解体和国家单位制的逐渐崩解，国家与民众间的关系亦越发疏离。面对日益原子化的当代社会，国家面临社会整合的重任。而龙母祭祀仪式的存在恰好为国家意识形态发挥其黏合剂功能提供了空间和道场。首先，仪式的形式本身就能有效地实现社会整合的功能。在这个由特定的时间（固定诞期）和特定的空间（龙母庙宇）所组建的时空范畴之内，参与仪式的朝拜民众在当时当地拥有一个共同的身份——信众，而这些人群事实上存在的不同职业、民族的差异则被暂时抹平。这是国家利用仪式传播所施行的社会修辞术，有效地遮蔽了社会分化的裂痕。另外，仪式上不断宣扬的龙母“有德于民、有功于国”的善举，体现了国家对社会民众向善之心的询唤，“起到了规劝这个社会桀骜不羁的反抗因素的‘和谐’要求”①，从而保持了冲突社会的一致性。

3. 认同建构

全球化语境下，民族国家间的边界日趋模糊，各民族国家独特的文化身份正面临前所未有的认同危机。面对危机，“人们总是希冀在民族共同体及本民族的历史与文化中找到民族主义的力量与韧性，建构其文化身份和自我认同”②。而仪式传播通过“仪式展演与仪式参与人共享文化、宗教、民俗等深层意蕴信息，以达到维系群体价值观的一个过程”③。近年来，各种“祭祖”“拜祖”大典在神州大地此起彼伏，充分印证了仪式传播所具有的认同建构功效。龙母文化的祭祀大典，无疑为所有华夏儿女提供了一个想象的“认同空间”。仪式朝拜的中心——龙母在仪式当中被转化为民族国家的象征符号和身份代表，民众则通过朝拜龙母再次确认他们身为龙的传人的身份标识，并由此体认到“同根同源、龙族荣光”的身份归属感和群体认同感。在这里，国家巧妙地实施了意识形态的话语置换：龙母在仪式中既然充当民族国家的化身，民众对于龙母的朝拜，实则就是对于民族国家的尊崇与认同。通过仪式传播，民族文化身份的边界得以重新书写和确认。民族主义的话语权力也成为新意识形态构建文化认同的最主要力量。

正是基于以上仪式传播的三大意识形态功效，龙母文化在近年的发展得

---

① 吕新雨、赵月枝：《中国的现代性、大众传媒与公共性的重构》，《传播与社会学刊》2010 年第 12 期。

② 张兵娟：《媒介仪式与文化传播——文化人类学视域中的电视研究》，《现代传播》2007 年第 6 期。

③ 徐红、赵禄：《论土家族婚丧礼民俗的仪式传播》，《中国传媒报告》2010 年第 1 期。

到了政府的大力支持，包括省委政府领导对发展传承龙母文化的表态①，以及政府拨款资助拍摄以龙母为题材的动漫作品。

二、市场的拥抱：旅游经济、文化产业与传媒助力

市场经济是改革开放以来中国现代社会转型发展的主旋律。“市场化”“商业化”则成为各行各业不断重申和标榜的复调。被声势浩大的市场化浪潮所裹挟，龙母文化的传播亦不断受此推波助澜。

1. 旅游业的兴旺提升了龙母文化的知名度

20世纪80年代初，旅游成为人们重要的休闲娱乐活动，旅游业随之勃兴，而此时龙母文化的重新重视已不再仅仅是作为一项民间祭祀活动，它同时亦成为重要的旅游文化资源进入旅游业的开阔视野。历史悠久的龙母传说、巍峨绝伦的庙宇殿堂、庄严肃穆的仪式体验，这些绝佳的旅游文化资源一旦经过精心包装和推广，即可成为吸引游客的闪亮招牌。随着各方游客的口口相传，龙母文化的名声不断向外推广。

自20世纪90年代起，节庆经济成为地方经济发展的重要手段，地方政府网罗民间仪式资源举办形形色色的地方节庆活动，并以此作为经贸活动的招揽手段，生动地诠释了“文化搭台、经济唱戏”② 的深刻含义。2012年12月13日，在德庆举行的首届“广东·德庆龙母文化节”以感恩龙母活动为契机举行一系列经贸合作签约仪式，13个总投资达80.82亿元的招商新项目签约落户德庆，签约项目涉及工业、旅游以及城市建设等领域，直接拉动了德庆经济和城市建设的发展。事实上，旅游业界早已从中敏锐地意识到节庆本身所蕴藏的巨大商机，并对其进行开发利用。自农历正月开始至农历十一月止，龙母诞共有七个诞期，分别是开年祈福诞、龙母开金库、龙母开金印、龙母生辰诞、龙母得道诞、龙母水灯节、龙母感恩节。每个诞期，当地政府都会组织大型的庙会活动，而各地旅行社亦会适时而动，组织大量的游客到此观光朝拜，感受独特的庙会活动。可以想象的是，周期循环的龙母诞期不仅是旅游业界推广旅游线路的黄金佳期，也是龙母文化吸聚人气的重要时刻。

---

① 《南方日报》2004年9月27日，A05版。

② “文化搭台，经济唱戏”是20世纪90年代初某些地方政府发展经济过程中所提出的一个口号，不过这个口号曾引起包括著名文化人冯骥才在内的批判。近来，也有不少学者批判其是过时的口号。不过，时至今日，它依然是不少地方政府招商引资的一种重要途径。

图1　悦城龙母祖庙传统活动项目表

进入新世纪，市场经济改革进一步深化，旅游业的产业化转型也得以提速。旅游产业成为地方政府高度重视的新兴产业。作为龙母祖庙的所在地，德庆县亦紧紧把握龙母文化这一独特的旅游资源，大力发展旅游产业。自2005年起，德庆县与南湖国旅取得合作，依靠市场的力量去开发推广龙母旅游文化。市场化运作的南湖国旅，不仅依靠各类广告手段展开旅游宣传攻势，更通过加强市场营销渠道，盘活旅游客源，开发出“龙之旅”黄金旅游路线，使龙母文化的旅游开发真正搭上了市场化这辆快车。统计数据显示，“2010年，龙母祖庙接待参观人数133万，门票收入更高达3 382万元”①。随着德庆当地旅游业的兴旺，同属旅游产业范畴的餐饮、住宿、购物、交通等各类服务业亦得到不同程度的推动。其中，最具代表性的要数龙母祖庙周边的商铺群落，这些商铺于20世纪90年代初由政府兴建，此后一直租赁给当地民众作经商之用，商铺出售的东西多为元宝、蜡烛、香以及与龙母相关的各类旅游纪念品。租金则按靠近祖庙门口的远近程度收取三千到一万的年租金，据租户摊主坦言，近祖庙门口的摊档年收入可达20万元，一个诞期的收入便足可支撑一年的开支。适逢诞期，商铺门前的人群总是络绎不绝，聪明的商家为了招揽顾客，更是想出“买香送停车位”的绝妙招数。由此观之，市场化改造的不仅是国家，还有企业和民众。在对龙母商机的把握上，这三者居然步调如此一致。

① 在德庆悦城市政府调研访谈所得资料，2011年7月18日。

2. 文化产业对龙母文化资源的挖掘开采

除旅游产业外，文化产业在龙母文化的传播推广上同样居功至伟。所谓文化产业，即指“从事文化产品生产和提供文化服务的经营性行业……是社会生产力发展的必然产物，是随着我国社会主义市场经济的逐步完善和现代生产方式的不断进步而发展起来的新兴产业”①。广东作为中国改革开放的桥头堡，过往的经济发展更多地依赖于对外经贸业和密集型加工业。而近年来，在新一轮的调整中，政府开始更加关注文化与经济的良性互动，进而提出建设文化大省的规划纲要，文化产业也随之被推上前台。如何发展文化产业，各地策略不一，相应的共识则是对于地方文化资源的挖掘和开发。岭南文化的底蕴深厚，是中国民族文化的重要组成部分。龙母文化不仅隶属岭南文化，更是其中杰出代表，成为广东文化产业发展可资凭仗的重要文化资源。德庆县政府近些年来精心组织谋划，全力推动龙母文化申报国家非物质文化遗产，并于2011年获得通过。在此基础上，他们又于2011年推出《德庆县建设文化强县规划纲要（2011—2020）》，其中就包括办好德庆龙母诞文化节、建设以悦城龙母文化等为代表的西江沿岸文化旅游走廊、建设悦城龙母文化村等各项规划措施，实质上已然初步涉足围绕龙母所进行的文化产业开发。而对龙母文化更为深度的产业开发则来源于动漫界。2009年，粤动传媒有限公司开始制作一部名为“龙母传奇”的动画片，动画片的开拍固然有政府起牵头作用，但不容置疑的是，动漫产业也早已瞄准了龙母形象在民间广泛的影响力以及进行市场开发所具有的巨大潜力空间。合作是双赢的，动漫产业可以从中获利，政府则可通过动漫作品这种新型的传播方式吸纳更多的社会民众，并借此带动当地旅游业新一轮的发展。而德庆县政府则紧紧把握广东省政府规划省文化创意旅游项目的契机，大力推动德庆悦城龙母文化旅游创意产业园的建设。该旅游创意产业园项目以“龙文化”为主题、以“龙母文化”为主体，定位于“龙母文化展示中心，粤西旅游文化内核”，是集文物展览观赏、文化交流、休闲购物、养心美食等为一体的综合文化旅游区。项目依托悦城龙母祖庙，主要建设内容包括龙母文化博览馆、龙母碑林、龙母公园、龙母文化商业街、东岸咀龙母文化创意园、五龙山龙文化基地等部分。

3. 传媒业改革助力龙母文化的推广和宣传

传媒业向来被视为中国从计划经济向市场经济转型过程中的独特组成部分。自改革开放以来，它深刻地感受到了市场化的脉动，而在其自身不断向市场推进演变的过程中，也侧面推动了龙母文化的发展。

首先，报纸、电视等传统媒体对于龙母文化的传播推广。20世纪90年

① 中国文化部：《关于支持和促进文化产业发展的若干意见》，2003年9月。

代，传媒业市场化改革的一个重要表征是都市报的涌现。较之以往党报严肃的办报风格，都市报在内容和形式上都给人以活泼生动的印象，大量专版的出现就是其形象的直观展现。专版一般形式多样，通常用广告软文的方式推介各行各业，这其中就包含有旅游产业。旅游专版的出现满足了媒体、行业和受众的三方需求：报纸需要旅游资源去填充版面，旅游业试图通过报纸去推广旅游线路，读者则渴望从专版中寻找旅游资讯。而作为最具特色的地方历史旅游文化，龙母文化亦获得了旅游专版的关注，不断跃然纸上。其中令人印象深刻的是2005年6月6日在《南方都市报》上刊载的旅游专版《商旅时代·德庆游》，专版由南湖国旅和南方都市报联合推出，围绕德庆“龙之旅”的黄金旅游线路精心打造，上面不仅有对龙母文化的详细介绍，还有附近景点的全面推介，各类住宿餐饮资讯也一应俱全，极大地满足了各地游客的出行需求。专版是在2005年龙母生辰诞前夕推出的，对此后诞期的旅游观光人数起到了拉动作用。与报业的市场化改革同步，电视在当代中国也具有一定的影响力。进入新世纪，德庆政府充分利用珠三角地区的有线电视网络以广告或新闻的方式推广宣传龙母文化，效果显著。2005年，凤凰卫视的《文化大观园》走进龙母祖庙，主持人王鲁湘与专家设坛开讲，更使龙母文化的影响力辐射海内外。

其次，除传统媒体之外，新媒体的出现则使龙母文化有了更广泛的传播。与传统媒体比较，新媒体去中心化、个人化的传播特点，更符合年轻受众的资讯接收心理和媒介使用行为，因而也更受年轻人欢迎。利用新媒体的传播渠道，龙母文化可以推广到社会上更年轻的族群，使他们可以对这种传统民俗有全新的感知和接触。德庆县旅游部门一方面利用德庆旅游网上的节庆活动专栏对龙母文化进行网络推广，另一方面他们则与移动通信商合作，适时地进行节庆活动的短信宣传。同时，新媒体还具有跨越时空、即时通信的特点，它使传统民俗古老的传播方式发生了改变，可以突破时空限制，“传递到超地方的领域中，并为不同社群的认同和联谊提供机会”①。在对藤县龙母庙进行田野调查的过程中，我们曾碰到庙中一位上了年纪的大娘，在接到了外地信众祈祷求福的电话之后，即时通过手机用藤县土话为那位信众唱经向龙母祈福。电话这端是大娘高亢激昂、绵绵不绝的吟诵，电话那端则是信众诚心诚意、全神贯注的倾听，手机这种通信工具，使龙母文化的传播在两地间得以实现。这种“传统”与“现代”的绝妙结合不得不令人惊叹：传媒技术的革新确实在改变着传统传播的方式和边界。龙母文化的传播，因此也获得了新的可能和空间。

---

① 仲富兰：《民俗传播学》，上海：上海文化出版社2007年版，第451页。

图 2　广西藤县龙母庙·大妈为信众吟唱祈福

三、社会的呼唤：心灵鸡汤、娱乐消遣与寻根文化

国家、市场之外，社会民众的心理需求，也是龙母文化得以广泛传播的重要因素。

1. 社会转型期的民众需要“心灵鸡汤”的滋润

“当代中国的城乡，各种宗教和类宗教以非常快的速度扩散。这是因为传统的组织资源和社会资源处在一个崩解的过程中。”① 整个社会正在经历着转型，像龙母文化这样的类“心灵鸡汤”恰好可以安抚民众所遭受的心理挫败和创痛。

一方面，它可以填补当代社会民众的信仰真空。“当下中国，遭遇着文化焦虑和社会治理危机的双重困扰。全球化虽然给中国带来一个开放的，不可逆转的经济体制，但单纯的经济诉求无法为一个几十亿人口的民族共同体提供意义，提供一种持续奋斗的精神价值。”社会民众急需寻求一套价值观或信仰体系作为生存支点和精神指引，但是，中国民众普遍缺乏西方民众所具有的宗教信仰，国家精心构筑的社会主义精神文明价值观的宏大叙事又往往难以贴近民众心理。只有龙母文化，它连接民族历史与地气，贴近民众长期生活中所形成的主体心理积淀，成为不少当代民众的重要信仰。

另一方面，它满足了人们求福避祸的祈愿心理。人类普遍拥有祈愿心理，

① 吕新雨、赵月枝：《中国的现代性、大众传媒与公共性的重构》，《传播与社会学刊》2010 年第 12 期。

通过祈愿，既可以转嫁现实生活中的苦难和不幸，同时亦可寄托对未来生活的希冀。龙母文化流传着很多神奇灵验的传说故事，这些传说经过口口相传，使人们坚信龙母是可以给人类以庇护的神灵，龙母庙自然也就成为人们祈福的首选之地。前来祈福的人的社会地位、职业身份各有不同，祈福的愿望更是五花八门，既有求富贵安康的，又有求官求仕途的，更有求子求姻缘的。这些充分体现出"中国民间信仰重实用、实惠的一大特点"①。对此，费孝通有精辟的描述："我们对鬼神也很实际，供奉它们为的是风调雨顺，为的是免灾逃祸。我们的祭祀很有点像请客、疏通、贿赂。我们的祈祷是许愿、哀乞。鬼神在我们是权力，不是理想；是财源，不是公道。"② 每年龙母水灯节，龙母祖庙都会安排一个特别的放水灯仪式。夜幕降临之时，民众手拎点燃的水灯，从龙母祖庙殿堂出发，携子带女，穿街过巷，一路前行，最终来到西江岸边将水灯放逐，霎时间，西江上泛起点点水灯的光亮，寄托着万千民众对未来生活的美好愿望。

2. 龙母文化展演满足了民众的娱乐消遣

除了作为一种重要的信仰，能够满足民众精神皈依的心理需求之外，近年来，龙母文化自身所体现出来的娱乐特性亦使其受到普罗大众的欢迎。事实上，自古以来龙母祭祀仪式就和娱神活动相联系，娱神活动包括演戏、跑旱龙、划龙舟等，给参与和观看的人群以极大的身心愉悦。现代社会，大众传媒发达起来，电视、电脑的普及似乎极大地满足了人类对于娱乐消遣的强烈欲望。但是，它们所带来的愉悦却往往是表面和短暂的，现代媒介技术的特性把人类娱乐活动束缚在狭窄局促的室内空间，非但难以释放人类的娱乐天性，反倒桎梏了人们的心性。与现代化的传媒娱乐相反，传统的龙母文化活动多在室外举行，它有辽阔空旷的场地空间，有数量庞大的参与人群，还有形式繁多的民娱节目，满足了当代民众的娱乐消遣，能使民众疲惫的身心得以放松。2010 年在广西梧州龙母太庙的田野调查中，笔者对此有深刻体会。2010 年 6 月 18 日龙母生辰诞当晚，太庙庙堂内循例举办了隆重的龙母诞活动，笔者一行亦有幸参与其中。笔者注意到，当晚持续四个小时的庙会活动中，除了保留节目——祭祀仪式外，还添加了很多娱乐性环节，譬如仪式开始前垫场的粤剧清唱，仪式过程中穿插的龙母传说戏剧戏曲以及舞龙醒师表演等。而到场参与者也并非全是祭拜龙母的信众，有不少是过来娱乐助兴的市民群众。活动结束后，不少群众仍意犹未尽，而他们津津乐道的却是当晚精彩的文娱表演，这证明他们参与龙母诞也有娱乐消遣的目的。

---

① 杨晓民：《全球化时代的地域文化》，《读书》2010 年第 11 期。

② 蒋明智：《悦城"龙母诞"的历史与现状》，《民间文化论坛》2005 年第 3 期。

从这个角度去观察，龙母文化在当代的传播，已不仅只是作为一种祭祀仪式，在某些地区，它还成为面向群众的一种广场艺术和文化展演。

3. 港澳台同胞及海外华人的文化寻根心理

如今，龙母文化除了在珠三角地区一带影响广泛之外，其在港澳台同胞以及海外华人中同样具有深厚的群众基础。尤其是港澳各地的堂口，每年都会组团包车到悦城、梧州等地的龙母庙进行参拜祈福，更有不少港澳爱心人士捐资赠款帮助龙母庙的修缮。这种精神和物质的双面支持，极大地推动了龙母文化在当代的发展繁荣。为何港澳台同胞以至海外华人对龙母信仰如此虔诚呢？细究之下，其实还是他们强烈的寻根问祖的文化心理使然。龙母信仰从图腾崇拜到水神崇拜再到祖先崇拜，其间演变经历了两千多年的历史，其祖先崇拜的意义和价值在当代越发凸显。西江沿岸一直流传着"探阿嬷"的说法，"探阿嬷"即拜龙母。港澳台同胞以至海外华人年复一年、不远千里地来"探阿嬷"，事实上反映出这些漂泊在外的游子对故土和祖先的眷恋与怀念。拜祭龙母是认祖归宗，是对炎黄子孙身份的确认和文化认同的重构。

透过上述论证分析，我们既看到了国家意识形态对于龙母祭拜这种民俗仪式在新时期的参与，也看到了中国市场化发展及消费主义意识形态对于龙母文化的再塑造，更看到了社会转型中民众对龙母文化这种"心灵鸡汤"的渴求。在中国处于改革开放转型期这一特殊的历史背景之下，国家、市场、社会这三大权力主体达成了共振与互动，推动了龙母文化在当代的广泛传播。可以预见的是，在未来一段时间内，这种权力推动作用依然会发生效力。值得警醒的是，在当代社会的语境下，国家、市场固然是文化发展可资仰仗和借用的力量，但是，国家的参与抑或市场的开发，其权力行使必须适度有限，否则一旦僭越，就必然形成对于文化的破坏和消解。

四、龙母文化在未来中国的传播路径

作为一种古老的民俗文化，龙母文化在当代我国南方的影响力积聚与传播力扩散已然证明传统民俗文化在当代依然保有旺盛的生命力，只要加以适当推动，它定能跟当代各种流行文化争奇斗艳，绽放出绚丽的光彩。但是，从长远而言，对于龙母文化如何能够继续保持这种传播效力，尤其是面对持续进行中的中国社会转型，面对民族世代的不断更新，如何能勾画出其在未来传播的可行路径，我们试图提出一些建言性对策。

1. 民俗传播要遵循其本身的文化内涵及传播规律

民俗文化与流行文化虽有交集之处，但是两者本身依然有着明晰的区隔。尤其是不少民俗文化往往有着深远的历史渊源和丰富的历史文化内涵，所以在对其进行推广传播之时，我们必然要遵循其自身的传播规律。如上文分析，市场化力量的介入是龙母文化能在当代传播的重要推力。但是，值得注意的是，这种市场化力量的推行必须以尊重民俗文化本身的文化内涵为前提。毕竟，与流行文化推广所运用的完全市场化包装有所区别，龙母文化的传播在借助市场化手段进行推广之时，一定要注意对于“度”的把握。在某些时候，完全市场化的包装推广手段，不但不利于其推广，反而会使民俗文化在当代的演绎走调变味。在田野调查过程中，我们观察到一些跟龙母文化自身发展不协调的现象，譬如世界小姐大赛选美佳丽邂逅龙母祖庙所呈现的不和谐，以及龙母祖庙周边部分商铺不道德经商行为对于龙母伦理道德精神的违背。这些现象都说明市场开发导致的某些负面效应已然凸显。所以，各级文化部门在制定相应的龙母文化传播策略之时，必须参考吸收相关民俗文化专家的建议，审慎地推行相关传播策略。华夏传播博大精深，如何通过建筑传播、仪式传播等富有华夏文化特色的传播方式更好地推广龙母文化，是值得我们深思的问题。

2. 构建立体多元的民俗传播网络

作为一种富有特色的民俗传播——龙母文化过往的传播其实已经融合交织了个体传播、人际传播、群体传播、组织传播等多种传播类型。当信众面对龙母塑像虔心祭拜之时，他们所体现的是一种内向的自我传播方式；而在人群涌动的祭拜现场，当人们共同欣赏龙母出巡的戏剧表演，共同接受龙母文化的布道说教之时，则体现出群体传播的特色。当然龙母文化能在当代民众中有如此广泛的社会影响力，还关乎于两种主要的传播类型——人际传播和组织传播。从古至今，相关龙母的传说、故事通过口耳相传，在宗族村落之间广泛传播又代代相传，使得龙母文化可在空间与时间两个维度上不断延展其影响力。而“堂会”作为龙母文化一种非正规的组织传播类型，则构建了一个松散型的龙母文化传播的组织网络。每年民众对于龙母祭拜的时间、地点、香钱捐献、组织参观等诸多事务，正是通过分处各地的“堂会”有了沟通连接的节点，并得以顺畅地推行。

3. 搭建传统与现代结合的传播渠道

龙母文化传统的传播渠道主要包括诸如故事读本、口头传说、庙宇建筑、戏剧戏曲等进行传播。在新时代，这些传统的传播方式当然并不能弃置，反而应该发扬光大。譬如要保持龙母文化在新一代青少年之间的影响力，这些传统的传播渠道是十分有效的方式。通过在语文课本中安插相关龙母故事的课文篇章，通过编撰串联包含龙母传说的顺口溜，出版龙母文化的连环画、绘本，以及在龙母祖庙建立中华传统文化的参观基地，都可以透过一种潜移默化的日常教育传播龙母文化。当然，现代传播媒介的传播效力是无远弗届的，无论是传统媒介还是新媒介，都可以在龙母文化传播方面做出积极贡献。

过往在这些方面传统媒介已经有了很多成功范例，譬如一些报纸策划的龙母文化推广专刊，一些电视台制作的龙母文化专题节目和访谈节目，都在广大民众中收到了很好的传播效果。下一步，在传统媒介的传播方式上是否可以有所突破？是否可以在龙母诞期的祭拜现场加入电台的现场直播，形成一种近似“媒介事件”的注意力聚焦效应？是否可以拍摄制作龙母故事的电视连续剧或者电影？相关的传播者都可以尝试性地引入这些新兴传播方式。另外，在当今这个新媒介时代，新媒介的影响力已经深入民心，网络、手机已经内化为民众的日常媒介行为。上文论述的一幕，龙母庙中的老者通过手机给远方的信众吟唱龙母歌谣的场景，已经生动地诠释了龙母文化的多元化的传播方式。我们大可通过手机短信、网络推广等多种方式，助推龙母文化在民众尤其是青少年群体中的传播。

民俗传播承接过往与未来，已然成为当代传播者义不容辞的推广义务，也是对于在21世纪立志成为“文化大国”的中国所必须面对的任务和挑战。本文只是针对龙母文化这种极具南中国特色的民俗在当下中国传播现状所做出的一些初步勾勒和探索。从长远来说，无论是龙母文化还是其他民俗文化的繁荣与发展，还是应该把握和遵循民俗文化传播自身的规律和特点。唯有如此，民俗传播在当代中国才能演绎出更炫耀的光芒。

龙母文化的传承与发展

王　敏

当今时代，人们越来越认识到，民族的历史文化传承能够成为一个民族凝聚力和创造力的源泉。文化作为人的价值观念、生活方式和行为规范，在一个地区、民族或国家身份形成以及认同过程中起着十分重要的作用。肇庆悦城龙母文化，能召唤千百万龙的传人的认同感和凝聚力，影响遍布西江—珠江流域和港澳地区，崇拜和信仰龙母已成为西江流域的民间习俗。这一民间信仰，积淀着西江流域百姓们深层次的精神心理和行为追求，更承载着岭南地区历史文化的内涵和积淀。龙母形象、龙母传说、龙母精神、尊崇龙母的民间信仰和纪念龙母的民间祭祀仪式已经融合在一起，形成了一个牢固而庞大的龙母文化圈。

神话学家袁珂在《中国神话传说》中指出："秦始皇时代，有两个传说故事，对后代有着普遍的代表性质，一个是关于陷湖的传说，一个是关于龙母的传说。"① 可见，龙母的传说历史悠久，在人们的心目中，龙母已成为仁爱、美与善的化身。在中国南方，龙母是与"妈祖"齐名的有功于国的女中英杰，有恩于民的良慈圣母。

龙母信仰最早来自岭南越族的龙崇拜。先秦和秦汉时期，岭南与中原的交通主要依靠河流，西江中游与灵渠、贺江等成为岭南与中原交通的重要通道。宋代，随着国家对民间信仰的重视，南海神、闽南天妃和龙母信仰都纳入了国家祭祀行列。民间信仰的地方性和官方册封的正统性相结合，推动了岭南地区龙母信仰的传播和发展。龙母文化的研究和传承，对弘扬中华民族文化，增强我们民族的向心力和凝聚力，传播社会正能量，提高人民群众的道德文化水平，加强社会主义核心价值观的建设，都有积极的现实意义。

我们尝试在龙母信仰和妈祖信仰的比较中，拓展思路和眼界，在调研的基础上，为德庆的龙母文化研究拓展更多的空间，对未来龙母文化的传承与发展提出建议，进一步发扬龙母文化精神，传播社会正能量，提高人民群众的道德文化水平，使龙母文化的传承发展，更符合时代特点和人们的心理需求。

---

① 袁珂：《中国神话传说》（下册），北京：中国民间文艺出版社 1984 年版，第 707 页。

一、龙母信仰和妈祖信仰在南方的影响

林雄在《母仪龙德·序》中指出："在人民群众心目中，龙母始终是有功于国的女中英杰，是有恩于民的良慈圣母，是美的化身，是善的代表，是力量的体现。崇拜和信仰龙母已成为一种民间习俗，影响所及遍布珠江流域、港澳地区和海外华侨华人。源于龙母的高尚品德和杰出贡献，被誉为母仪龙德。"提倡传承"母仪龙德"，龙母文化精神，对弘扬民族优良传统、增强民族的凝聚力，都有着深远的现实意义。

西江龙母和海上妈祖，她们都是水神，都有不平凡的身世，都有救百姓于危难困厄之中的超凡神力。她们不仅得到历朝历代皇帝的册封，她们的美丽善良、治病救人、普度众生，也得到了万民的尊崇和由衷的爱戴。作为活在百姓心中的民间信仰，龙母文化穿越时空，流传并发生着深远的影响。

1. 出生不凡，具有超常神力

龙母的传说出现在秦始皇时代，妈祖的传说出现在北宋时期。一个是西江河边的温姓女子，成了西江水神；一个是湄洲岛的林姓女子，成为海上女神。作为民间的信仰，龙母和妈祖的出生，都有些不平凡，这与中国人历来的"神人异象"之说有关。

据《悦城龙母庙志》记述，龙母姓温，生于楚怀王辛未年（前290年），卒于秦始皇三十七年（前210年）。传说她是坐着木盆从西江上游漂流而下的一个弃婴，被德庆悦城的打鱼人梁三收养。十几岁时，在西江河边拾到巨卵带回家，孵出了五条小龙。她以龙为子，精心养育。因养育五龙子成才，故人称龙母。两千多年来，人们口口相传的传说，赋予龙母以超凡的神奇力量：能织能耕，能渔能牧，能医能护，母慈子孝，行善积德；与龙子造福于民，担当了整治水患，惠泽四方；执仗护航，保护百姓生命财产；预知祸福，为民消灾除祸，具有"利泽天下"的本领和超常的神力。去世后，百姓为她立庙祭祀，农历五月初八为龙母生辰诞，悦城龙母庙成为祖庙，成为人们参拜的圣地，龙母成为西江河的"水神"。

妈祖林默娘的出生，同样被赋予"地变紫，有祥光异香"的神秘气息。林默娘生于宋建隆元年（960年）农历三月二十三日。宋太宗雍熙四年（987年）九月初九，因救助海难而逝。林默娘从小聪颖好学，过目成诵，13岁通晓天文地理，16岁在当地已小有名气。相传她后来在古井中得到"天书"，从此具备通悟秘法，预知祸福，这不仅是为民治病的神奇本领，她还救父寻兄，在海上多次救回遭难的船只和同乡。妈祖的主要神迹在治水患、愈疠疫、除海寇和为商舶导航等方面。一个平凡的渔家女，因"神佑德于民，有功于国"，成了当地百姓心中勇敢善良的"海神"。人们感念其恩德，就在湄洲岛

上为其建庙。这就是世界上第一座妈祖庙，也被尊称为“祖庙”。妈祖，又称天妃、天后、天上圣母、娘妈。平生聪明颖悟，勇敢善良，普度众生，济世利人的妈祖，是历代船工、海员、旅客、商人和渔民祈求保佑顺风和安全共同信奉的神祇。

2. 从人到神：历朝皇帝的册封

龙母和妈祖，两个普通的民间女子，成为西江流域和海上民间信仰的主体，既是真人的化身，又是神化了的人。龙母在前，妈祖在后，她们都经历一个“从人到神”的过程。生前她们扶危济困、助人为乐的美德善行，消灾除祸、造福于民的神奇力量，奠定了她们后来成为神灵的基础。龙母有与赖布衣斗法的传说，妈祖也有和保生大帝斗法的传说，都显出超凡的才能和神奇的力量。这种近于巫的神奇本领，在特定的环境下会成为神话传说；对一个社会群体来说，非凡神奇的英雄形象，自然会有巨大的感召力，有团结民众、齐心协力抵御自然灾难的向心力，在此基础上，能够形成人们信仰、祭拜神灵的集体无意识。

宋代时期，随着统治者对民间信仰的重视，南海神、闽南天妃和岭南龙母信仰都被纳入国家祭祀的行列。龙母和妈祖的事迹，都得到历代皇帝的褒奖，且二人均被册封。民间信仰的地方性和官方册封的正统性相结合，进一步推动了龙母信仰、妈祖信仰的传播和发展。

唐代以来，悦城龙母受到历代皇帝的9次敕封。现在庙中还完整地保存着明代开国皇帝的洪武诏书碑。经过宋代和清代两个发展高峰，龙母信仰在民间逐渐拥有了广泛的群众基础。广东、广西以及整个西江流域到珠三角地区的人们都信奉祭祀龙母。清代秦世科在《重建龙母庙序》中提到：“自秦而汉，而晋，而唐宋元明，膺封数十朝，享祀二千载。”龙母信仰一直处于封建国家的正祀地位。到清末为止，龙母的“头衔”全称已经长达34个字：“程溪永安永宁永济夫人灵济崇福圣妃护国通天显德昭显溥佑广荫龙母水府元君。”

妈祖信仰产生于北宋时期，最初的信众主要在莆仙地区。北宋宣和五年(1123年)，有官员路允迪启奏妈祖神灵事迹，宋徽宗亲赐匾额，上书“顺济”二字。此后一千多年间，历代皇帝对妈祖相继有过36次加封，妈祖封号从“夫人”“天妃”“天后”直至“天上圣母”，据说最长的封号长达64个字，地位尊贵。明代郑和七下西洋，点燃了大规模祭拜妈祖的香火。福建民间信奉的妈祖，得到官方的认可，并向沿海地区迅速传播，信众遍及全国各地以及海外。

3. 从神到人：民间百姓的信仰

虽然历代皇帝的封号尊贵，可在民间，在岭南人、闽南人的情感和经验层面上，人们仍视龙母、妈祖为亲人，是对祖先的祭拜。德庆悦城龙母得到后人广泛的祭祀，西江沿岸一直流传着“探阿嬷”的说法。民间对龙母和妈祖的信仰，显然具有中国特点：没有经文和教义，并无任何宗教教义或清规戒律的束缚，这完全符合民间宗教的基本特征。在田野调查时，我们注意到，人们对德庆悦城龙母的信仰和崇拜，首先，可以说带有功利主义的色彩，所祷告的内容常有家庭的烙印，求财运、求子嗣、求吉星高照、求家庭和合等；其次，对龙母和妈祖的崇拜是随缘的，无任何强制的因素；最后，对龙母和妈祖的信仰崇拜绝无排他性，绝不会导致与其他信仰者的冲突。我们看到，许多龙母庙、天后宫里还设有观音殿，龙母、妈祖色彩美丽的塑像，与观音供奉在同一间庙宇里，共享着人间香火，体现了民间宗教信仰的包容性。信仰龙母的崇拜者，也可以选择信仰其他诸神，不排斥其他信仰，表达出人们对美好生活的向往，渴望得到神明庇佑的心愿。无论是观音，还是龙母、妈祖，她们都因为有治病救人、普度众生的本领，而得到万民由衷的尊崇。

渔夫经常会遇到风浪危险，都希望有一种能够战胜自然灾害的神灵来保佑自己。德庆悦城龙母是水神，“龙母”的称呼，是龙的母亲，是历代龙子龙孙对祖先的称呼；妈祖的命名，也包含“所有妈妈的祖先”的语义。两人都是伟大的母亲，能够赐予并呵护生命，拯救人生苦难，都给人以亲近感。朱大可说：“人类母亲偶像通常有三种使命：生命的赋予者、对生命的呵护（母爱）以及对人间苦难的拯救。观世音菩萨就是如此，她对华夏民族的意义已经超越了佛陀，如同圣母玛利亚超越了耶稣。”① 显然，在百姓的心目中，龙母和妈祖也都是善的使者、美的化身、力量的象征，是美丽善良的、以神力守护芸芸众生的女神。历经岁月的沧桑，人们对龙母、妈祖的信仰和祭祀崇拜，隐含着人们在遇到失去平衡的社会心理危机时、在日常生活遇到困境时的精神寄托，主要是祈求她们所体现的正义助人、保安避灾的精神力量的神奇庇护。这是人们的心理诉求，即人们把现实中无法满足的需要、愿望投射出来，期望通过祭拜龙母、妈祖来得到神灵帮助，从而获得心理的安慰与满足感，获得心理的平衡和希望。

作为民间习俗，龙母崇拜和信仰遍布珠江流域，在港澳地区和海内外华人中也有影响。一种地域文化信仰的形成，与地缘、人群、语言、民俗生活都有密切关系。叶春生先生指出：“所谓‘广府’，泛指整个操粤方言的地区，过去习惯上又分为‘上四府’与‘下四府’。上四府包括：南（海）、中（山）、番（禺）、顺（德）；下四府包括：台（山）、开（平）、恩（平）、新（会）。其实，操粤方言的地区还有肇庆、湛江、合浦（过去属广东管辖）和

① 朱大可：《母亲与荡妇：女性偶像的黄昏》，《新世纪周刊》2010年第12期。

广西的南宁、梧州等地区。”这就使我们明确地意识到，粤方言地区的地域文化在龙母信仰传播中发挥的作用。

龙母文化信仰主要分布在粤语方言区域。西江—珠江流域，水上交通、贸易往来频繁。“纵横交错的水网沟通着四乡的信息，使得广府民俗文化明显带有江河水乡的特点。……对水利的观念非但体现在农业生产中，‘有水便有财’已成为一种民俗信仰：对水神的崇拜，龙母、龙王、龙潭比比皆是，一切都集中到一个‘水’字。”① 便利的水上交通和繁忙的商旅往来需要风调雨顺，自然要祈求水神的保佑。龙母的神奇传说故事，使得龙母信仰借助贸易往来的商船从西江流入珠江流域一带，在口口相传中传播和发展。宋邓桓显《孝通庙记》：“凡仕宦之南北，商旅之往来者，靡不乞灵于祠。”人们之所以笃信龙母，祭拜龙母，是因为龙母能保佑众生，风调雨顺，满足人们祈求平安、添丁发财的心理需求。

任何文化，都以一定的信仰为中心，以人们的行为表现为传承方式。我们在对龙母文化的源流、内涵、信仰等展开研究的过程中，从岭南人民对龙母祭拜的形式和信仰崇拜的文化心理中探讨岭南的图腾崇拜、宗族崇拜到民族崇拜的观念沿革。近年来龙母崇拜的香火越来越旺。广东民间有到龙母庙拜龙母做干妈的习俗，希望龙母赐子，所赐子女便是龙子龙孙，会得到龙母的保佑。西江流域的人们有拜龙母要连拜三年的习俗，还有忌吃鲤鱼、保护青蛇、放生、适时斋戒、禁欲、摸龙床、饮圣水等习俗，这些反映出人们对龙母的信仰，影响着西江流域人们的行为习惯，更表现出这些漂泊在外的龙子龙孙们对于祖先的眷恋与怀念。因此，每到龙母诞等节庆期间，来自广东、广西、香港、澳门、湖南、江西等地的信众和游客，络绎不绝。悦城龙母祖庙内每个角落都挤满了人，万民朝圣的祭拜场面十分壮观。拜祭龙母，祈福祷告，是龙的传人认祖归宗的文化心理，是炎黄子孙对自己身份的确认，起到了重要的文化认同的作用。

4. 德庆悦城的民间祭祀

“一种地方民间信仰成熟的首要标志是祠庙的建立，即祭祀场所和相关礼仪及制度的形成，以数量而言，民间祠庙的多少可以直接反映一个地区民间信仰的兴盛与否。”据不完全统计，直到新中国成立前，西江一带各式各样的龙母庙数以千计，仅德庆县内就有300多座。现西江流域最著名的是悦城的龙母祖庙，还有肇庆的白沙龙母庙、梧州的龙母太庙、广西藤县的龙母家庙。与西江中下游官方出资建或在官方影响下建的龙母庙不同，许多地方的龙母庙都是民众自发建立的，靠民间捐款支持，是纯粹的民间行为。

---

① 叶春生：《民俗文化讲演录》，珠海：珠海出版社2010年版，第30页。

据国家图书馆馆员徐亚娟考察，现在广西环大明山地区的龙母崇拜习俗最为久远，“在每一条发源于大明山的河流出山的河口处或两河汇合处几乎都有龙母庙，特别是在武鸣县大明山南麓和东江、西江沿岸最多”。

悦城龙母祖庙是信众们朝拜祭祀的殿堂、祈祷还愿的圣地。龙母庙会是龙的传人传承母仪龙德的载体。两千多年来，据有关文献记载，龙母祖庙重修了13次。在清光绪三十一年（1905年）曾集中两广的能工巧匠，耗费巨资，花了7年的时间重建了这座龙母祖庙。1985年，社会公众和港澳同胞集资300多万元，又进行了全面的整修。之所以如此，是因为人们都想借助于龙母去灾避难，保佑大家平安健康，同时也希望自己像龙母那样能给人帮助、扶危济贫。

龙母文化研究专家蒋明智教授介绍，对龙母的纪念从来就是民间胜于官方。从每年五月初二起，各地都开展各种以“娱神”为名目的群众活动。除了跑旱龙、趁龙船圩、划龙舟等竞技项目之外，还有文艺表演，在龙母祖庙侧的东裕堂设坛演戏，平时戏船经过龙母祖庙都要献演贺寿戏三出，以答谢龙母的安澜之功。同时，悦城还有全民参与的燃花炮、抢头炮的习俗，并举行民间捐款仪式。在众多的仪式之后，各方信徒涌入龙母祖庙祭拜，向龙母诉说自己的心愿和祈求。

与龙母信仰比较，因“神佑德于民，有功于国”，重建的天妃庙数量最多。据《莆田宗教志》截至1990年的统计，全世界现今有2 520座妈祖庙，其中中国2 346座，包括台湾827座，香港56座，澳门3座。中国的海岸线漫长，随着造船业和航海业的发展，海上贸易和海事活动的日渐频繁，妈祖信仰的影响也日益扩大。妈祖的故乡莆田具有海上交通优势和文化的优势，沿海贸易的发达，极大地便利了妈祖信仰的传播。加之莆田地区仅宋代就有中进士、举者一千余人，这些入仕为官者，又进一步推动了妈祖信仰和文化的传播范围。目前，作为海神信仰，世界上有妈祖信众约两亿多人，妈祖庙有四千余座。妈祖信仰的主要区域集中在福建，江浙，山东，广东潮汕地区、雷州地区、珠江三角洲和海南岛一带，并从沿海向内陆地区辐射。

5. 龙母的“母慈子孝”，传播孝道文化

中国社会的文化传统是非常重视家庭亲情关系的。孝道观念，是中国传统伦理道德的核心。龙母文化的核心所倡导的孝道，“母仪龙德”、利泽天下、亲和团结、母慈子孝等是中华传统文化的重要组成部分，对大众来说自然具有强大的感召力。这是海神妈祖信仰所不具备的。

龙母虽无丈夫为之“纲”，却有龙子恭行孝道；龙母以孝道教导五龙子，龙子以孝德报答龙母，这完全符合中国传统的伦理道德标准。母（父）慈子孝，家和万事兴，这是千百年来普通百姓的共同心愿。撇开龙母传说中那些神化的行云播雨、风雨移坟之类的故事，我们只把龙母和五龙子看作一个家庭，母慈子孝的德行操守，是非常值得人们称道的；龙母龙子，那份祸福与共、生死不忘的亲情极能打动人心。尽管历代统治者给龙母加上许多头衔，表彰她“有功于国”；但民间百姓始终把龙母称作“阿嬷”，视作自己慈爱的老祖母，人神关系始终不能替代温暖的亲情关系。千百年来，无数的信众前来龙母祖庙参拜龙母，祈求的无非家宅平安、财丁两旺，表达现实生活中人们心中那份对美好生活的善良愿望和精神寄托。

从图腾崇拜到祖先崇拜，岭南地区对清明节“拜山”的重视，对长辈的孝，不仅体现在生前，而且体现在其去世后。西江流域人们举行的龙母祭祀活动，是子孙后代表达追念先人之情的寄托，满足子孙报恩之情，寻根问祖之心；龙母文化“重视孝道”的传统，有利于维系家庭和睦，增加民族凝聚力、向心力。人们来朝拜龙母的同时，也学习龙母仁爱的美德和助人为乐的情怀，学习龙子的孝行，多做善事，回报社会。

二、德庆龙母文化研究现状与未来发展的设想

悦城龙母诞于2006年5月列入第一批广东省非物质文化遗产。2009年9月30日，联合国教科文组织将“妈祖信仰”正式列入人类非物质文化遗产，这个全球华人信众心中的海上女神，成为牵连海峡两岸的和平女神。随后，2010年“龙母信仰”也正式列入人类非物质文化遗产。以信仰龙母为核心，以古庙建筑、雕刻、壁画、文献、祭奠、习俗为基本内容。于2011年7月列入第三批国家级非物质文化遗产（扩展项目）名录（《广州日报》2011年7月6日）。

1. 德庆悦城龙母文化研究与传播未来的发展空间

（1）德庆悦城龙母文化的研究有较大的发展空间。

虽然，龙母信仰和妈祖信仰都列入了人类非物质文化遗产名录，但我们在中国期刊网上搜索，输入“妈祖”和“龙母”的主题词，在1979—2014年这35年间，有关“妈祖”的词条1 321条，有关“龙母”的词条仅165条：中国博士、硕士学位论文数据库关于“妈祖”的论文有110篇，而关于“龙母”的论文有20篇。德庆悦城龙母文化研究主要集中在两广地区的高校，如中山大学、华南师范大学、肇庆学院、梧州学院等。德庆悦城龙母文化的研究虽然逐渐深入，但与肇庆的历史文化名人，如包公、六祖和利玛窦研究相比，研究成果的数量还是相对较少。妈祖研究以福建当地的高校为点，辐射到全国各地的高校、研究院所，研究内容涉及妈祖信仰、性别、民俗仪式、文化品牌、旅游、体育、歌舞音乐等；由这些数据分析可见，无论从研究成果发表的数量，研究者的分布广度，还是从研究的选题角度方面，妈祖文化

研究都显得更为全面深入，也使我们关注龙母文化研究的现状和未来的发展空间。认真研读学者有关龙母文化的论著后发现，多半集中于龙母传奇的源头与演变，龙母崇拜的民俗学意义，兼及龙母祖庙的建筑艺术，鲜有论及龙母庙会与母仪龙德的传承关系，更未论及龙母庙会与中华传统博爱与行善之间的依存关系，从性别、地理、传播、文化品牌等角度进行研究的较少。

（2）应该重视龙母题材影视剧的创作。

相比起妈祖信仰题材的影视剧创作的“热”，龙母题材的影视剧创作显得“冷”。2012 年底，由刘涛主演的 38 集电视连续剧《妈祖》先后在各大电视台热播。这是一部反映妈祖生平事迹的神话励志剧。以北宋东海地区常发水患为背景，以广泛流传的 30 多个妈祖民间传说为素材，塑造出一个可敬、可亲、可爱的圣贤妈祖的形象，展示了博大精深的妈祖文化，传播以妈祖文化为代表的东方海洋文化，同时表现了福建和台湾悠远的文化联系。在此之前，已经拍摄过六集越剧电视连续剧《妈祖》。海峡两岸涉及妈祖题材的影视剧还有《怀玉传奇千古妈祖》《湄洲岛奇缘》等。而龙母题材的影视剧创作显得冷清，由肇庆市日月文化传播有限公司拍摄的第一部动漫《龙母传奇（第一季)》完成，期待借助动漫的平台，使龙母文化在年轻人中得以传播。龙母题材的影视剧创作滞后的现状与广东建设文化大省的目标不相适应，结合中华传统孝文化的传承，希望地方政府有气魄，提出新颖可行的策划方案，争取龙母文化传播更大的发展空间。

（3）应加强德庆龙母文化网站的建设。

为了发展德庆的经济和旅游产业，德庆县政府与旅游局都积极加大网站建设的投入。德庆县旅游发展局近年来的旅游产品推广很成功，旅游发展局的网页以德庆旅游为主要内容，及时报道全年龙母诞系列活动的安排和龙母文化信众活动的盛况，尚未规划设置龙母文化研究的宣传专栏。德庆县政府对龙母文化的广泛介绍与宣传，是为了繁荣经济，走旅游品牌化，信仰大众化的路子。龙母文化作为一个因由，政府和旅游公司更多地把关注点放在带动经济发展和旅游产品的推介方面。如 2012 年 12 月 12 日至 13 日，德庆首届龙母文化节招商 80 亿元，完成了“文化搭台，经济唱戏，推动德庆科学发展”的目标。我们注意到新浪网“莆田妈祖文化”的网页，设有“妈祖传说”“妈祖宴”“妈祖祭典”“湄洲岛旅游”和“微博热议妈祖文化”栏目；凤凰网开发了“妈祖之光”的游戏，苹果手机的“妈祖 · 天天供奉”，以及“澳门妈祖庙”和“英文妈祖有保佑”等多款游戏都吸引了很多玩家和信众，增强了妈祖文化和信仰现代传播的宽广度。

希望德庆县政府应该关注对龙母文化资源的系统、全面整理和挖掘工作，应该把龙母文化精神与社会主义核心价值观建设、龙母信仰与粤港澳身份认同的文化心理联系起来，深入开掘，进一步体现出龙母文化研究的深远意义和重要价值，提升和扩大龙母文化的丰富魅力和影响力。

2. 龙母文化研究与发展的设想

《德庆县建设文化强县规划纲要（2011—2020）》中提出：办好德庆龙母诞文化节；建设“龙母文化研究”人文社会科学研究基地；设立龙母文化等重点文化生态保护区和展示区，建设以悦城龙母文化为代表的西江文化旅游走廊等，让人们深受鼓舞。

（1）办好德庆龙母诞文化节。

大型活动的策划和举办是宣传的最好途径。德庆旅游发展局在“龙母诞”前做了很多颇具特色的宣传策划和充分的项目推广。一是网站专题宣传。在2006年之前，集中在春节和“生辰诞”前两周，在德庆旅游网上推出节庆活动专题，介绍节庆活动的内容及意义。二是利用电视、报纸媒体宣传。在珠三角电视台的有线电视频道，插播龙母祖庙宣传广告；2006年以来，在本地电视台有线频道滚动播放各活动的电视消息，县新闻信息室及时更新活动的新闻报道。三是手机信息宣传。坚持每个节庆前期，通过中国移动的企信通平台，发送节庆活动的宣传信息，不断扩大龙母文化传播的影响力。

2009年，悦城龙母祖庙接待人数130万，2010年游客人数133万，2011年游客人数133.6万，2012年游客人数148.7万，2013年游客人数166.3万，2014年游客人数148.2万，2015年游客人数又有增加。出现游客人数增多的主要原因有：

一是宣传攻势的持续强化。自从2005年以后，南湖国旅坚持加大对悦城龙母祖庙旅游宣传的投入，在广州多条公交车线路上喷绘龙母祖庙形象车身广告，开展流动宣传；在广州、深圳主要地铁站台制作灯箱广告；在广州、佛山、深圳等地30多个大型住宅小区制作电梯喷画；坚持集中在春节、龙母诞等节庆前后，在广东省内、港澳主要媒体报纸，大版面刊登宣传广告；利用与客源地旅行社合作，采取优惠措施鼓励其在收客线路上，刊登龙母祖庙的宣传广告，使龙母祖庙、盘龙峡、三元塔、金林水乡、德庆学宫两天游成为旅游的热点线路。

二是销售力量、销售策略得到强化。首先，2008年开始，南湖国旅调整充实德庆旅游景区驻广州营销中心销售人员的力量，强化德庆景区的营销工作。几年来，盘龙峡德庆营销中心持续实施龙母祖庙景区门票“惠上惠”奖励返还销售策略，对一次性购买100万元以上门票总额的旅行社，实施人数返还奖励政策。其次，是对在其推广报纸线路上刊登龙母祖庙广告的旅行社，实施一定金额的人数返还。

龙母祖庙的游客人数分布不均，呈两极分化状态，旅游淡旺季十分明显。

在节庆活动期间，游客人数日均约 2.3 万人次，其中游客人数最多的一天达 4.2 万人次；在非节庆活动期间，游客日平均人数为 1 000 人次左右，节庆活动期间的游客日平均人数，大约是非节庆活动期间游客日平均人数的 23 倍。

（2）建设龙母文化研究基地，加强龙母文化网站建设。

肇庆的历史文化资源丰富，悦城龙母文化是西江流域人们的文化骄傲和精神家园，承载着地方历史文化的灵魂和精华。研究龙母文化现象和龙母文化的精神内涵，认识利用好民间文化遗产，是建设广东文化大省的一个有意义的课题，也体现出西江历史文化研究的特色。我们注意到，如果过分追求市场的经济利益，忽略龙母文化的精神内涵的宣传，容易造成对龙母文化的破坏和消解，不利于龙母文化的传承和发展。

探讨龙母文化，对研究神话的起源和作用，对认识我国古代，特别是战国和秦汉时期百越民族的生活、生产和思想状况有重要的参考价值。龙母文化诞生于两千多年前，历史悠久、影响深远，是中国古老百越民族的神话传说。如龙母在西江边拾得奇卵，带回家后卵自然孵化出了龙子的故事，就明显带有浓郁的“感孕”和“卵生”的神话痕迹，反映了当时百越民族依然存在着“知其母而不知其父”的现象，表明了战国和秦汉时期百越民族还处于母系氏族社会向父系氏族社会的过渡时期。再如龙母死后，乡亲们原本是将她葬于西江西岸，而传说中的五龙子萦水回沙，一夜之间把龙母的墓及周围的草木移到了东岸，这又反映了先民对江水改道自然现象的一种神奇超凡能力的想象。

龙母文化作为一种民间信仰，对人们心灵的净化起到重要作用。龙母文化中“利泽天下”的思想、“母仪龙德”的观念和“母慈子孝”的伦理的宣扬，培养和积淀为一种民间文化心理，这种文化心理潜移默化地影响着一代又一代人，在民间产生了一种博爱、信善、孝忠的道德力量。人们在祭拜龙母的活动中，传承龙母勤劳善良、智慧勇敢、慈爱宽厚的美德，弘扬龙母正义无私、乐善好施、为民造福的精神，对于提高人民群众的道德文化水平，净化当今社会的不良风气，推动社会主义精神文明建设，构建和谐社会具有重大的意义。龙母被当代学者称为“西江神源”，也是因为龙母的“母爱”已突破了宗族血缘亲情，而具有普世之爱的意义和价值。

我们已联合中山大学和德庆县龙母文化研究的专家学者，形成龙母文化研究的合力，推进龙母文化研究的深入开展，运用文化心理学、文化人类学与社会学的相关理论，拓展龙母文化的研究领域，寻找新的研究课题，取得一系列研究成果。争取得到政府大力支持龙母文化研究项目，为研究和文化交流提供必要的经济资助；设立龙母文化研究专题资料库，收集整理与龙母文化相关的图书资料、龙母戏、歌舞演出的音频视频资料，建立龙母文化展室，为研究、宣传和传承龙母文化积累文献资料；加深对龙母文化的研究认识，扩大龙母文化研究在全国的影响；加强悦城龙母文化网络宣传，策划设计龙母文化研究专题、龙母诞民俗活动、龙母戏视频等栏目，开发龙母游戏……努力丰富龙母文化网站的内容和形式，增强网站对不同年龄信众的影响力和吸引力。

（3）积极推动影视剧创作，卓有成效地传播龙母文化。

我们在进行田野调查时，实地考察悦城龙母祖庙、肇庆白沙龙母庙、梧州龙母太庙、藤县龙母家庙等的宫庙建筑、雕刻、壁画，查找地方志，收集历史文献资料，岭南地区关于龙母的各种叙述文本，如神话、传说、小说、诗歌和戏剧等，梳理出关于龙母叙述的基本文化元素，并对这些元素做出文化学的阐释。这些元素，借助影视传播手段，在当下可以焕发出更强大的生命力，发挥更广泛深入的传播作用。

建议肇庆市政府及德庆县政府可联合提请省委宣传文化部门牵头，共同出资邀请国内著名导演、演员等，联合制作一部反映龙母安邦、爱国护民事迹的电视连续剧或电影，使龙母形象走进千家万户，成为家喻户晓的历史人物，使龙母文化精神得到更好的传承与弘扬。也可以将龙母的传说故事植入地方台的电视栏目中，通过不断的传播与诠释，使更多的人了解龙母文化的核心价值观。

（4）拓展龙母文化资源的传播。

利用龙母祖庙的文化资源，可以促进现代旅游业发展，并带动其他相关行业，振兴地方经济。西江流域崇拜龙母信众多、分布较广、财力较雄厚。可以与西江流域各县、市加强合作，以龙母文化为品牌，合作进行经济、文化等全方位的开发，双赢的前景将十分光明，甚至可以进一步扩大合作范围，发展为“泛西江流域”的合作，以丰富多样的形式、创新的思维、创意的设计，吸引外资，发展文化创意，直接开创龙母品牌的文化产业，必将大大促进西江流域的商贸经济、文化事业的繁荣和发展。

我们在调研中发现，在粤西的旅游线路中，旅行社已经把龙母祖庙作为一个旅游点重点推介，但内容比较单一，多数都以庙宇为主题，只限于游客去龙母祖庙参观庙内的塑像和建筑，祭拜成为唯一的活动形式，兜售香火为唯一的获利途径。粤西地区旅游资源优势明显，可把丰富奇特的自然景观和人文景观建成一个多姿多彩的大旅游景区的形象。邀请有资质、高水平的设计单位对龙母祖庙景区及其周边环境进行规划设计、整合提升；经德庆县委、县政府组织相关单位、专家、客商等讨论研究，确定龙母祖庙景区及周边整合提升规划开展建设的方案。从城市建设层面看，龙母文化品牌战略的实施能够提升粤西地区的知名度，通过抓亮点、抓特色、抓典型、抓突破，打造龙母文化品牌，促使城市规划建设向文化层面的跨越和提升。

图 2　课题组在广西藤县龙母庙调研

第一，建设历史体验馆。可以将龙母文化公园打造成一个历史体验馆，通过建设复古的建筑，把龙母传奇的一生设计成有特色的历史体验长廊，通过多媒体展示的方式让历史传说情景再现，让游客在龙母文化公园历史体验馆里穿越历史，有利于进一步领悟龙母文化价值，传承龙母文化精神。还可在龙母祖庙的后花园，设计有关龙母传说的定向越野项目，在祭拜龙母后，年轻人可以参与定向越野活动，在按照龙母事迹与赖布衣斗智斗勇、寻找宝藏的过程中，进一步了解、传承龙母文化的精神，获得勇敢探索、战胜困难的勇气。这样，悦城龙母祖庙就不再只是人们祭祀龙母的地方，还是一个充满现代文明气息的教育、文化、健身的活动场所，成为龙母文化主题公园。

第二，开发龙母主题的游戏。企业可以根据龙母生平事迹和传说，学习妈祖游戏的开发，精心研发龙母题材的网络游戏。游戏开发模拟龙母惊险、神奇的一生，使青少年在体验中接受并愿意传承龙母文化精神。这个游戏以龙母的生平历史为游戏主题，把她美丽善良的女性形象、有功于国的勇敢智慧、有恩于民的仁爱情怀、五龙子感天动地的孝心等转化为神奇的游戏元素，让人们在享受游戏的同时，了解龙母的生平事迹和传说，感受、体验和深入理解龙母文化，学习中国的孝道文化。

第三，制作龙母文化宣传手册。可以组织大学生志愿者，将龙母的故事制作成文本画册，创作出更多方便阅读的“小人书”“口袋书”，在龙母祖庙、图书馆、学校、车站等公共场所向人们免费发放，让人们能在身边了解、接触龙母文化，更清楚地了解龙母文化的内涵。

第四，研发形式多样的龙母纪念品。

①开发龙母信用卡。银行可以聘请优秀设计师，合作开发美观大方、符合龙母气质形象的龙母信用卡，相信会得到信众的欢迎，有助于传播龙母文化。

②研究设计龙母、龙子的服装配饰。服装配饰可以租借给游客拍照，还可以创建龙母服装品牌，根据信众中女性居多的实际，设计龙子童装，结合现代服饰特点，赋以“龙母保佑”的美好寓意。在创建服装品牌的同时，可以提供特色定制；还可以设计一系列具有龙母特色的小配饰，帽子、手链、耳环等满足游客的消费需求。

③开发以“龙母”命名的系列家庭菜式。餐饮行业可以研究德庆流行菜式或根据悦城龙母的喜爱命名菜肴，满足各地信众的需求和兴趣。因为特色小吃最容易得到游客认同，龙母饭店、龙母餐馆等可以根据游客喜爱命名与“龙”相关的德庆菜肴，大力宣传德庆特产：竹篙粉、首乌饼、巴戟酒、德庆贡柑等，在满足游客的心理需求的同时，营造浓郁的龙母文化氛围，带动当地特色经济的发展。

④设计带有龙母文化特色的建筑。游客慕名而来，主要是因为对龙母的景仰，来商业街旅游，也希望亲身感受一下龙母文化及其龙母祖庙附近的民俗文化环境等。所以在龙母祖庙周围的建筑，应该有地方特色。在住宿方面，更应考虑龙母文化元素的建筑设计，在建筑外形、室内陈设、房间布置等方面，都应该与龙母的生活、信仰有密切联系，可以设计龙母主题的宾馆，开设民宿，满足不同游客的消费心理需求。

⑤在“健康出行”上做文章。德庆除了龙母祖庙这个出名的景点之外，还有德庆学宫、金林水乡、盘龙峡等古建筑群和旅游景点，这些也可以列入龙母祖庙文化街经营的范围，成为粤西旅游风光的旅客集散地。企业可以仿效桂林、阳朔的经营之道，在龙母特色文化街设立经营点，推出自助健康游，专门为游客提供单车、电动车等出行工具，满足年轻游客健身、户外探索的心理需求。

（5）德庆龙母文化的传承。

文化是人们的一种心理和行为，同时又通过人的心理和行为来表现。因此，龙母文化的传承与发展，主要应体现在对人的精神塑造与行为培养方面，采取切实有效的措施或途径，涵养人们的精神品格，使之具有龙母文化精神、龙母文化心理特征和相应的行为习惯，进而一代代传承龙母文化精神。换言之，龙母文化的传承与发展不仅仅是人们信仰龙母、祭拜龙母，而是要学习龙母文化的精神，表现出龙母所有的优秀心理品质和行为特征。

党的十八大报告中指出：建设生态文明，是关系人民福祉、关乎民族未来的长远大计。从文化层面看，通过实施龙母文化资源保护与开发的品牌战略，能够更深入地学习龙母文化精神的内涵，不断提升自身的文化素养和人文精神，从而营造出健康向上的具有地域特色的地方文化。面对经济快速发展的形势，面对社会中出现的道德滑坡现象，我们要建设厚于德、诚于信的社会环境，需要传承龙母文化的“利泽天下”的仁爱，乐善好施的精神；面对生态环境污染严重、生态系统退化的严峻形势，我们要学习龙母尊重自然、顺应自然、保护自然的生态文明理念，保护水源生态系统，提高森林覆盖率，改善人居环境；敏于行动，以我们的努力，有功于国，有德于民，进而实现中华民族的永续发展。

①文化教育环节。可以组织开发校本课程，编写地方文化教材。悦城中学的校领导自2014年开始，组织开展“龙母文化进校园”的课题研究，设计龙母文化长廊，开发校本课程，编写《龙母文化润心田》的校本教材，强调“孝文化”“母爱文化”和“龙文化”，立足于学生发展，突出文化传承中的实践环节，符合初中生的思想品德和文化教育的实际，值得德庆县和肇庆市大力推广。开发地方文化课程，充分发挥本土文化在社会和教育发展中的作用，让龙母文化走近青少年学生，使青少年从家乡认同感的角度来了解龙母文化，崇敬并传承龙母文化精神，从而形成良好的社会关系、家庭关系、师生关系和亲子关系，必然有助于促进我们社会的和谐发展。

②重建诚信道德系列活动。在市场经济利益驱动的影响下，传统的孝道文化、伦理道德受到冲击，老人倒地无人扶、好人被冤枉的现象时有发生，让人们看到现代社会信仰缺失的“空洞”，集体意识和社会公德意识淡薄，攀比、奢侈现象严重，乡土文化的知行程度不高。我们应重拾对民众群体文化心理的关怀，在精神层面，组织开展重塑青少年的信仰和正确的价值观系列活动。以龙母“利泽天下”的仁慈、奋发向上的勇敢，母慈子孝的亲和力，母仪龙德的精神，重建道德和诚信的社会氛围，发挥龙母文化在构建和谐社会、道德价值观过程中的重要作用。

③引导并推介龙母文化身份形象。德庆龙母文化的繁荣发展应该遵循民俗文化自身的规律和特点，只有如此，它在中国当代的传播才能演绎出更炫耀而久远的光彩。一方面，龙母文化作为粤、桂、港、澳地区非常重要的地域文化，在粤、港、澳身份的形成、认同过程中发挥着重要作用，应增进对

龙母文化传播和文化心理的认同和理解，挖掘、提升其在社会和谐发展中的重要作用和价值；另一方面，龙母文化作为中国龙文化的重要组成部分，使得粤、港、澳身份与中国身份具有同质性。强化粤、港、澳身份与国家、民族身份的认同感，可以增强传统文化的凝聚力、自豪感和归属感，进而激发炎黄子孙的民族责任感。使得西江—珠江流域地区的人们，把个人身份与国家身份整合起来，认同龙的传人，避免因身份错乱而引发的心理与行为冲突，增强民族的凝聚力和向心力。

龙光入觐的幸福家园

——西江龙母文化的再认识

叶春生

关于西江龙母文化研究的史料、诗文已不少，千百年来，这一文化现象盛行不衰，引发了历代官员和文人学士的高度关注。前些年，广东提出了建设文化大省，就有主要领导亲临视察，并提出了许多高见，笔者也作了一些阐释，收在当时编撰的《母仪龙德》一书中（南方日报出版社 2004 年版）；当今省委提建设文化强省，那不仅是量的增加，更是质的飞跃。文化强省，不但要有许多文化强项，还要以文化来引领经济，助力经济。这就要唤起民众的“文化自觉”，对传统文化的珍视与弘扬。我们研究工作者，也必须跟上时代的步伐，对已往的材料和观点作一次梳理，加深认识，开拓新意。

一、龙母信仰的精神魅力

对龙母的崇敬，肇始于对自然的敬畏，转而为对宗族神灵崇拜，再到民间信仰的俗神，这就是恩格斯所说的“那个发展阶段上”的“一种不可抗拒的命运”。龙母传说的广泛流布，说到底是个信仰问题。日本民俗学之父柳田国男，在他的名著《传说论》中说，每一个传说都有一种信仰在支撑着，传说因信仰而生，信仰靠传说而播。那是在自然科学不发达的社会里，人们对不可支配的自然现象的虚幻的、玄学的理解。德庆人坚信龙母“有功于国，有德于民”，关于她整治水患、执仗护航、行善积德的故事四乡传扬，特别是她爱护生灵、福祐乡民灵应的故事，不断增加，实际上，是向乡民传达一种爱国爱乡、行善有为、大爱无疆的思想。西江人为什么抓到鲤鱼要放生，见到青蛇要护祐，拜龙母要一拜三年？这就是信仰的魅力。广州白云山重阳登高，每届十几万人；佛山元宵“行通济（桥）”，也是十几万人；番禺出飘色，家长们都乐意让一两岁的孩童“上色”，这也是信仰支撑的结果。这不是封建迷信，而是民众追求平安、幸福的精神寄托。曾任省委常委、省政协主席的杨应彬同志，就肯定地说：“龙母出龙国，江声载誉声。原无迷信意，本为济苍生。”

人不可没有信仰。没有信仰什么事也干不成，或者是什么坏事都敢干。

中国传统文化让我们讲仁义礼智信，讲真善美乐情，文明古国成了礼仪之邦，“文化大革命”破坏了这些传统。道德的沦丧，一些人胡作非为，不文明礼貌、不尊师重道、不遵从自然规律、不按照科学发展观办事，造成了许多人为的破坏，带来了大自然的惩罚，生态失衡、天灾不断、水土污染、危及人类生存。这就是没有信仰，没有对大自然的敬畏、对祖宗神灵敬畏的恶果。此时此刻，我们更加体会到，龙母信仰实质给民众提供了一隅精神的乐土，让人们在此净化身心、陶冶性情、诉求期盼，以达到更纯粹的境界，探寻和谐社会的根本。

二、和谐音符不仅是当今的福音，更是对幸福明天的期盼

龙母祖庙管委负责人明确宣布，此地不是宗教场所，而是民间信仰的园地。这些话隐隐透露出他对宗教敏感话题的戒心。其实，国外许多学者早已把民间信仰视为“民间宗教”，它与制度化的宗教有所不同，故以回避。民众信奉龙母，有何心声，可以到此诉说，人人都可平等地找到自己的位置，表述自己的期盼，这里没有高下，没有尊卑，大家都是信众，诸如宗教的教友。这就是社会和谐的音符。他们的诉说，虽然是在一个虚拟的空间进行的，但其观照现实社会的心理导泻作用不可忽视。有人说这是封建迷信，笔者想在此再说个“不”字。“封建迷信”是个政治术语，不可随便套用。许多民间风俗的起源比封建时代更早，在原始社会、奴隶社会就存在了，怎能叫“封建迷信”？人类对宇宙的认识还不够深厚，按唯物主义的理论，世界的发展是无止境的，将来会有许多神秘现象被科学所解释，也有许多意料不到的事会产生，所以现在我们对科学与不科学的概念不要轻易下结论。再者，民俗也是与时俱进的。民俗按人们生活逐步演变，有许多不合时宜的已被淘汰掉。现在传统的民俗越来越热，这是我们老祖宗留下来的，实际上是从生活实践中总结出来的，所以才越来越受人们的尊重。

有了这个和谐的氛围，人们心情舒畅了，更加团结友爱、乐善好施、捐资办学、赈灾扶贫，赞美社会，表达他们对幸福明天的期盼。

2008 年，龙母祖庙举办了一个百名侨领感恩龙母诞，这百名侨领都是得到龙母福祐的成功人士，美国旧金山市的邓先生还带着他的儿子同来，要为建设幸福广东继续做贡献。这次活动百名侨领一举认捐了 1 200 万元人民币。

三、圣灵福地不仅是对宜居环境的追求，更是对科学发展的无限向往

世人都已公认，龙母祖庙庙址为一方风水宝地。江山形胜，方家多有阐释，民间更有赖布衣为争夺这块宝地与龙母斗法的故事。我国关于洞天福地的传说很多，道教就有十大洞天七十二福地，其中广东省罗浮山被列为第七

洞天，还有三个福地，即清远山福地、泉源福地、抱福山福地。那些地方多是远离喧嚣的城市，隐藏在名山幽谷之中，是自然生态清雅，人文深邃和谐之所。根据这一标准判别，我们龙母祖庙所在的悦城五龙山口，是个五龙归觐的地方，充满灵气与活力，“五男麟甲现，一孝海通天”，难怪它得到龙母和赖布衣的垂青。民间自诩福地的还有澳门的莲花福地和番禺莲花山的莲峰，都是这样的好地方。

道家关于“洞天福地”的学说，源于无已修为的人本精神，中国古人向以天道、地舆、人文为宇宙的统一体，所谓“人与天地相参与，与日月相应也”（《黄帝内经·灵枢》）。《道德经》曰：“人法地，地法天，天法道，道法自然。”也就是说，人要以地为法度，地以天为法度，天以道为法度，道以自身为法度，“天人相类”“万物归一”。这一民俗理念的积淀，便是人们对“洞天福地”的向往。实际是修道者营造宫观环境的符号象征。古人修道的目的是为了长生，它需要一个“有序化”的环境，致使道人更容易进入清虚的精神境界，有所感悟，激发他们的幻想，飘飘欲仙，“道法自然”。“洞天”的“洞”，一指“洞室”，一曰“通达”。他们认为这一洞室可以通达上天，居中修炼便可长生不老；“福地”即“得福之地”，身居此地便可福寿延年。其文化精髓就是要返璞归真，建设一个绿色环保、和谐融通的宜居社会。社会发展到今天，人类对宜居环境已有新的要求，除了环保、低碳、安全、文明之外，灵动、创意、智能化和可持续发展，也不为苛求。打造新型的圣灵福地激发人们的无限向往。这也是我们今天仍倡导民间信仰，以和谐社会贯通民族正气的原因。半个多世纪前，顾颉刚说：“如果由我们的提倡使得中华民族成为一个有情、有信仰的民族，那么前途就有望了。”

四、幸福指数来自心灵的呼唤

广东省委提出建设“幸福广东”，民众欢欣鼓舞，继而“幸福肇庆”“幸福德庆”“幸福悦城”喷薄而出，然而有人说，中国人的幸福指数不高，吃饱穿暖，“医院里没咱家的病人，监狱里没咱家的犯人”，便是幸福。眼睛只盯着 GDP，超过了日本，有人欣喜若狂，预计 2016 年超过美国，便是世界上最富有的国家？须知国际公认的幸福指数标准除 GDP 外，还有基尼系数、平均寿命、受教育的程度等，且不说日本人口只有 1.3 亿，是我国的十分之一，美国也不过 2 亿多人，我国离这些指标的绝对值还差得很远，记得 50 多年前广为流传的一支歌：“什么是我们的幸福？幸福在斗争中诞生。有这样勇敢的年轻人，胆敢到沙漠去旅行……”显然，在当时人们的观念里，斗争、探险就是幸福。就此话题，笔者访问了庙里的元老霍师傅，他在此带领信众祈福业已 30 多年，他说：“我们也是托龙母的福，大家得福我们也幸福。特别是看到一些善信消了灾、除了难、发了财，笑嘻嘻来还愿的时候，我们也会心地笑了。”他原来开了个小饭馆，“文革”后庙会复办，他过来帮忙，一干就是30多年。笔者在1984年初次到访时，街上连个饭店都没有，就是在他家里吃的饭。现在镇里百业兴旺，他打心底高兴，那幸福的微笑是真挚的。

建设文化强省，“文化自觉”至关重要，龙母信仰作为德庆乃至整个西江流域传统文化的核心竞争力已经显露，把它做大做强，就是文化强省的一个方面，以资引领经济、助力经济、繁荣社会、和谐社会，在多元化的社会里独树一帜，那才是真正的幸福家园。

悦城水口龙母娘娘

——岭南民间信仰的创造

陈忠烈

一、与时俱进的龙母“正统化”

远古岭南是百越民族的聚居地，囿于五岭阻隔，社会经济文化发展远落后于中原和江南，被称为“南蛮”，百越遗风被视为“蛮风”。秦统一岭南以后，中原正统文物、典章、风教逐渐南被。但是，在明代以前，岭南社会还是一个相对封闭的“岭表”“岭外”的地域社会。历史人类学家研究表明，远古岭南基层社会控制在许多方面还是借助于百越民族原有的资源，如族亲血缘关系、原始宗教鬼神祭祀等。岭南人被视为不奉中原正统礼教的“化外之民”，民间“好淫祀、信巫觋、尚鬼神”风气特浓，从汉至明代的正史记述不绝于书。所谓“淫祀”就是“祭不在典”——祭祀不被国家祀典认可的神灵。

明太祖在建立明朝的当年进取广东，次年颁行“诏定天下版籍”——编制里甲户籍。这是把原先号称“岭外”“岭表”的岭南地域社会纳入明王朝国家控制体系之中的重大举措。但是，把原先“不入国家版籍”的岭南“化外之民”编入户籍，是一个势在必行而又进展艰难的过程，其间粤西少数民族的反抗最为激烈。例如在传说中的龙母故里藤县，就发生了旷日持久的“瑶乱”，以至朝廷发兵“进剿”。明初龙母“灵迹”的传说开始集中在对明朝政令和军事的支持上，早在洪武年间就得到了朝廷的“敕封”。龙母的这段历史，其实为后来岭南民间信仰文化的“正统化”起了率先垂范的作用。

明中叶，随着全国经济高涨和珠江三角洲的开发，珠江三角洲社会经济迅速追步江南，文教事业也发展起来，造就了具有较高文化素养的精英阶层，“彬彬乎有邹鲁之风”。岭南社会一方面迅速向中原正统文明趋齐，风俗发生“丕变”，“庶几乎中州”；另一方面，岭南固有的文化传统与中原正统文明发生激烈的冲突，政府官员开始“毁淫祀”——捣毁不合乎祀典规范的“淫祀”，在珠江三角洲地区尤为激烈。明正统年间，顺德县令吴廷举在龙江一地就毁去神庙800多所。嘉靖初魏校督学广东，又在全粤掀起一次“毁淫祀”高潮，引起激烈的社会冲突。但是，据笔者所掌握的资料，作为岭南土神的龙母在历次“反淫祀”中都安然无恙。岭南人在文化精英引领下，做出机敏的反应，掀起一场被现代学者所指称的岭南地方神灵的“正统化过程”：一方面按照国家立祀典的原则（如以劳定国、御灾捍患），对岭南地方神灵神迹加以改造，使之合符正统祭祀的范型；另一方面大力兴建国家祀典认可的正统神祇，营造合符祀典规范的祭祀空间。

在当时历史条件下，岭南地方神灵的“正统化”是岭南民间信仰文化的一大创造。它使原本游离于“正统”文明之外的岭南民间诸神和信仰体系迅速得到国家的认可，继续发挥社会、政治、文化功能，对岭南的发展造成深刻的影响。其中龙母的“正统化”有着特殊的意义。龙母信仰源远流长，是岭南百越民族的原始信仰之一。在漫长的历史进程中，尽管民间有许多历朝表彰龙母的传说，但是龙母始终是一个岭南地方土神，她之所以地位提升并跻身“正统”系列，是由于与时俱变，把握住了岭南社会剧变的机遇。

龙母信仰的率先“正统化”，使其信仰群体和祭祀圈迅速扩展，从粤西的地方土神走向珠江三角洲地区，走向岭南，走向世界。笔者在此只是披露部分收集的田野资料，即可见它在珠江三角洲的心腹地带造成的深刻影响。珠江三角洲民间最显眼的传统摆设，就是当厅的神台和神牌，如图1～图3所示。

大
南海广利洪圣大王
都督平浪晏公侯王
北方真武玄天上帝
慈大悲观世音菩萨
护国庇民天后元君
万寿长生医灵大帝
悦城水口龙母娘娘

图1　采自顺德均安镇

图2　采自顺德龙江镇

图3　采自番禺榄核镇

从以上标本来看，这是朝廷“祀典”正神与经过“正统化处理”的岭南民间神的混合。这些神是一个地域的“标准神灵”，龙母从一个粤西土神跻身珠江三角洲发达地区的“标准神灵”，得到当地信众的拥戴，本身就是一种创造力。

龙江在明清两代是珠江三角洲的经济中心，财大气粗，有“两龙（龙山、龙江）不认顺”的说法。在旧时龙江，每年正月就把龙母等五尊大神抬出来“行街”。笔者参加了 2008 年龙江的“菩萨行街”，其行街路线，反映了龙江沙田当年的开发序列。

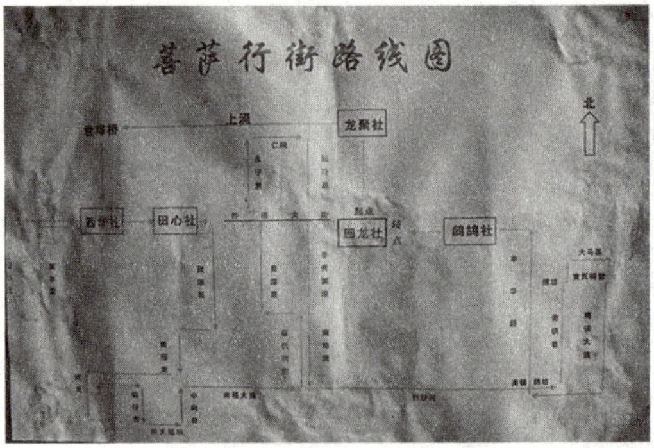

图 4　菩萨行街路线图

图 5　顺德龙江沙田龙母庙联

龙江沙田先后开发的五个“社”，分别崇拜五个大神，龙母就是西华社的大神。龙江沙田经过历史的风风雨雨，目前唯有龙母“健在”，其他大神都

“作古”了。从今天西华社龙母庙香火鼎盛和历史上经济社会发达的情况来看，她在当地发挥的功能是颇值得注意的。明中叶以降，岭南民间信仰对岭南社会发展起着十分重要的作用，尤其是在珠江三角洲的开发进程中。这些问题涉及很大的研究范域，由于本篇只是发言提纲，未能展开论述，只能就顺德龙江的龙母信仰讲几句。至于她遍及海内外的传播范围和其他社会功能，且待今后就教于各方专家。

图6　香港西贡街坊会大年中的大事，其中有龙母宝诞祀事

二、没有封号的女神，以“水口”显荣——龙母的另一个创造

几年前，笔者写过《“水口论”与风水塔解说》《“水口”——解读岭南地方历史的一个坐标》等研究“水口”的小文。促使笔者研究这个问题的是源于万历三十年（1602 年）郭棐《广东通志》序文的一段话：

以近事论，张官置吏，凡以为民也；近析置罗定州、新安、普宁等九邑，各设守令抚绥之，是子惠之泽也；崇墉新筑以巩海邦，外寇突来，恃之无恐，是保障之卫也；琶洲建塔，以树捍门，众水所趋，一方攸奠，是华表之胜也；府庠鼎修，规模宏廓，直辟前门以畅灵秀之气，是文明之会也；饬条鞭，蠲夫甲，禁加耗，杜接济，抒忠沥悃，则救世之仁也；察二广之盐弊，定七款之规则，以宽乎商而亦利于国，则济时之画也。此其势力之所得为者，志之所备载也。

以今观之，琶洲建塔，小事一桩，与当时经国牧民的诸般大政混为一谈，殊令人费解。笔者认为这是与风水的“水口”处理有关，牵涉明中叶以来广东“形胜”的一大变局。

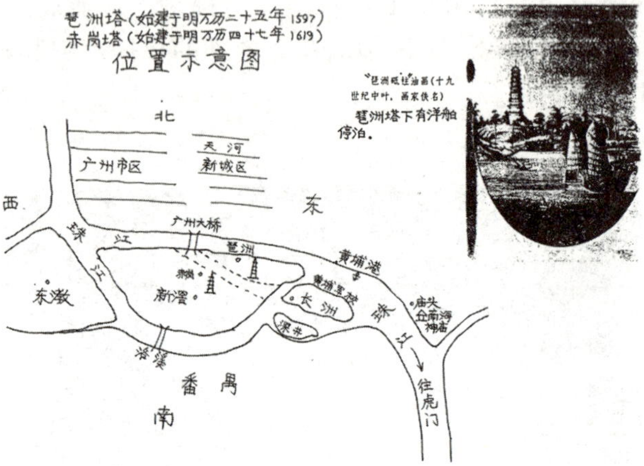

图 7　广州琶洲塔所处的“水口”位置示意图

堪舆学在中国源远流长，错综复杂，至今没有人能理清它的来龙去脉。总而言之，其寻求的是山水盼顾有情的形局；如果自然的形局不完美，可以通过人工措施加以完善，使之合乎设定的要求。到了明代，随着社会经济、文化、政治的发展，堪舆学也发挥至极点。在流派上，“水口”理论则大行其道。明代“水口”理论的突出发展是颇具深意的。风水所说的“水口”实际上就是现代环境水利学所说的“河口”，是指水道交叉、转折、汇入、出海等形成的特殊水域。

“河口”（水口）在水利事业上有着独特的功能，它通常是交通运输的枢纽，军事防卫的势要，在水资源调度、土地扩展、农业发展、城镇和工商业网络设置等方面均别具优势。堪舆学中的“水口”概念在华南被泛化使用，尤其是在水网密布的珠江三角洲，大至江流，除命名“水口”外，还有“江口”“河口”“海口”之称；小至河涌、溪坑、水闸则有“涌口”“坑口”“闸口”之称。明清两代，华南同水之“口”有关的聚落大幅增加，明以前为防卫和驿运而控制的“水口”要地，此时也演变为工商业市镇。地方经济发展，增加了教育的投入，实现财富和功名利禄的双重追求，以故明代堪舆著作几乎众口一词，给水赋予“贮财源而兴文运”功能。明清“水口”在社会经济和文化发展方面的特殊功能得到了新的发挥，而堪舆理论以“水口”作为新的切入点，可谓神机妙算。以故明中叶以降，在封疆大吏主持的琶洲塔的助推之下，全省各地专门针对“水口”而设的建筑大行其道。

琶洲建塔之后，水口建筑在全粤造成了轰动效应。笔者根据地方志作的粗略统计表明，继万历中琶洲建了“省级”的塔之后，全粤“府级”和“县级”的塔也纷纷兴建。我们从西江溯珠江而上，可以看到水口的重重“关锁”，“水口”理论发挥得淋漓尽致。笔者在此举些西江流域的事例：

肇庆府乃粤西重镇，控西江及其支流，沿江水口建塔特多。崇禧塔，万历十年（1582 年）由岭西副使王泮建，因西江水“滔滔而东，其气不聚，人才遂如晨星”，乃建此塔。文明塔，座东南巽位，万历十六年（1588 年）知府郑一麟建，特为振兴文风而命名。三元塔，正对泷水入西江的水口，万历二十七年（1599 年）知府沈有严建，祈求科甲连中三元。巽峰塔，建于天启年间，位于镇江口东南方，正当巽位，故名。这些塔由于集中了一府一县财力，造型雄伟，气势高标，状如擎天巨笔，被赋予开启文运，功名蔚起的期望。

明中叶以降，在民间社会有一个颇值得注意的现象，那就是“水口”理论被民间泛化使用并且同社会经济文化的发展紧密联系起来。从“水口”处理的形式来看，“水口”建筑除了塔之外，在民间还有更加灵活的处理手法，就是设置各级的“水口庙”。珠江三角洲水网密布，各种规模的“水口庙”分布在城镇和村落。

图 8　顺德蓬简的水口庙（水口庙正对水口，庙后无聚落）

笔者在交代“水口”背景上费了那么多笔墨，现在且回到龙母身上来。岭南多女神，而且这些女神大都有朝廷敕封的封号（如“护国庇民天后元君”），或民间在神灵“正统化”过程中私封的封号（如“金花普主惠福夫人”）。但是，龙母在珠江三角洲的众神之中，是唯一不以封号行世的女神，她突出的显荣是“水口”，民间称之曰“悦城水口龙母娘娘”。她被誉为西江水域的“保护神”。值得我们注意的是，悦城龙母庙所在的“水口”是悦城河、泽水、杨柳水和西江的汇合处，是一个特大的“水口”。已有不少专家论及它的意蕴，但笔者认为从上述对全省“水口”建筑渊源的探讨来看，值得我们特别注意的是，悦城龙母祖庙的建筑远远先于历史文献记录的其他地方，它对“水口”理念的开创性运用是最早的。“水口庙”这种形局设置为何这么早就发生在西江流域？这种创造对明中叶岭南“水口”设置有何启示？龙母所在地悦城“水口”和岭南各地“水口”对地方社会、经济、政治、文化发展起过什么作用？我们对这些问题的研究其实还很薄弱，请允许笔者另行探讨。

综前所述，悦城龙母祖庙以及民间龙母信仰，在岭南地区有不少先导性的创设，这些创设有着深厚的历史意蕴和无穷的学术魅力，有待我们投入更多的学术关怀。研究独特的龙母文化，加深认识和利用好这份珍贵文化遗产，是建设广东文化强省一个很有意义的课题。

广东德庆悦城龙母祖庙始建与始封年代初探

温爱民

一、引言

悦城龙母传说历史悠久，千百年来龙母信仰、龙母文化长盛不衰，在西江流域、两广地区乃至东南亚一带流传极盛。一个远古部落的首领，带领族人在西江流域繁衍生息，与大自然作顽强的抗争，由最原始的氏族图腾崇拜演变为民间信仰，被人们尊为“龙母”，进而受朝廷敕封，立祠为祀，通过民间流传而广泛传播。据考，在四川、江西、湖南、浙江等地区亦有建祠祭祀龙母的习俗。而广东德庆更有“康州四乡三百余寨皆设行祠”的盛况。2001年，“悦城龙母祖庙”被列为全国重点文物保护单位，2011年，“悦城龙母诞”庙会由国务院批准为第三批国家级非物质文化遗产。

然而自汉唐以来，龙母事迹虽有“志乘庙碑、班班可考”，但立庙之始者又略焉不详，文献之载几为空白。究其原因，碑碣所在多为风雨剥落或已佚失，而信众拜祭龙母却又“庙墓相混”，虽有些文献对此厘定一二，但说法并不一致，至今尚无定论，悦城龙母庙始建年代失考。本文通过对唐代赵令则、李景休龙母庙碑的考辨、历史文献的梳理，追索悦城龙母祖庙“始建”“始封”的年代，以证明德庆悦城龙母祖庙在西江流域“庙墓俱在”的历史地位。

二、历史文献

历史上记载悦城龙母的文人学者众多，南北朝时期沈怀远撰写的《南越志》载录了龙母的传说。沈怀远，生卒年不详，吴兴武康（今浙江湖州）人，南朝宋官员。宋孝武帝刘骏（452—464 年在位）受封始兴王时，沈怀远为“长流参军”，后留在广州做官，撰《南越志》。《南越志》史称“五岭诸书之最前者”，可惜该书久佚。据载悦城龙母传说最早可追溯到距今 2 200 多年前的秦始皇时代。《钦定渊鉴类函》中引《南越志》曰：

昔有温氏媪者，端溪人也。常居涧中捕鱼，以资日给。忽于水侧遇一卵，大如斗，乃将归置器中。经十日许，有一物，如守宫，长尺余，穿卵而出，媪任其去留。稍长两尺，便能入水捕鱼，日得十余头。稍长五尺许，得鱼渐多。常游波水，潆洄媪侧。媪后治鱼，误断其尾，遂逡巡而去，数年乃还。媪见其辉色炳耀，谓："龙子复来耶?"因盘旋游戏，亲驯如初。秦始皇闻之曰："此龙子也，朕德之所致。"乃以元珪之礼聘媪。媪恋土，不以为乐，至始兴江，去端溪千余里，龙辄引船还，不踰夕至本所，如此数四。使者惧而止，卒不能召媪。媪殁，葬于江阴，龙子常为大波至墓侧，潆浪转沙以成坟，土人谓之掘尾龙。今人谓船为龙掘尾，即此也。[①]

端溪，即今广东德庆县，这是关于龙母传说较早的文字记载。早期的一些龙母文化研究者曾认为，沈怀远的《南越志》为最早记载悦城龙母事迹的历史文献。其实晋代在广州为官的顾微[②]已在其《广州记》中著录过悦城龙母的传说。可惜《广州记》一书久佚，此段有关龙母的传说为宋人乐史收辑在《太平寰宇记》程浦溪条曰：

晋顾微《广州记》云：浦溪口有龙母养龙，裂断其尾，因呼其溪为龙窟，人时见之，则土境大丰而利涉。[③]

程浦溪，即悦城程溪，今德庆县之悦城河。唐人耿湋有《送友人游江南》："漠漠烟光前浦晚"即此。康熙时《德庆州志》曾引此诗，注为"前浦，即康州程溪浦也，上有浦母，相传有神人骑三足鹿游悦城"[④]。

顾、沈两人先后在广州当官，时间约相差几十年，从记载的主要情节看，很明显沈怀远《南越志》或是参考了顾微《广州记》的记载并加上自己的见闻演绎而成，无疑《广州记》是最早记载悦城龙母传说的文献。

乐史《太平寰宇记》在康州条下亦辑录了沈怀远《南越志》龙母条[⑤]，核其文句，与《钦定渊鉴类函》载录的龙母条版本一致。但有一点要指出的是《太平寰宇记》记载有"以元珪之礼聘媪，船至始安江，龙辄引船还"；而《钦定渊鉴类函》则为"至始兴江，龙辄引船还"。"始安江"与"始兴江"一字之差，两地相差千里之远。

始安江，即今广西境内的桂江，亦称漓水，汉时在桂林设始安县，三国

① （清）黄培芳等编：《悦城龙母庙志》（卷一），光绪十三年省城锦书堂刊本，第4页。

② 清王漠谓"大要系晋宋间人"，即晋末宋初人。

③ （宋）乐史撰，王文楚等点校：《太平寰宇记》（第七册），北京：中华书局2007年版，第3016页。

④ （清）谭桓、梁宗典纂：《德庆州志》（卷八），康熙十二年刻本，第37页。

⑤ （宋）乐史撰，王文楚等点校：《太平寰宇记》（第七册），北京：中华书局2007年版，第3135页。

吴时设始安郡，因又称始安江。溯始安江经灵渠进入湘江、长江水系可直达京师长安，为古代岭南沟通中原的大动脉。始兴江则在广东粤北韶州，为北江上游主要干流浈江的古称。经南雄越大庚岭进入江西，亦可至京师长安，为唐代沟通中原的主要通道。唐代诗人韩愈被贬岭南时，有《过始兴江口感怀》："南来今只一身存，旧事无人可共论"即此。《太平寰宇记》成书比《钦定渊鉴类函》早七百多年，当以《太平寰宇记》载录为准。

到唐代，记载龙母事迹的有刘恂[①]的《岭表录异》。书中载：

温媪者，即康州悦城县孀妇也，织布为业。尝于野外拾菜，见沙草中有五卵，遂收归，置绩筐中。不数日，忽见五小蛇壳，一斑四青，遂送于江次，无意望报也。媪常濯浣于江边，忽一日，鱼出水跳跃，戏于媪前，自尔为常。渐有知者，乡里咸谓之龙母，敬而事之。或询以灾福，亦言多征应，自是媪亦渐丰足。朝廷知之，遣使征入京师，至全义岭，有疾，却返悦城而卒。乡里共葬之江东岸。忽一夕，天地冥晦，风雨随作，及明，已移其冢，并四面草木，悉移于西岸矣。[②]

可惜的是沈怀远等只是记录了"潆浪转沙以成坟"的建墓年代，对何时兴修祠庙则没有任何记载，留下了千古之谜。

三、建祠之始

远古时代生产力低下，古人面对大自然时，无法抗拒天灾人祸，往往寄希望于神明的庇祐而产生神灵崇拜。掌握国家权柄的"天子"，出于维护其统治，将民众熟悉、崇拜的偶像，通过敕封，赋予某种封建法理模式、道德规范，作为约束民众思想行为的手段，令有司建祠以供民众祭拜，彰显天子的权威。而事实上，要把一个"人物"树为万民敬仰的"神"，光有民间的传说和文人的渲染是远远不够的，还需要最高权力者的褒扬、敕封，纳入朝廷的正统祭祀行列，才能载千秋香火，否则会被视为"淫祠"遭朝廷禁毁。

据文献记载，龙母是仁慈的化身，有"豢龙为儿，无以望报"之仁恩，而五龙子有"卜地移坟"之孝报。龙母不畏强权"却聘嬴秦"，遂有五龙子"去端溪千里龙辄引船还"之神话传说。龙母"阵显长蛇以助济，风送转运以奏凯"，助大宋郭公军征交趾大胜班师回朝，具奏龙母有功于国，有德于民。

---

① 刘恂，生卒年不详，河北雄县人，唐昭宗朝出为广州司马，官满，上京扰攘，遂居南海，作《岭表录异》。

② （唐）刘恂著，鲁迅校勘：《岭表录异》（卷上），广州：广东人民出版社1983年版，第11页。

“乡人每以水旱疾疫祇禳悉随叩随应”，故有德于民者受太牢之祀，有功于国者永膺至美之名，“自秦而汉而晋而唐宋元明膺封数十朝”。历朝累封为“护国通天惠济显德灵济崇福圣妃水府元君昭显溥祐广荫龙母娘娘”。完成从“人”到“神”的阶段，其重要标志就是受朝廷敕封，立祠为祀。

那么悦城龙母庙修建于何时？光绪版《德庆州志》谓“始建无可考”①。有的资料则说，因有汉高祖刘邦的敕封，庙宇在秦汉时期就应该有了，笔者认为秦汉时建祠只是后来的推测，并无文献更无实物的支撑，我们目前只能根据一些零碎的历史文献、碑刻追溯、拼接这段历史。

甲、李景休《新修龙母庙楼》碑

悦城龙母庙旧有两刻唐碑，清掌教广东端溪书院的乾隆进士冯敏昌（1747—1806年）曾专门到悦城龙母庙寻访两碑，但两碑久佚，因有“年代既渺茫，征召谁曾听？嗟嗟李赵刻，已作漂流萍”② 之句。其对秦始皇征召龙母的传说并不感兴趣，认为征召一事“无识可哂”，只是一再叹惜“李赵”两刻的佚失，感慨年代久远，很多事情已无从考究了。

“李赵刻”指唐代重修龙母庙的两个碑刻，即李景休《新修龙母庙楼碑》和赵令则《重修龙母庙碑》。

李景休，唐人③，生平失考。南宋王厚之（1131—1204年）著《复斋碑录》收录了李景休碑碑目，载：“新修龙母庙楼碑，在德庆府，李景休撰，郭齐正书，太和六年正月一日记。”④ 虽未能窥知碑文内容，但留下了重修庙楼时的刻碑年月，据此可判定，唐太和六年（832年）前，民间已有龙母庙受信众祭拜。

乙、唐卢肇《阅城君庙记》

唐会昌三年（843年），江西状元卢肇（818—882年），有《阅城君庙记》，其作记载康州悦城龙母始末及江西袁州昌山渡唐代建“阅城君庙”，该庙为时任袁州宜春县令卢峄所建。卢峄于唐开成（838年）代理康州录事参军一职（一说元和中）⑤，在任时经常参拜悦城龙母，祈祷能回老家江西宜春出任县令。事载乐史《太平寰宇记》，曰：

---

① （清）杨文骏等：《德庆州志》（卷五），光绪二十五年刻本，第26页。

② （清）杨文骏等：《德庆州志》（卷五），光绪二十五年刻本，第26、28页。

③ （清）阮元等：《广东通志》（卷二一〇），道光二年刻本，第14页。

④ 陈思纂：《宝刻丛编》（卷十九），北京：中华书局1985年版，第473页。引《复斋碑录》唐新修龙母庙楼碑。

⑤ 《太平寰宇记》引《郡国志》云：唐开成中，卢峄尝游宦南越，假康州录事参军，同文又云太和六年卢峄“理县有善政，郡守缺，摄司马、知州”。卢肇《阅城君庙记》云：元和中卢峄尝游宦南越。太和五年卢峄来宜春任职。前后似有矛盾，附辨于此。

袁州有龙姥庙，郡国志云：在州东六十里，其庙宇元在康州悦城县，唐开成中，县令卢崿常游宦南越，假康州录事参军，至是祠姥见梦，曰：子当为此官，今宜北矣。旦占之，得见龙之贞，遂祠其形像。太和六年，崿理县有善政，郡守缺，摄司马、知州。岁大旱，遂祈焉，以响应，置祠宇昌山渡，往来祠之甚验。①

卢肇《阅城君庙记》载：

元和中，故宜春县令卢府君（卢崿）尝游宦南越，乞灵于龙，契乎其旨，尝梦龙伯谓之曰：君将宰邑江西，其致我焉？许之，及太和五年，岁在壬子，府君来宜春，遂立祠于邑东昌山津右……②

《太平寰宇记》为宋代成书，迟于卢肇《阅城君庙记》，且卢肇为卢崿的嗣子，其记载的应更为准确。唐太和五年（831 年），卢崿如愿以偿出任宜春县令。次年宜春大旱，他祈祷龙母，保佑宜春风调雨顺，“故得不佻不病，不横不流，民从其化矣”。卢崿感恩龙母，在宜春水陆交通要道昌山渡创建龙姥庙，又称为昌山庙，祀龙母，江西状元卢肇撰文为之记。千百年来，该庙灵光显耀，香火鼎盛，每年农历八月十三日，鼓乐齐鸣，香客云集，热闹非凡，远至广东、广西、湖南、湖北、浙江、安徽等地的香客都来朝拜。

按《阅城君庙记》所载，宜春龙姥庙建置年代与“李碑”记载的年代相差不远，如果卢崿出任宜春县令后第二年，即太和六年（832 年）建龙姥庙，与李景休重修悦城龙母庙楼时间同。

丙、唐李绅书祷龙母

检《新唐书·李绅传》有一段文字，记载了悦城龙母庙在唐长庆年间就已名传京师。

权臣李逢吉素与李绅不和，一直想方设法在皇帝面前诽谤李绅，“帝初即位，不能辨，乃贬绅为端州司马”。长庆四年（824 年）李绅举家南迁，乘船由湘入粤，经贺州过封州出西江顺流而下到端州（今肇庆市）赴任。至封州（今封开）康州（今德庆）间，西江滩多险阻，时值秋季水浅，船不能行……史载：“绅南逐，历封、康间，湍濑险涩，惟乘涨流乃济。康州有‘媪

① （宋）乐史撰，王文楚等点校：《太平寰宇记》（第五册），北京：中华书局 2007 年版，第 2200 页。

② （清）董诰等：《钦定全唐文》（嘉庆十九年版影印本），北京：中华书局 1983 年版，第 23 页。

龙祠’，旧传能致云雨，绅以书祷，俄而大涨。”[①] 官船遂顺利抵达端州。

李绅（772—846 年），字公垂，安徽亳州人，元和初擢进士第，官至宰相，著名诗人，其《悯农》“谁知盘中餐，粒粒皆辛苦”为其不朽名句。岭南道途艰辛，李绅别家到任之后，打听到家属已过湖南衡阳，便作了一首七律《移家来端州先寄以诗》，以报平安：

菊花开日有人逢，知过衡阳回雁峰。
江树送秋黄叶少，海天迎远碧云重。
音书断绝听蛮鹊，风水多虞祝媪龙。
想见病身浑不识，自磨青镜照衰容。[②]

诗中“风水多虞祝媪龙”句，“媪龙”（媪：老母亲）即指龙母。肇庆七星岩有宝历元年（825 年）李绅题名石刻。按此时间推算，在唐中期的长庆年间（821—824 年），民间就为龙母立祠，受民众拜祭，声名远播至长安。此比李景休修龙母庙楼的时间早。

丁、“赵李”两碑年代的争议

前述已经知道，《复斋碑录》著录了李景休修庙立碑的确切年代，但赵令则《重修龙母庙碑》，《复斋碑录》并无记载。很明显，这应该是先后两次重修，两次刻碑。那么，是李景休重修（龙母庙）在先，还是赵令则重修在先？这是一个有争议的历史话题。

据文献记载，对两碑的刻石年代谁先谁后早有争论。光绪版《德庆州志・金石》载：宋吴揆《赐额记》谓赵令则碑在李景休先，“故列于太和之前”。而宋张维《永济行宫记》“乃先李后赵”。因《永济行宫记》撰于宋元丰朝，早于吴揆《赐额记》四十多年，因此“未可据《吴记》遂先赵也”。但《张记》统言“二碑皆太和时刻”，也没有“实证其孰先”。两碑谁先谁后并无定论。[③] 如果能考定“赵碑”在“李碑”之前，则龙母庙建置年代还可向前推。

考赵令则，现存嘉靖、康熙、乾隆、光绪版《德庆州志》均无载，生平不详。后几经周折搜阅道光《广东通志》职官表，则载其在唐玄宗朝任封州开建县丞[④]，但记载过于简略，且未具任职年月。唐玄宗李隆基 712—756 年

---

① （宋）宋祁、欧阳修等：《新唐书・李绅传》（缩印本），北京：中华书局 1997 年版，第 5347 页。

② （明）郑一麟修、叶春及纂：《肇庆府志》，万历十六年刻本，第 14 页。

③ （清）杨文骏等：《德庆州志・艺文志三・金石上》，光绪二十五年刻本，第 1 页。

④ （清）阮元等：《广东通志》，道光二年刻本，第 17 页。

在位，据此可初步断定，赵令则是在此期间任封州开建县丞，但跨度达45年，范围太大了。道光版《广东通志》成书于道光二年（1822年），道光十三年（1833年），肇庆府设局重修《肇庆府志》。通志志一省，府志志一郡，“省括其全，府总其详”，有详略相维之义，府志或许会有详细一点儿的资料。因此，笔者复搜阅道光版《肇庆府志》，果然，道光版《肇庆府志·谪宦》中有赵令则传载：

赵令则，天水人，起家幽州蓟县尉。敏给强济，闻于河朔，以直道示人，忤幽州敕史张守珪，贬封州开建县县丞，后官至虢州宏农令。①

可惜的是，墓志亦未提及贬任年月。

考此条引自《全唐文》天水赵府君墓志。《全唐文》辑有唐独孤及撰《唐故虢州宏农县令天水赵府君墓志》，载曰：

……府君讳令则，字某，天水人也。……好古博学，涉猎百家之言，善属文，尤注意诗赋。外刚毅峭直，内温良而仁，率由天性，果于行已。起家幽州蓟县尉，敏给强济，闻于河朔。以直道事人，忤幽州刺史张守珪，贬封州开建县丞。遇赦，迁建州建安县丞，稍移湖州安吉县丞。天宝九载，选授虢州宏农县令……三年绩成，人无不均不安之患，虢人颂之。解龟后，贫无余资……，至德二载某月日，遇疾终于某州，春秋若干。②

据《唐故虢州宏农县令天水赵府君墓志》大致可知，赵令则终于唐至德二年（757年）。遇赦后迁建州县丞，后移湖州安吉县丞，于唐天宝九年（750年）选授虢州宏农县令，但未系贬任封州开建县丞年月。

细审《唐故虢州宏农县令天水赵府君墓志》，赵令则是在幽州蓟县尉任上“忤幽州刺史张守珪，贬封州开建县丞”。我们不妨倒过来考张守珪何年任幽州刺史，以张任幽州刺史的年限来推测赵令则任封州开建县丞的年限。

考《旧唐书》有张守珪传：“张守珪，陕州河北人也……，开元十五年任瓜州刺史。开元二十一年转幽州长史，二十六年迁括州刺史。”③ 开元是唐玄宗李隆基的年号，开元二十一年张守珪转幽州长史，正是赵令则在幽州蓟县任县尉时的上司，张守珪开元二十一年至二十六年（733—738年）中某年贬赵令

① （清）屠英等修，胡森等纂：《肇庆府志》，道光十三年刻本，光绪二年重刻本，第30页。

② （清）董诰等：《钦定全唐文》（嘉庆十九年版），北京：中华书局1983年版，第9页。

③ （后晋）刘昫等：《旧唐书》（缩印本），北京：中华书局1997年版，第3193页。

则，即为赵令则在封州开建任县丞的年限。

封州开建县即今之封开县，与康州（德庆县）相距不过百里，地域上属同一地区，历史上封州亦曾属德庆府，后分治。据此，笔者认为，赵令则是在贬任封州开建县丞时以官府身份参与重修悦城龙母庙并立碑。

据此《吴记》“先赵后李”说，是可成立的。可以推定唐开元二十六年（738 年）之前，康州悦城就已“庙墓俱在”，比李景休太和元年（832 年）重修龙母庙早约百年。此为文献记载的最早一次官修悦城龙母庙。

戊、仁化扶溪龙母庙

2011 年，笔者得仁化县族人温金祥先生惠赠《仁化扶溪重修龙母庙志》，据此庙志记载，悦城龙母庙的建庙时间还可前推至唐仪凤元年（676 年）。

扶溪《仁化扶溪重修龙母庙志》载：

> 扶溪龙母庙创于唐代仪凤元年丙子岁。其由因是年二月初二日，风雨大作，漂流一木，其大连抱，搁于张公讳安主之田畔……是夜张公寝息，梦一朱衣女子言于公曰：我乃龙母之神，爱此地山清水秀，无异程溪，欲于此建庙，尔其勿吝。于是张公遣仆邀通乡绅捐款建庙。①

扶溪龙母庙始建于唐代，宋代有赐额。据《仁化扶溪重修龙母庙志》载：“宋绍定四年，太庙失火，母往护救，天子命太史占之，始知是扶溪龙母出手相救，于是遣差敕封赠号。”②

> 旨　敕封母为督管天宫水府，显德夫人，赐额南台庙。

庙宇要正式进入正统祭祀体系，必须经朝廷的敕封，取得正祀的地位，一经敕额始为正式祭祀场所，成为有据可考了。

考扶溪《仁化扶溪重修龙母庙志》，大部分内容均出自悦城龙母庙所载“事略”。初刊本为清雍正三年（1725 年）岁进士李兴祚撰，李曾于雍正元年（1723 年）“买舟游肇庆，直抵晋康程溪，肃容诣庙，遍求《悦城纪略》览之，而龙母之义始晓然矣”。据此，“扶溪龙母”源于“悦城龙母”无疑。

南台庙又称南禅台庙，亦称惠济庙，祀龙母，“宋庆历四年宋士宁等重修，古碑尚存。”③ 宋士宁，北宋进士，有《南禅台庙记》，载康熙《仁化县

① （清）李家栋撰：《仁化扶溪重修龙母庙志》，民国三十九年据咸丰年刻本重刊，第 2 页。
② （清）李家栋撰：《仁化扶溪重修龙母庙志》，民国三十九年据咸丰年刻本重刊，第 4 页。
③ （明）胡居安：《仁化县志》（卷四），嘉靖三十六年抄本。

志·艺文》。

检康熙《仁化县志·艺文》有封龙母敕：

敕　韶州府仁化县惠济庙龙母，龙之为灵大矣，水下土神变化而夫人实为之母，庙食兹邑殆逾千年，水旱盗贼之祈禳，其应如响，御灾捍患，祀典为宜，故加二字之褒，用显一方之德，可特封显德夫人，奉敕如右，牒到奉行。绍定四年七月二十六日。①

绍定为南宋皇帝宋理宗赵昀（1224—1264 年在位）的年号，此与扶溪《龙母志》记载的获旨时间一致。扶溪龙母庙有历代重修记录，流传有序，可与地方志参读，且有朝廷敕牒，绝非道听途说的杜撰，可信度较高。

顺便一提，悦城龙母庙乾隆四十七年（1782 年）知州蒋如燕题“秦龙母墓”碑及各方志均无元代封赠龙母的记载，而扶溪《龙母志》据《悦城纪略》则明确载：

元仁宗延祐元年封为水府元君，同异姓姐妹七人俱敕封。②

今《悦城纪略》已佚，《仁化扶溪重修龙母庙志》可补各志无元封之缺。仁化扶溪龙母庙至今香火鼎盛。因敕额“南台庙”时已有悦城龙母庙声名远播，据此，悦城龙母庙的始建年代可推至唐仪凤元年（676 年）之前，比赵令则开元年间（733—738 年）重修悦城龙母庙早 60 多年，悦城龙母庙建庙距今至少已有 1 330 多年的历史。

四、敕封之始

敕封龙母之始，相传于汉代。康熙初德庆知州陈世科《重建龙母庙序》中述及：“披《晋康志》知龙母温氏族于程溪，秦始皇时以豢龙著。汉高帝封为程溪夫人，唐封为永安夫人、又封为永宁夫人……”③ 陈世科撰序时所据之本《晋康志》为宋人萧玠所著，可知《晋康志》在康熙间还存世，至光绪间佚亡。④ 现存龙母受汉封最早的“石本”文献为明洪武九年（1376 年）皇帝

① （清）李梦鸾：《仁化县志》（艺文卷下），康熙二十五年刻本，第 47 页。

② （清）李家栋：《仁化扶溪重修龙母庙志》（卷二），民国三十九年据咸丰年刻本重刊，第 4 页。

③ （清）黄培芳等：《悦城龙母庙志》（卷一），光绪十三年刻本，第 18 页。

④ （清）杨文骏等：《德庆州志》（卷十三），光绪二十五年刻本，艺文志·序目，附录，《晋康志》七卷，佚。

“敕命”载：

奉天承运皇帝制曰

荣名豊祀，惟圣与神，故有德于民者允受太牢之祀，有功于国者永膺至美之名。尔广东道肇庆府德庆州悦城孝通庙灵济崇福圣妃之神温氏者豢龙为儿，却聘嬴秦，拥沙移墓，赫濯灵陵。汉初封为程溪夫人……。洪武九年四月十九日。①

此后历代朝廷均有敕封。据新发现宋靖康元年（1126 年）康州知军州吴揆《赐额记》碑拓本记载：唐天祐初载（904 年）始封龙母温永安郡夫人，越明年（905 年）改封永宁夫人。宋元丰戊午（1078 年），敕其额曰“永济”，封永济夫人，大观戊子（1108 年），诏以“孝通”为额。此碑虽未载汉封之事，但记载了龙母于唐代天祐初就受朝廷敕封，至北宋元丰戊午，即元丰元年（1078 年），大观戊子（1108 年）悦城龙母庙已有朝廷“赐额”之史实。

德庆新发现宋吴揆《赐额记》拓本②：

图 1　《赐额记》拓本（温爱民　藏）

① （清）程起周、王士瀚：《重修悦城龙母庙志》，嘉庆二十一年重刊本，不分卷，《洪武九年敕命》。碑存悦城龙母祖庙。

② （宋）吴揆《赐额记》拓本，温爱民存。碑佚。

《赐额记》释文如下：

赐额记

龙王始末，图经与赵令则、李景休二石刻所载详矣。祠宇建立，其来绵远，唐天祐初载始封母温永安郡夫人，越明年，改封永宁夫人。国朝元丰戊午敕其额曰永济，封永济夫人。大观戊子诏以孝通为额，盖取卜地移坟意也，坟祠俱在悦城北岸，舟人往来蠲洁祭亨，讫无惊波怒涛，覆溺之患，每以水旱疾疫祈禳，悉随叩随应。自秦迄今几二千载，康人得神之惠，愈久愈深，而庙食愈盛。出入变化显见示人，罔有常形，呜呼异哉，戊子赐今额，星霜凡一十九换，碑碣尚缺，揆代匮郡事，始请文以志，岂因循苟且，未遑暇耶，抑神意有待也，揆不敢默。靖康元年丙午八月望。朝散大夫、知康州军州、管句神霄玉清万寿宫、兼管内劝农事、借紫金鱼袋吴揆谨记。从政郎、就权端溪县令、管句劝农公事严祖洽书丹。摄权司士曹事、兼司仪曹及管左推勘公事崔纳诲立石。

显然，吴揆撰《赐额记》只记到“唐天祐初载”，应未能见到“赵李”刻，碑文“赵令则、李景休二石刻所记详矣”句出自宋张维《永济行宫记》。《赐额记》的珍贵之处，是吴揆以其可见的资料刻文记载龙母受朝廷敕封始末，其载“唐天祐初载始封母温永安郡夫人”，为目前可见到的受朝廷敕封年代最早的石刻文献。吴揆以五品朝官外派，应有机会接触到《新唐书》等官修志书，前述《新唐书》载龙母庙于长庆四年（824 年），李绅书祷龙母而名扬京师，可能此时并未获得朝廷的敕封，只是民间祠庙。《新唐书》于宋仁宗嘉祐五年（1060 年）修成，早于宋“元丰敕额”年代，因而用“旧传”并无不可，谓时间久远而已。因未能获得确实资料，吴揆撰文时也只能用“祠宇建立，其来绵远”一笔带过，前后并无冲突。

吴揆前任，哲宗朝元祐初（1086 年），时任康州知军州邓桓撰《晋康郡龙母庙记》，大约比吴揆《赐额记》早 40 多年，应该也未看到“赵李”碑，遂有“因究修殿事，西庑下石碑岁久剥裂，无可读者，徒叹恨而去”的描述。[①] 可知早在宋代元祐年前两唐刻已剥裂、缺泐模糊难以辨认或已佚失，据此可以推断，两唐碑佚亡于宋元祐之前。

比邓桓任职稍早的康州通判张维，神宗朝元丰末（1085 年）任。其作《永济行宫记》则比较完整地记载了龙母受朝廷敕封的缘由：“大宋熙宁丙辰岁，交贼犯顺，皇师致讨，兵甲粮餽之运舟首尾相继，未尝有风波之虞，龙

① （明）陆舜臣：《德庆州志》（卷十一），嘉靖十六年刻本，第 10 页。

母助王师讨伐交趾大胜班师回朝，使者具言夫人有功于国，宜在祀典。”① 道光二年（1822年）阮元修《广东通志》时，在龙母庙发现元丰残碑“仆置草间”，经考辨认为，此即宋元丰朝敕额龙母庙时所立之碑，吴揆《赐额记》即依据此碑称元丰戊午（1078年）敕其额曰永济，封永济夫人，“此碑盖因是作也”②。《永济行宫记》是邓桓所刻，可惜两宋碑今亦不存。元丰乙丑（1085年）张维《永济行宫记》作记时距元丰元年朝廷敕额只七年时间，记载应较准确。此为目前所能见到的龙母庙受朝廷赐额年代最早文献资料，即悦城龙母庙获朝廷赐额的年代不会迟于宋元丰元年（1078年）。

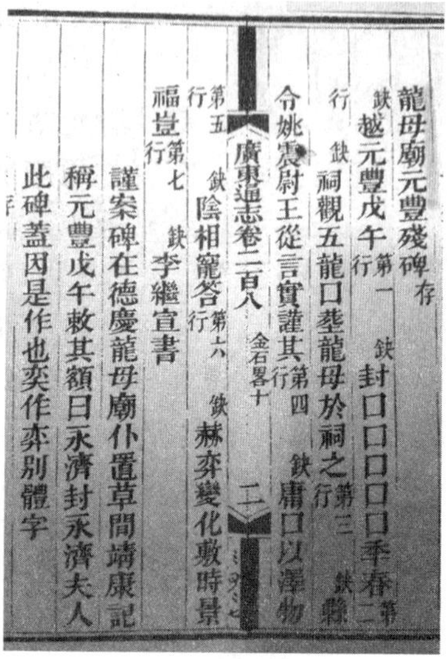
龍母廟元豐殘碑存

缺越元豐戊午第一行 缺封口口口口口季春第二

行 缺祠觀五龍口埜龍母於祠之第三行 缺縣

令姚震尉王從言實謹其第四行 缺庸口以澤物

廣東通志卷二百八 金石畧十 二

第五行 缺陰相寵答第六行 缺赫奔變化敷時景

福豈第七行 缺李繼宣書

謹案碑在德慶龍母廟仆置草間靖康記

稱元豐戊午敕其額曰永濟封永濟夫人

此碑蓋因是作也奔作弈別體字

图2 元丰残碑书页

至此，可用作互证“祠宇建立，其来绵远”的碑刻、文献列于下：

唐仪凤元年（676年），广东仁化扶溪建龙母分祠，有碑，有赐额，庙志存。今庙香火鼎盛。

唐开元二十一年至二十六年（733—738年）间，封州开建县丞赵令则重修德庆悦城龙母庙，有碑，今佚。

唐长庆四年（824年），端州司马李绅参拜悦城龙母庙，留诗。《新唐书》留记。

唐太和六年（832年），江西宜春县令卢嵎在宜春昌山渡建龙母分祠，江西状元卢肇有记、有碑。今庙存，香火鼎盛。

唐太和六年（832年），李景休重修德庆悦城龙母庙，有碑，今佚。

宋元丰戊午（1078年），朝廷敕额“永济”，元丰乙丑（1085年）康州通判张维重修悦城龙母庙，撰《永济行宫记》，知军州邓桓刻碑，碑佚。

图3 状元骆成骧书额

宋大观二年（1108年），朝廷敕额“孝通”，

① （清）郝玉麟等：《广东通志》（卷五十九），雍正九年刻本，第29页。

② （清）阮元等：《广东通志》（卷二百八），道光二年刻本，第2页。

靖康元年（1126 年），康州知军州吴揆撰《赐额记》刻碑，碑佚，拓片存。

德庆悦城龙母祖庙历唐、宋、元、明、清，历代都有增修、重修，最后一次大规模的重修是清光绪三十一年（1905 年），由省城“东裕堂”集议并董理修葺事宜，集中了两广能工巧匠、技艺大师进行大规模重修，光绪乙未（1895 年）状元骆成骧书“龙母祖庙”四大字于额。重修历时数年，使之“重为大壮之观”。

龙母信仰作为岭南西江流域传统文化的核心竞争力已经相当明显，悦城龙母庙“庙墓俱在”，历史悠久，祖庙地位不可动摇。今天，前来龙母祖庙瞻仰母仪龙德的游客络绎不绝，他们的信仰可能不同，贫富有差别，文化程度有高低，年龄有大小，但都是龙的传人，一股无形的力量把人们凝聚在一起，这种中华民族的凝聚力历千百年不变，这才是龙母祖庙历千百年香火不衰的历史根源。

五、后记

笔者研究龙母文化，出于信仰及兴趣，工作之余经常到坊间收集一些历史资料，便多年前知民间有悦城龙母庙《赐额记》拓本，多方搜求，终于 1993 年购得，如获至宝，妥为收藏。后又得仁化族人温金祥先生惠赠仁化县民国重版扶溪《龙母志》原本，实为研究龙母文化之重要文献依据。《仁化扶溪重修龙母庙志》，初刊本为清雍正三年（1725 年），岁进士李兴祚撰，李曾于雍正元年“买舟游肇庆，直抵晋康程溪，肃容诣庙，遍求《悦城纪略》览之，而龙母之义始晓然矣”。据此，《仁化扶溪重修龙母庙志》源于《悦城纪略》无疑。《仁化扶溪重修龙母庙志》流传有序，第一次重刊为咸丰二年（1852 年），由李兴祚后人，候选训导岁进士李家栋撰序：“吾先君笔峰公尝手订龙母记录，至今遗稿犹存，余尝考之庙碑，按之邑志，并搜罗遗文往迹，欲为汇成一帙。”《仁化扶溪重修龙母庙志》分山川图、庙堂图、诞生、圣貌、神异、建庙、封赠、配享、灵显、报赛、庙田、庙器、词翰、附将军纪略 14 部分，全部叙述文章及词翰皆由进士、贡生等撰写，内容详略得当，实属难得。仁化扶溪于唐仪凤元年（676 年）建成龙母庙，虽神奇，但建庙之事言之凿凿，又有县志参读，唐及历代均有重修记载、有碑、有记，可信度较高，而龙母行宫撰志者，绝无仅有。

笔者撰此文实为抛砖引玉，拙文当有不少浅陋错误之处，祈方家读者不吝赐教。

论龙母信仰的现实意义

刘炳辰

龙母信仰是西江文化中的一个突出现象，亦成为近来学术界研究的一大热点，研究成果颇多。应当注意的是，龙母故事绝对不是仅仅供人娱乐的神话传说，龙母信仰也不仅仅是普遍意义上的“迷信”，龙母信仰既折射出信众们的各种心理需求，也映射出龙母信仰对现代人们精神体系构建和塑造的重要性。总的来说，龙母信仰对现代人的人生观、价值观仍有着不可估量的作用，在构建社会主义核心价值体系的今天，我们应该如何因势利导，进一步发掘和发扬龙母信仰中体现的积极意义，值得研究。

一

德庆悦城的龙母传说历史悠久，据说产生于秦始皇时代，但我们现在可见到的较早的文献记载是南朝沈怀远的《南越志》、唐代刘恂的《岭表录异》。北宋乐史《太平寰宇记》对《南越志》的引述如下：

《南越志》云：“昔有温氏媪者，端溪人也。常居涧中，捕鱼以资日给。忽于水侧遇一卵，其大如斗，乃将归置器中。经十许日，有一物如守宫，长尺许，穿卵而出，因任其去留。稍长二尺，便能入水捕鱼，日得十余头。稍长五尺许，得鱼渐多。尝游波中，萦回媪侧。媪后治鱼，误断其尾，遂逡巡而去，数年乃还。媪见其辉色炳耀，谓曰：‘龙子今复来也。’因蟠旋游戏，亲驯如初。秦始皇闻之，曰：‘此龙子也，朕德之所致。’诏使者以玄珪之礼聘媪。媪恋土不以为乐。至始安江，去端溪千余里，龙辄引船还。不逾夕，至本所。如此数四，使者惧而卒止，不能召媪。媪殁葬于江阴，龙子常为大波，至墓侧，萦浪转沙以成坟，人谓之掘尾龙。今人谓船为龙掘尾，即此也。”

唐代刘恂的《岭表录异》中记载道：

温媪者，即康州悦城县孀妇也。绩布为业。尝于野岸拾菜，见沙草中有五卵，遂收归，置绩筐中。不数日，忽见五小蛇壳，一斑四青，遂送于江次，固无意望报也。媪常濯浣于江边，忽一日，鱼出水跳跃，戏于媪前，自尔为常。渐有知者，乡里咸谓之龙母，敬而事之。或询以灾福，亦言多征应。自是媪亦渐丰足。朝廷知之，遣使征入京师，至全义岭，有疾，却返悦城而卒。乡里共葬之江东岸。忽一夕，天地冥晦，风雨随作，及明，已移其冢，并四面草木，悉移于西岸矣。

此外，龙母故事还广见于《南汉春秋》《广东新语》《肇庆府志》《德庆州志》《藤县志》等各种文献中。不同时代记载的龙母事迹不尽一致，正反映出龙母传说的不断发展演变。而龙母故事在民间的流传更加丰富多彩，如说龙母一出生就遭遇乱世，双亲因无力抚养，将其置于木盆之中顺着江水漂流而下，被一老汉收养，终于长大成人。龙母聪明勇敢，能织善耕，带领族人安居乐业，还能预测凶吉、趋福避祸，深受族人的爱戴。民间传说中的龙母，已经不是普适意义上的神话人物，俨然已成为庇佑苍生的慈母，所以，在当今祭拜龙母的人们心中，龙母不是神，而是一位可以保佑他们健康、实现他们愿望的祖母，因此，粤港澳等地的人们每年的五月初八到龙母庙拜祭龙母时，都亲切地称之为“探阿嬷”，也就是看望自己祖母的意思，龙母成为西江流域的一种普遍信仰。龙母事迹在历代的发展演变中表现了龙母信仰的文化内涵被不断丰富，体现了不同时代人们的精神诉求。在当今社会，透过拜祭龙母，我们不难发现其社会、文化、道德等积极意义的精神价值。

二

就社会意义而言，龙母信仰表现出民族和谐的特点及人与人友爱团结的愿望。

中国是一个有着众多民族的泱泱大国，中华民族的繁荣兴旺需要各民族的团结一致。自古以来，中国人就以龙的传人、龙的子孙自称。关于龙母信仰的形成发展本身就体现出多民族一体的特点。龙母的出生地和族属，流传至今的龙母传说有许多不同的说法，这正说明不同民族对龙母信仰的文化认同，龙母成为西江流域各民族共同的信仰，中华大家庭的各民族同出一源，理应和谐相处，共同进步。至今，粤港澳及江西、湖南、贵州、云南等地的不同民族的人们，在每年的五月初八不远千里到德庆龙母祖庙拜祭，并且称之为“探阿嬷”，人们已经把龙母当作是自己的祖母，龙母成为人们共同祭拜的祖先。不同的地区、不同的种族，因有着同样的崇拜而走到了一起，那是亲情的力量，是心灵的共鸣，早已超越了一般意义上对神的朝拜。有着同样的信仰对象，自然就有了共同的语言，互通的心灵，从而也就促成了各个民族的团结与和谐。当前，我们正大力提倡建设社会主义和谐社会，龙母信仰中体现出的这种“民族和谐”的核心价值观应该为当代社会所积极推广，这也是龙母信仰对当代社会主义建设的社会价值所在。

龙母故事的传说还告诉人们，人与人之间应当仁爱、团结。传说中的龙母，和邻女结为姐妹，这是团结。此外，龙母的爱不仅仅是对人，而且惠及木石，她鼓励邻女一起放生，这是以自己的行为来践行爱心，同时也感化乡亲邻里，起到了团结乡亲的作用。龙母偶拾一“卵”而将其带回家中抚养，龙子出生之初如小蛇，但是龙母非但不感到惊恐，没有将其视为异类，而能一如既往地抚养它，才有了后来龙子报恩的种种感人故事。龙母的这种德行体现出的是中国劳动妇女的母爱和宽容，实质是一种博大的仁爱，是一种国人都该学习发扬的美德。儒家思想的创始人孔子所说的“故人不独亲其亲，不独子其子，使老有所终，壮有所用，幼有所长，鳏、寡、孤、独、废疾者皆有所养”，表现的便是一种推己及人的美德，其后的孟子更是继承发扬了孔子的这种思想，有“老吾老以及人之老，幼吾幼以及人之幼”的言论。

当今是一个经济全球化的时代，人与人之间的联系越来越密切，彼此的合作也显得尤其重要。但是，在这个物欲横流的社会，也出现了许多不容乐观的问题，人心也变得越来越复杂，人与人之间，有时甚至缺乏应有的信任和关爱，在大城市里，“对门不相识”的情况比比皆是。因为利益，因为不信任，因为自私，产生了许多的问题，婆媳之间、夫妻之间、妯娌之间、邻里之间，常常因为一些狭隘的利益观念而发生争执。在经济发展的同时，人与人之间的关系越来越淡漠，仁爱在不断流失，国人的道德滑坡逐渐成为一个严峻的现实。此时此刻，我们呼吁龙母精神的回归和发扬。

所以，很多人来拜龙母，他们把龙母当作自己的庇佑，求子、求财、求夫妻恩爱、求兄友弟恭、求外出平安……人们对龙母的期盼实在太多了，这也说明了龙母在人们的心中是真善美的化身，在各方面都是大家的典范。如果每个人都能发扬龙母这种团结友爱的精神，那这个社会也就和谐团结了。

三

就道德教育意义而言，龙母信仰中的“孝”的观念至今仍需珍视。

各个版本的龙母传说中，大多不乏“母慈子孝”这一核心。在故事中，龙子十分感念龙母的养育之恩，年龄稍大便能帮忙龙母捕鱼，尽管后来龙母断其尾，它也没有怀恨于心，数年后，“其辉色炳耀”归来，萦绕龙母身侧，在秦始皇派使者强征龙母时极力保护龙母，龙母死后更是移其墓，让其安息，甚至有化作秀才守孝之说。这些都体现了龙子对龙母的孝顺。而龙母祖庙在宋代大观戊子年被皇帝赐名“孝通”，即孝行可以通达幽明之意，这说明封建统治者早就想到了借龙母“母慈子孝”的精神巩固封建意识形态的统治。“孝”，其作为中国古代传统儒家文化中最核心的伦理思想，历来为各朝各代统治者所推崇，并将“以孝治天下”作为其统治思想的根本，这和中国封建社会祭祀供奉“天地君亲师”的牌位异曲同工，都具有肯定宗法关系、强化封建意识的作用，因此，古代的封建君主在人才的选用上也极为推崇孝道之人，李密所作的《陈情表》一文流传千古，文章中就明确地提到自己被举荐的缘由：“前太守臣逵，察臣孝廉；后刺史臣荣，举臣秀才。”并且，南宋文人安子顺也曾发表过“读《陈情表》者不哭为不孝之说”的言论，这些都足以证明“孝”在中国传统文化中的分量。

作为中华民族的传统美德，“孝”无论如何不会过时，一个对自己的父母都不孝的人，更谈不上爱国。而龙母信仰中的“孝”对我国社会现状有着很现实的教育意义。就目前我国的人口结构来说，新生的一代大多为独生子女，这些被家长“含在嘴里怕化了，捧在手里怕摔了”的“小皇帝”“小公主”们常常在家长的溺爱中变得自我、自私，不懂得感恩、礼让和孝顺，这应该引起父母的反省，对待孩子的教育，要像龙母那样，该慈爱时慈爱，在孩子犯错时该严厉就得严厉，这样，才不会酿成“慈母多败儿”的悲剧，孩子的悲剧通常是父母教育不当造成的。望子成龙，这是天下父母的共同心愿，千百年来如此，在龙母的传说中，龙子被断尾后毅然离开了龙母，走向更广阔的天地，其实，从家庭教育这一层面来说，这正教育我们，不经历风雨的孩子就像温室中的花朵，一旦遭遇挫折，更容易凋零。只有适当地放手，让孩子去历练，去打拼，才有可能成就一番事业，真正地圆了父母的“望子成龙”之梦！在当前青少年的道德教育现状令人担忧的情况下，加强青少年的德育教育迫在眉睫，而龙母传说所传达出的“孝”，应该为我们所借鉴，并与时俱进，舍弃传统孝道中迂腐的方面，融入新的时代精神，和地方的中小学生德育联系起来，塑造青少年宽阔的胸怀。

综上所述，龙母信仰中所体现出来的各种精神文化内涵中积极的方面对当代社会来说是一笔巨大的精神财富，是值得珍视的。

传承文化，凝聚品牌，做大做强悦城龙母文化旅游产业

德庆县旅游局

龙母文化及其重要载体龙母祖庙是德庆县重要的文化资源，是龙母故乡德庆最重要的品牌标识，具有较高的社会认知度，为德庆县社会经济、文化事业发展做出了无可替代的重要贡献。

一、龙母祖庙发展概况

千百年来，作为一种民间信仰，龙母文化形成的“有求必应、朝圣龙母求平安”的传统就一直流传。特别是在1983年龙母祖庙重光开放后，进一步盛行于西江流域、珠三角及港澳地区，当年龙母祖庙就接待善信3.2万人次。当时为切实做好民间信仰的引导和文物保护，德庆县成立了龙母祖庙文物修缮委员会，这是德庆县第一个文物管理机构，在接下来的20多年间，龙母祖庙作为朝圣龙母重要场所不断得到整修、重修及扩建，朝拜龙母的社会善信、游客也日益增多：1984年整修龙母广场；1985年维修龙母梳妆楼；1987年修复龙母墓及灵陵门；1988年重修东裕堂；1989年修复龙母祖庙公园，当年接待善信、游客5.1万人次；1993年兴建龙母大桥，当年接待善信、游客8.5万人次；1998年西客厅修复竣工、龙母广场扩建竣工、庙东步行街建成，当年接待善信、游客25万人次；2000年东裕堂东侧的接待楼竣工，当年接待善信、游客达55万人次；2001年程溪书院（五龙太子殿）修复竣工，当年接待善信、游客68万人次。至目前，悦城龙母祖庙规模从当年仅有的庙前广场、山门、香亭、正殿和后楼，发展至拥有大型停车场、庙前大广场、东裕堂、西客厅、程溪书院、观音殿、龙母祖庙公园、庙东步行街等建筑群及配套设施的总面积近1.8万平方米的规模。随着龙母祖庙及龙母文化的发展壮大，每年朝圣龙母的善信、游客也大幅增长，2010年达到133万人次。

多年来的发展，龙母文化影响力越来越大，龙母祖庙文化传承和发展方式也得到多方认同和肯定：1998年龙母祖庙被广东省旅游局授予“为广东旅游争光”称号，2001年被国务院公布为“全国重点文物保护单位”，2006年“龙母诞庙会”被广东省政府列入首批省级非物质文化遗产名录，2011年被国务院批准为第三批国家级非物质文化遗产；2008年龙母祖庙被省侨联、省

文化厅、省旅游局定为“中华文化传承基地”，2009 年被国家旅游局评为国家 AAAA 级旅游景区，2010 年被广东省文化厅、广东省旅游局评为首批“广东省文化旅游示范单位”称号等。

二、龙母文化保护与利用

龙母文化，独一无二，是德庆历史文化的精华和灵魂，也是西江流域重要的文化特质，是德庆最宝贵的民俗文化遗产。为切实保护和利用好这份文化遗产，德庆县各届政府都十分重视，不遗余力，积极探索，做了大量卓有成效的工作，从而形成了文物文化保护与利用的良性循环，走出了文物文化旅游发展成功之路。主要体现在以下方面：

一是走旅游品牌化，信仰大众化的路子。自古以来，龙母信仰就是民间大众化的行为，“四海朝宗”“母仪龙德”。德庆县在进行龙母文化保护利用时，也紧紧抓住这个特征，着力打造“龙母故乡”这一旅游品牌，以民间自发形式开展龙母文化保护利用工作，尊重民间习俗，开放龙母祖庙作为广大善信朝拜的重要场所；顺应社会各界为龙母捐款捐物做功德的心愿，筹集的社会捐款善款又用于龙母祖庙文物维修；纪念龙母生辰诞、龙母得道诞、龙母感恩节等民间活动和祭拜等，也积极邀请珠三角、港澳地区等社团堂口、善信、热心人士组织参与举办。所以龙母文化活动是民间信仰、民间参与、民间发展的活动，保护利用也充分体现了源于民间，发展于民间，回馈于民间，取得了良好的社会效果，保护利用之路也越走越宽。

二是开展恢复抢救建设工作。龙母祖庙重光以来，特别是 10 多年来，为将龙母文化保护利用好，德庆县从各方面入手，开展龙母文化恢复抢救建设工作，主要体现在：将龙母祖庙古建筑群向国家文物部门申报，2001 年国务院公布龙母祖庙为全国重点文物保护单位；先后恢复龙母生辰诞、龙母得道诞、龙母开金印、龙母开金库、龙母感恩节、龙母水灯节等多项民间活动，大大丰富了龙母文化的传统内涵；将“龙母诞庙会”积极向省、国家相关部门申报，今年“龙母两诞庙会”列入国家级非物质文化遗产名录，龙母文化民间祭祀活动从而得到认可和保护；成立德庆龙母文化研究会，组织人力物力收集整理龙母故事、龙母传说和编撰《龙的故事》《悦城龙母传奇》《母仪龙德：广东龙母诞》《龙母祖庙志》等书,使口口相传的龙母文化得以物化，更有利于保护和传播，从而多角度、多层次地保护利用龙母文化。

三是开展创新整合推广工作，推进龙母文化旅游产业化发展。主要体现在以下方面：拓展龙母文化深度，将龙母文化传统祭祀活动发展细化为朝拜、祈福、感恩等内容，打造了具有时代特色的文化体验旅游，如朝拜之旅、祈福会、龙母感恩节等；丰富龙母文化广度，推出龙母系列产品，如龙母如意、龙母圣颜彩盘、龙母转运风车、龙母大手笔、龙母圣水、龙母香烛、龙母爆竹等。推广龙母文化品牌，树立确立“龙母故乡德庆”地域特征名片，策划打造“广东龙之旅——龙母故乡德庆游”旅游线路，举办推介“龙母两诞庙会”“龙母感恩节”等节庆活动以及戏剧、电影、动漫等各类龙母文化创意活动，丰富龙母文化载体，科学推广传播，不断提高龙母文化知名度和美誉度，推进龙母文化旅游产业化发展。

三、未来龙母文化保护与发展

2010 年，汪洋书记提出了建设“文化强省”新方略。前段时间，广府文史考证专家组达成“肇庆是广府文化发祥地”的共识，肇庆也大力推动“广府文化寻根之旅”的具体实践活动。因此，德庆地域最重要的龙母文化作为广府文化的重要组成部分，源远流长，历久弥新，必将在文化建设、“广府文化寻根之旅”上大有作为。未来德庆县将以文化强县建设为目标，大力推进龙母文化保护和发展，主要设想有：

一是继续坚持龙母文化发展成功模式。多年来，龙母祖庙及其龙母文化的发展壮大，其带来的文化事业的繁荣，证明了德庆县保护利用龙母文化资源的正确性。今后，德庆县将继续深入贯彻文物文化保护推动旅游发展、旅游发展促进文化文物保护的方针政策，从而使龙母文化得到更好地保护、传承和利用。

二是继续挖掘提升龙母文化内涵。将民间信仰文化与现代社会文化生活结合起来，挖掘发扬龙母文化求平安、求幸福、感恩等文化价值，不断充实龙母生辰诞、龙母得道诞、龙母感恩节、龙母水灯节等节庆活动的内涵，培育发展“龙母文化节”，发挥龙母文化更大的现实意义。

三是加快推进龙母文化旅游创意产业园项目建设。以龙母祖庙和龙母文化为依托，按照“一河两岸”大区域发展要求，规划拓展形成龙母祖庙核心区、东岸咀、五龙山等区域的创意产业园，通过丰富龙母文化产品内涵，让善信、游客全方位参与龙母民俗文化活动，进一步做大做强龙母文化旅游产业。目前，德庆县已与广东福华集团签订了初步合作框架协议，项目正在推进中。

四是全力做好龙母祖庙百年大修工程。龙母祖庙作为传承和弘扬龙母文化精神的重要载体，百年来经历风雨侵蚀，有些建筑物难免出现破损、坏烂，为保护好国家重点文物和维护好广大善信朝圣之地，应广大善信、游客的要求，德庆县于今年启动了龙母祖庙百年大修工程。并且除了政府加大投入维修资金外，还按照社会化、民间化的发展思路，由社团堂口、善信、社会各界热心人士发动筹措善款、筹集资金来开展这次维修工程。目前，龙母祖庙百年大修工程得到了多方响应支持，维修工作也正在开展中。

今后，我们也将认真听取和吸收本次研讨会研究成果以及社会各界人士的意见与建议，为龙母文化发展注入新的活力，与长期致力龙母文化研究和关心支持龙母文化事业发展的教授、专家、学者、社会各界人士一道，不辱使命，共同努力，推进繁荣龙母文化事业，做大做强龙母文化产业，把我们共同拥有的龙母文化推向新的发展高度。

清代西江河段的水文化信仰（提要）

吴建新

水文化信仰是指与水利、水事相关的民间文化信仰。王利华指出："由于生态环境的差异，不同地区的环境对生命健康和安全的威胁不仅相同，赖以防御和消除威胁的方式、方法也存在着不同的可能选择。"① 水环境与岭南人的生活息息相关，对与水相关的神灵的敬畏，水文化信仰就在这个基础上起源和发展起来。为此要将这类文化信仰放在特定的生态环境中考察，找出其历史积淀的成分、原因，以及其在历史上曾经起过的作用。

一、清代西江河段水文化信仰兴盛的原因

明清时期广东自然灾害频繁。以珠江三角洲河口地区为例，明代 276 年中有 123 个水灾年，清代 268 年中有 192 个水灾年，明代水灾发生频率为 51.8%，清代为 71.6%。珠江三角洲由于围垦加快，出海水道加长，以及各地大建堤围，使洪水水位抬高及高水位历时增长等，洪水更易成灾并加剧灾害程度。水灾是明清广东的主要灾种，西江河段水灾更为严重。此外，由于清代商品经济的发展，西江河段的水运极为繁忙，从事水运的人们也需要寻找神灵的护佑。这些都是西江河段的水文化信仰极为繁盛的原因。

二、清代悦城龙母祖庙的修建

悦城龙母庙可能脱胎于古代岭南土著的民间信仰。贺喜认为，粤西南的土著存在着"亦神亦祖"的现象，即将神灵作为自己的祖先，或将自己的祖先神化。② 根据悦城龙母庙的传说，龙母传说很可能是西江河段上岭南土著的创造。经过历代王朝和官员的册封，悦城龙母庙的土著特色逐渐消退而变为正统的神灵。清代的地方官员和士绅都热衷于修葺龙母庙，使它逐渐变得雄伟和壮观，从而使对这一神灵的祭祀活动达到历史的高潮。值得玩味的是，明代正统三年（1438 年）参与修建的耆民也是姓梁，顺治十八年（1661 年）参与募建的州绅和乾隆二十八年（1763 年）的州人也姓梁。但是传说中的龙

① 王利华：《环境威胁与民俗应对——对端午风俗的重新考察》，载王利华主编：《中国历史上的环境与社会》，北京：生活·读书·新知三联书店 2007 年版，第 478 页。

② 贺喜：《亦神亦祖：粤西南信仰构建的社会史》，北京：生活·读书·新知三联书店 2011 年版。

母姓温，从水。梁和温是否有关联？笔者认为这值得用历史人类学的方法去加以研究。

三、西江下游河段的水文化信仰

水文化信仰在南海九江乡表现得最为明显。清末，在一个小小的九江乡，神庙就有162座，远多于县志上记载的南海县神庙数量。南海光绪《九江儒林乡志》的作者对此有一段评论：

> 国朝功令：民间庙宇非请官咨部覆不得擅建。吾乡各方香火，虽设自民间，不必尽著祀典，然皆历代相承，严奉已久。或屡叨显佑，堤既危而复安；或素仗威灵，寇不击而自遁。甚至水旱灾祲魑魅疠疫，莫不祈祷立应。夫有功于民法当庙食。况春秋祈报，乡人恪恭将事，对越神明，将潜移默感，善者日勉于善，恶者日去其恶，而不知为之者。是亦风化之一助欤？
>
> ——光绪《九江儒林乡志》卷四《建置略》

因为南海九江乡是著名的鱼米之乡，桑基鱼塘区又处于西江桑园围的最下游，所受西江水患最烈。所以这里有特别丰富的水文化信仰。

清末水灾频发，官与民都热心于造神和祀神，反映了当时人对于自然力量的无奈和恐惧，只好通过祈福禳灾增强对抗自然灾害的信心以求得心灵上的慰藉。除了明代嘉靖年等个别时期，明清的大部分时间国家政权对不入祀典的、被民间认为有驱灾功能的土神基本上采取容忍态度。地方官员通过建庙和祭祀直接介入民间信仰活动，加强了灾害时期对地方社会的控制和管理。

四、结语

民间信仰是复杂的社会文化现象，灾害民俗亦应如是。当灾害威胁人们的生存环境，但是当人抵御灾害的能力不足、陷于无助之时，对神灵的祈求就成了唯一能够做的事情。与水利、水事活动相关的水文化信仰，是值得保护的非物质文化遗产。

悦城龙母庙与德庆州蒙养学堂（提要）

赵立人

清代的德庆州悦城龙母庙，收入丰厚。光绪二十九年（1903）知州赵某禀请提庙款三成以助学费，改该庙准提阁为蒙养学堂，两广学务处批示同意。但控制庙产、以卢炳琦为首的下七都诸绅及水口圩诸商绅董不为改作而为重修。一神龛费及二三百银圆，一神像装潢千余张金箔。蒙养学堂则另建在准提阁正座旁边。以何绍谦为首的上八都士绅指其侵款，争执愈烈。

光绪三十年（1904 年）正月初五日，有人放火烧毁准提阁，已成之学堂亦发现藏有火药及引线，幸未着火。嫌疑最大的是何绍谦及幕后支持他的在籍刑部主事刘某等上八都士绅。两广总督岑春煊批示："准提阁改设蒙养学堂，被匪放火延烧正座，究系何人放火，必须查确严办，以儆顽愚。仰两广学务处饬该州赶紧访拿放火之人，究明何人主使，讯明按办。"广东巡抚张人骏亦批示："匪徒胆敢放火焚毁学堂，阻挠地方善举，殊属不法。仰学务处会同按察司饬即访查本案放火匪徒及主使之人。严拿务获，讯明究办。"

是年五月，两广学务委员刘士骥奉命前往查办，刘某称病不见。五月十三日（6 月 26 日），刘士骥致书刘某说："仆于此案，已访查明确，本可据情禀覆。惟于学堂有关系，于执事有干涉，不能不委曲求全，筹一转圜之术……惟此事则尊名既载于案卷，手书亦俱有证人。及今速图，犹可脱然无累，不坠清高之名，若视仆为不足与言，则亦惟有伤心绝望而已……今仆不能在此久候君，乡绅等负一时之气，恐亦不欲履此土。仆即日附轮到州城，足下惠然肯来，此事立解，上八都体面亦可保全。若置之不理，如讼棍所为，图告不图审，则其祸有不堪设想者矣。"①

刘士骥又发出《告德庆州悦城士绅文》，首先表达了对龙母的崇敬："仆前十年捧檄赴桂，道君乡悦城，维舟江干，访孝通庙，登御碑亭，剐苔剔藓，摩挲遗碣，读其文，慨然想见此乡开化远在周秦之世。即如所崇祀龙母神者，生于周秦间，汉初封为程溪夫人；自汉迄宋，加封圣妃；前明洪武封为护国通天龙母娘娘；国朝康熙锡爵加封为水府元君；咸丰三年，奉旨加封号曰昭显；同治六年奉旨加封号曰溥佑。今仆来此间，值龙母诞间，帆樯蔽江，行

① 《遗刘比部书》，引自《刘征君佚稿辑存》，广州惠爱四约文茂印务局版，第 8 -9 页。

李塞涂（按：通‘途’），联袂成帷，挥汗如雨，香烟雾合，爆竹雷轰。闻君乡人语：无老无少，无男无女，无士绅无农商，皆称龙母为妈妈。其赫濯也如彼，而亲爱也如此，不亦神奇矣乎？而溯其初，只本乡程溪温氏一弱女子耳！乃能抚异族之五龙而子之，结异姓之许、邓、黄、魏四邻姬而姊妹之。及其终也，灵爽不泯，犹能与其子若姊若妹互相提挈，为乡人造福，为国家捍灾，用能以五龙子受封王爵，并以其义姊妹及其胞姊妹六人皆受封夫人，可谓邦家之光，非惟闾里之荣矣……悦城扼西江流域商贾之所辐辏，轮舰之所激驰，英杰豪俊耆宿恢硕之所往来而交接，其激刺脑筋灌输文明，当必迅速而溥及。”同时指出此案能否从轻发落，“要皆以君等能否实力兴学为断。倘不能实力兴学，则借以为名侵吞公款固当详革严追，即糜费公项亦当押究严追；放火之人固当严拿究办，其主使之人尤当革提严办……放火之事，罪既难逭，延烧学堂，愈无赦宥之理。所幸开此案一面之网者，在龙母有灵，所焚乃不列祀典之准提阁，于学堂毫无损伤。虽放火无论何屋，皆有亦得之咎，而两害相权，则取其轻，准理酌情，不无可从末减之处。君等从今捐弃前嫌，协力兴学，聿观厥成……仆亦当代为鉴原，恳免深究。否则冥顽不灵，自比于生番野蛮之不知话言，不可教训，三尺具在，执以相绳，两败俱伤”①。刘士骥临之以威、说之以理，用网开一面的策略得到德庆州民众的支持，蒙养学堂兴办起来，经费也得到保障。

① 《告德庆州悦城士绅文》，引自《刘征君演说汇编》，广州惠爱四约文茂印务局版，第9－12页。

下编

2011 年广东·德庆龙母文化研讨会实录

杨红军

2011 年 10 月 20 日，“2011 年广东·德庆龙母文化研讨会”在德庆举行。此次研讨会由广东省社科联、肇庆市社科联和肇庆学院共同主办，来自广东省高校及科研机构的专家学者济济一堂，围绕龙母文化的历史、现状及未来发展进行了深入的探讨。

图 1　2011 年广东·德庆龙母文化研讨会合影留念

下面是根据录音整理的会议记录：

王中生（时任肇庆市社科联主席）：肇庆学院胡宝坚教授，中共德庆县委书记、德庆县人大常委会主任吴宪平先生，广东省政协常委、文史委副主任、广东省社科院陈忠烈研究员，中国民俗学会副理事长、广东民间文化遗产抢救专家委员会主任、中山大学中国非物质文化遗产民俗研究中心主任叶春生教授，中国人民政治协商会议德庆县委员会温爱民主席，广州市人民政府文史馆馆员、广东省社科院赵立人研究员，华南农业大学硕士生导师吴建新教授，中国社会科学报广东记者站冯建华站长，肇庆学院科研处、社科处李军博士，肇庆学院文学院王敏教授、赖翅萍教授、何耀明副书记、杨红军副教授、苏常博士、刘炳辰副教授，出席研讨会的还有德庆县有关单位的负责人，以及来自省内外的专家学者，大家好！现在进行大会的第一个议程，开幕式。有请中共德庆县委书记、县人大常委会主任吴宪平先生致辞。

吴宪平：尊敬的省社科院的林主席、胡书记，还有各位专家学者、各位领导，大家上午好！非常荣幸，这么多领导、这么多专家，尤其都是大家，能够到咱们德庆来，一起共同研究德庆龙母文化，然后将龙母文化发扬光大，使龙母文化落地、生根、发芽，把它利用好、推动好，推动我们的文化建设。那么，我首先代表中共德庆县委、县人民政府，对各位领导、各位专家学者的到来和对我们工作的关心和帮助，表示热烈的欢迎和衷心的感谢！德庆这个地方属于肇庆市的一个县，总面积 2 258 平方公里，有 13 个乡镇，人口非常多。从空中往下看，德庆——我们的龙母之乡确实是非常美、非常精彩：我们有八九公里长的西江流经我们的县境；从上往下看，我们有 300 多万亩的森林覆盖整个德庆。所以，这个地方确实是非常优美、非常自然，是一个宜居、宜游、宜创业的好地方。

广东德庆县的发展有几个特点：第一，农业产业的发展、农村的建设和农民的可持续增收。我们德庆尤其是柑橘产业的发展，促进了整个农业的可持续发展、增收，有很好的势头。我们有近 30 万亩的柑橘园，那么这一块对于我们的新农村建设、对于农民的可持续收入，有很大帮助。所以，大家都记得有德庆贡柑和德庆砂糖橘。而我听林主席说，我们德庆贡柑最近被广东省有关部门称为我们岭南的“四大佳果”之一，据说还排在前面。第二，文化旅游方面，包括我们今天研究的，以龙母祖庙延伸出来的龙母文化这一块，在整个旅游包括县城的孔庙以及其他风景区、几个旅游景点之中，我们比较重视的是“龙文化”之旅，包括“生态旅游”等，打造了广东省县一级旅游文化非常响亮的旅游名片。大家在节假日大多会选择来我们德庆，都想来龙母祖庙走走，都想来盘龙峡走走，那确实很有特色。第三，德庆作为一个典型的山区县，对我们工业的发展有一定的影响，我们是头批被省政府批准成立的省级产业转型升级集聚区。现在的产业转型区包括悦城的三个园区，引领德庆的工业发展，已经有很好的基础。第四，德庆的民风非常纯朴，干部很团结，所以齐心创业的氛围非常浓厚。同时，整个社会层面大家都和谐共处，都很勤奋，大家一起很好地谋发展。德庆是全国的文化、经济县，也是全国科技进步的先进县、全国的绿化文化县、中国的柑橘县，还是广东的旅游县。这些都显示着我们社会各项事业的发展，尤其像龙母文化，德庆历来都很重视该文化的建设。通过文化的熏陶，整个社会的风气更好，社会秩序更好。今天这么多专家学者共同研究德庆的龙母文化，这一次的研究契机，对于很好地发扬龙母文化，很好地让龙母文化落地，很好地推动德庆的文化建设和旅游建设，我想肯定会起到更大的作用。原来的安排是我说完就走，现在我还是整个上午安心地听各位专家教授的高见，我们也好好吸收。再次感谢大家，谢谢！

王中生：会议的第二项议程，请肇庆学院党委副书记胡宝坚教授致辞。

胡宝坚：尊敬的林主席，尊敬的吴书记，尊敬的各位专家、学者，还有我们各个部门的各位领导，大家好！在中共中央刚刚发出号召，推进社会主义文化大发展、大繁荣的前提下，各位专家学者一起探讨龙母文化是一件大好事。由我校文学院党委书记王敏教授这个团队承担的广东省社会科学项目，对肇庆悦城龙母文化研究的课题进行的研究和探讨，应该说有非常重要的现实意义。

龙母文化有它深远的历史渊源，有它深厚的文化底蕴，有它无穷的魅力。我想龙母文化的核心表现是德行为荣、利泽天下、奋发向上、亲和团结、恪守孝道，正是这些汇聚了中华传统文化精髓的宝贵东西，使德庆悦城龙母祖庙成为中国人四海朝宗的圣地。我们今天来研讨龙母文化，确实有它重大的现实意义。刚才吴书记说到，对龙母文化的研究将有力地推进我们德庆的文化建设、道德建设和旅游产业的发展。一方面，我也做过这个事情，现在德庆这个地方，刚才吴书记说过是民风民俗、社会和谐，而这些年来，从德庆走出了多少好干部啊！另一方面，我们通过报告也看到，（谭）书记曾在我们学校做过报告，结果这个报告后，德庆籍的学生向（谭）书记发问。从一个学生跟书记的这种一问一答之中，看出我们的领导者和一个大学生，也是一种平等的交流；从中也看到那个学生在400多人的大会上表达自己的意愿，那个场面让人印象深刻。也就是说，他看到了德庆县这些领导带领德庆农民往致富道路上发展。我觉得，德庆的干部真的是赢得德庆人民的拥护和社会各界的赞赏，应该可以推论，龙母文化的熏陶也会起到这样的作用。那么，肇庆学院作为一所省市共管的地方本科大学，我们是一直扎根在地方，对地方的经济、社会、文化发展都尽力服务。近年来，我们学校经管学院的教师团队和我们德庆县委县政府的合作，即我们学校和德庆在推进社会主义新农村建设中，“如何破解十大难题”，在当时是引起中央和省到地方各界的重视的，为德庆农业产业化的成功铺路，还有为德庆工业强县注入的课题研究。今天，我们学校文学院王敏教授的团队承担省级课题龙母文化研究，这些都是非常好的服务地方的项目。这些项目得以实施和顺利完成，都离不开德庆县历届领导的大力支持。借这个机会，我谨代表肇庆学院表示诚挚的感谢！同时也非常诚挚地感谢各位专家学者对龙母文化研究课题的大力支持，最后祝研讨会圆满成功。谢谢大家！

王中生：谢谢胡书记的发言！刚才德庆县委的吴书记和肇庆学院的胡书

记都做了讲话，对我们整个研讨会的期望，同时也是给我们的鼓励，那么按照研讨会的议程安排，9：30 将转入会议的第二节，接下来的主持工作，就交给肇庆学院王敏教授主持。

王　敏：谢谢王中生主席！下面我们进入会议的第二节——专家论坛。在论坛开始之前，社科联姜副主任建议我们播放一个龙母庙的宣传片（播放宣传片）。尊敬的各位领导，各位老师，我们从龙母庙这个令人难忘的宣传片回到我们的论坛。首先，我们有请在龙母文化研究方面最德高望重的中山大学叶春生教授来给我们发言。

叶春生：各位领导，不好意思，安排我第一个发言，大概是因为我年纪比较大。我发言的主题是“龙光入觐的幸福家园——西江龙母文化的再认识”，龙母研究已经进入了一定阶段，这方面的成果很多。前几年，张德江书记来的时候，就向我们提了三个问题，当时就找到了我，我也回答了。当时是在建设文化大省的大背景下，我想如果今天张德江书记再来，他就不会再提那三个问题了，因为现在建设文化强省，强调的是怎么样贴近民生，为当前的民生做贡献，这是我们要进一步商讨的。从文化大省到文化强省，这不但要有许多文化强项，还要用文化来引领经济，助力经济。这就要唤起民众的“文化自觉”，对传统文化的珍视和弘扬，使之更好地为经济建设服务。所以我的文章提出了四个要点：第一，龙母信仰的精神魅力；第二，和谐音符不仅是当今的福音，更是对幸福明天的期盼；第三，圣灵福地不仅是对宜居环境的追求，更是对科学发展的无限向往；第四，幸福指数来自心灵的呼唤。就谈这四个问题，那么第一点着重说了一个问题，就是龙母精神信仰的魅力。一个人不能没有信仰，没有信仰的人什么坏事都干得出来。吴书记提出的观点，我觉得很重要，就是人一定要有信仰。“信仰产生于传说，传说因信仰而生，信仰因传说而播”，这个观点不是我说的，是这个被称为日本民俗学之父的柳田国男讲的一句话，我觉得他讲得挺有道理。实际上，如果信仰是在向广大乡民传达一种爱国爱乡、行善有为、大爱无疆的思想，西江一带的人为什么抓到鲤鱼要放生，为什么见到青蛇要护佑，为什么拜龙母一拜就要三年？这就是信仰的魅力。我曾经这样设想过，广州白云山重阳诞，今年是 24 万人，以往几年十几万人。我曾经这样想，如果换一个角度，不是重阳登高，没有这个传说，以广州市委的名义发一条通知，某年某日晚上在白云山上开群众大会，到会者每人奖励十块钱，我想不会有那么多人来。就是因为有一个传说在那里作为依托，所以大家才有这个信仰希望到白云山去登高转运，特别是希望像古代传说中，能够采到一种长生不老的药，救济苍生，怀着这个信念去登高的，所以才这么热闹。这里我想起了原来省政协主席杨应彬的一句话：“龙母出龙国，江声载誉声。原无迷信意，本为济苍生。”这几句诗说得很到位。龙母不是迷信，更不是封建迷信，它是本意为苍生，这句话我觉得说得很深刻。这是第一个观点。

第二个观点，和谐音符不仅是当今的福音，更是对幸福明天的期盼。龙母庙的上一届负责人讲过一句话："龙母庙不是宗教场所，而是一个民众表达信仰诉求的园地。"这句话讲得很灵活，其中也反映了他对所谓社会责难"封建迷信"的担忧。龙母庙既不属于道教，也不属于佛教，我们正在研究要往哪一方面归纳。那在没有解决之前，他说，龙母庙不是宗教场所，这反映了他的担心。这里我想起了前几年获得诺贝尔奖的一个瑞士科学家，他讲过一句话，当今对科学与不科学的概念是科学的，不错误的，也许有些东西我们认为现在不科学，到将来它就是科学的，科学是不断发展的。所以，现在我们判定这个科学与不科学的概念，是不科学的。我觉得他讲得很有道理。科学不断地发展，这样子为我们的信仰，为我们对明天的期盼有更新的追求。我在文章里面举了一个例子，2008 年，龙母庙举办了一个百名侨领感恩龙母诞，那天我也来了。当天，在感恩龙母诞节上当场认捐资达到了 1 200 万元，这体现了它的魅力，这是大家对幸福明天的期盼。这是第二个观点。

第三个观点，龙母庙是一个通灵宝地，这一点我是赞同的。因为我研究这个不是封建迷信，我从堪舆学的角度论证过，龙母庙就是一方风水宝地。这个在凤凰台我跟王鲁湘的对话里面，当时有一个美国的朋友，在美国看到了现场直播，对王鲁湘提出的一些问题，觉得我一定很难回答。他说："当时我就为你捏了一把冷汗，你到底该怎么回答。"后来，媒体没有批评我的观点。的确，那里是一方风水宝地，民间传说很多。我们只看一个现象，洪水淹没了龙母庙以后，洪水退去以后，龙母庙的大殿是没有淤泥的，这个大家都知道。为什么会产生这个现象？科学家做过研究，但现在还是没有解决。所以，这些问题都是值得我们进一步去探讨的。

第四个观点，幸福指数来自心灵的呼唤。自从省里提出了建设"幸福广东"以后，继而就依次提出了"幸福的自己""幸福的肇庆""幸福的德庆"的议程，那怎么样才算达到这个标准呢？我在文章里面列举了一些数字，仅仅从 GDP 的角度去理解是不够的，因为它有很多方面，有很广阔的意思在里面，所以我说建设文化强省，"文化自觉"是至关重要的，龙母信仰作为德庆乃至整个西江流域传统文化的核心竞争力，现在已经显露出来了，把它做大做强，就是文化强省的一个方面。通过这种行为来引领经济、助力经济、繁荣社会、和谐社会，在多元化的社会里让它独树一帜，这才是我们真正的幸福的家园。我就讲这么几点，谢谢大家！

图 2　中山大学叶春生教授在龙母文化研讨会上发言

王　敏：谢谢叶教授！我们课题组的所有成员都拜读过您的一系列文章，得到很多的启发。非常感谢您！德庆悦城龙母文化和广东的整个岭南文化有很多值得我们思考和研究的地方。我们课题组在做这个课题研究时做了许多田野调查，调查中我们发现，茂名的冼夫人、顺德和肇庆的自梳女、我们龙母的民间信仰，显示出岭南文化的女性文化特色。下面，我们有请肇庆学院文学院赖翅萍教授，从女性文化研究的角度做一个发言。

赖翅萍：尊敬的各位领导，各位专家学者，大家上午好！我今天发言的题目是“岭南女性生命活动的一个象征文本——悦城龙母传说的性别文化内涵解读”。之所以做这样一个文章，是因为我们在课题研究的过程当中遇到了一些学术的困惑。第一个困惑就是，龙作为一个系统，它本来就是有雌雄之分的，就是说它有龙王也有龙母。为什么在岭南地区，受崇拜的不是这种雄性的龙王，而是雌性的龙母？这是当时我们遇到的第一个困惑。第二个困惑就是说，这个岭南地区，随着中原汉文化的传入，男权观念逐步作为社会生活的主流和主体之后，为什么作为女性的龙母还能够被崇拜为神？第三个困惑就是，岭南地区有很多的女性文化传统，比如说关于妈祖、冼夫人、自梳女、不落夫家，还有“苍梧走廊”这一带也有非常多的女性文化传统，那么这种庞大的女性文化传统跟我们这种龙母崇拜到底有什么样的关联？所以当时为了去解决或者是探讨这些问题，我就决定选择一个性别的视角去重读龙母传说当中的一些性别文化内涵。

当然在做这个课题的过程中，心情既是惊喜也是胆怯的。惊喜的是，我发现，从这样的一个视角切入，能够发现一些比较有意思的话题；胆怯的是，我们原来是做文学研究的，对岭南的历史文化，还有对龙母文化的掌握依然是不全面、不系统的，所以做起来就非常胆怯。所以，今天的发言希望能得到各位专家学者的批评指正，以利于我们今后进一步的完善。那么我在做这个论文的过程当中，是分为五个部分来谈的：

第一部分主要是谈龙母传说表现出来的女性生命观，这部分主要是对龙母的身世和龙子的生命来源这些基本的母题进行重新解读。解读之后，我发现岭南女性对生命起源有三种看法：第一种看法就是岭南女性认为生命是一个无生源论，也就是说生命是从无生命物质中产生的；第二种就是认为生命具有一种非血缘的属性，主要是从她是抱养的，一种养父养母的原型来解读的；第三种就是生命的起源其实是一种无性分娩，主要是从“拾卵”“豢龙”这样的母题当中解读出来的，也就是说生命的起源不一定需要男性的参与，女性自身便可以完成生命的创造。那么，我们在解读的过程当中发现这三种观念，其实和父权社会的生命血缘说、生殖学上男性优于女性的男权观念是有一些差别的。

第二部分，我主要是对龙母传说当中所体现出来的这种富有女性特征的母教观进行解读。我读到最早的几个文献，就像《南越志》《岭表录异》《永济行宫记》，里面对龙母和龙子的关系作了很多简洁的叙述，但是这些叙述里面我认为是有一些文化含义的。比如，它谈到龙母对龙子的养育是“任其去留”，龙子的生存方式是“嬉游自适”，龙母是“无意望报”。在形容龙母和龙子的关系时，用了很多非常亲昵的、快乐的词语，比如说“蟠旋游戏，亲驯如初”“出水跳跃，戏于媪前”。那么，从这种文字的描述当中，我读到了一种岭南母教文化比较轻松的、愉悦的、自由的、温爱的、快乐的、亲密无间的特点，这是我们常说的龙母是一个慈母的含义。另一方面，我们也可以看到，龙母不仅是一个慈母，同时她还是一个严母。这种含义主要是从龙母“误断其尾”这样一个母题当中解读出来。因为误断龙尾的原型，已经有很多人做过非常精彩的阐述，他们认为这是一种生命仪式的隐喻，为了让龙子迅速地成长，就砍断他的龙尾。

第三个部分，我主要解读龙母传说当中所体现的富有女性特征的自然观，因为我们在龙母传说里面读到两大类基本母题，一类是好生之德，像龙母拾卵放生，与白鹿为侣，与黄猿为友；另一类是龙母与自然做斗争。把这两个基本母题一块分析，我觉得实际上是一种女性的自然观，这个自然观说明人和自然是同类，却不同等。“同类”就是说人应该把自然万物视为自己的同类，应该把自然万物作为自己的同胞。如此才有可能面对自然所具备的这种好生之德；但是，我们也看到当自然危害人类，威胁到人类的生存时，人类就应该起来和自然做斗争。人类生命在价值上毕竟跟自然是不同等的，所以我们在里面读到了龙母跟自然所做的一系列斗争。在龙母传说中其实它隐含着一些我们当今学者所设想的一种新的人和自然的关系，比如说多元的、非等级的、和谐的这样一种精神。

第四部分，我主要分析的是龙母传说中所隐含出来的性别观，男女两性之间的格局应该是怎么样的。我特别注意到龙母传说里龙母作为一个女性的三重身份——女儿、妻子、母亲。这三种身份当中，妻子的身份一直是空缺的。这样空缺到底隐含着什么样的文化含义。其实就是我们在父权社会里面，男权文化对女性的一种归顺。

（插话：传说中龙母还有一个细节，传说中秦始皇召龙母进宫，龙母不去，就硬逼她上路。离端溪千余里，五龙子一夜就把船引回了悦城。秦始皇也不敢硬来，并尊其为秦龙母，这就是秦龙母的来历。这个情节可以怎么理解和解读呢？我认为当时越族和西瓯人对秦廷是反抗的，大家都知道秦始皇统一岭南是付出了很大代价的。所以，龙母拒绝进宫可能就是表现反抗秦廷的传说故事，后来又尊称为秦龙母……）

赖翅萍：就是说把正义分配给女性，把邪欲分配给男性，然后最后这个格局就是女胜男败的一种格局。我觉得这实际上就是对早期我们岭南文化对于两性关系的一种想象，认为女性是一个中心、一个主体的想象。最后一部分，我在总结龙母传说的主要性别文化，作为一种女性文化，我觉得精神的核心精髓应该是女性主体精神，我试图回答我刚才提出的那三个问题。第一个问题就是为什么在岭南地区是信奉女性的龙母而不是男性的龙王？我认为一个是跟岭南的稻作文化有关，就是跟种水稻的这种文化有关。因为，岭南的女性几乎参与了稻作生产的全过程，这样一种生产方式让女性走出家门、广泛参与社会活动、得到社会的认同，提供了一个坚实的实践基础。另外，也跟南方文化是边缘文化有关。这方面有很多专家学者做论证，因为它远离中原父权文化和男权文化的控制，比较多地保留了母系社会的女性主体精神。这种女性主体精神加上岭南文化灵秀山川的滋养、海外风情的熏陶，使保留下来的这种女性主体精神，得以逐渐演变为岭南文化的精神核心。所以，从某种意义上来说，我觉得我们对龙母的崇拜，实际上是岭南人民对自我本质力量的确证。

第二个我想回答的是，龙母信仰跟我们岭南地区的那种庞大的女性文化传统是否有关联？经过比较分析，我的观点是龙母文化是岭南女性文化的源头，这种龙母崇拜文化催生了岭南地区林林总总的女性文化的景观。先从妈祖信仰来看，妈祖行善济人、慈悲为怀、救苦救难的精神，还有妈祖矢志不嫁这样一种婚姻的选择。从中我们可以看到，龙母精神在妈祖传说中延续。我们从观音信仰、观音传说里面看到的对观音慈悲、救世、智慧与处女之身的讲述，也跟龙母传说中对龙母的讲述十分相似。当我们对龙母女神的崇拜移转为对杰出女性的敬仰的时候，我觉得岭南就有了对冼夫人的崇拜，而龙母没有丈夫，在两性关系中独立自强的这种义结金兰的同性，随着龙母文化的广为传播，日渐渗透到岭南的社会生活实践中，成为岭南女性独立自强精神的典范，我觉得这是岭南自梳女和“不落夫家”那样一种民间女性文化习俗由来的一个原因。论文的最后，我用了老子在《道德经》第52章里面谈的天下万物的生长和发展的大道，他认为母亲是万物之源，从母子的关系里面看到天下万物生长和发展的大道。后来我就得出了一个观点，但是还没有来得及论证，只是学术的一种推测，我觉得龙母崇拜不仅仅是岭南女性的文明的源头，同时也是岭南文明的源头。我的发言完了，谢谢大家！

王　敏：下面有请广东省社科院陈忠烈研究员发言！大家欢迎！

陈忠烈：我有一个习惯，讲到岭南文化的时候，我一定会选择广州话，希望大家原谅。我对我的学生都说，如果你研究岭南文化，要慢慢学会广州话，至少要学会听。因为岭南文化，粤语是一个承载，希望大家原谅我用广州话来讲。我在文章的题目就是“悦城水口龙母娘娘——岭南民间信仰的创造”。讲到创造，那一定是一种创设，什么叫“创设”？你一定要放在一个大的环境来说。所以，我这篇文章不是一篇文章，如果你真的想把一个问题写好要下很多功夫。我写龙母的东西很少，一共加起来可能就20行的文字，但是我对整个岭南大环境写得很多，因为你将龙母文化放在整个岭南文化中才能看到它的价值，看到它的创设在哪里。但是我现在觉得很多地方都在争岭南文化的发源地，搞了很多岭南文化的研究中心，大家这样纷争倒不如统一，我觉得统一会好一点儿。因为，其实岭南文化是在一个很长时段里，在一个很广阔空间里的一个动态性传承。如果有这样的思维，你就不会觉得哪里是岭南文化的母亲和诞生地了，在一个很长的时间段和一个很广阔的空间里的动态传承。为什么我侧重于在这么长的时间段里，这么广阔的空间里？为什么我会选择这样一个话题来说？我都觉得很奇怪。

龙母，在粤西。在古代来说，岭南是一个很宽泛的地域，领表、岭内、领海、岭南，这些说法不是指某一个地方，在中央集权里面它是一个很宽泛的领域。什么叫“表”，什么叫“外”，甚至不好听的还有叫“南蛮”的，这里有一个参照系，那就是中央。我是中的，你就是表的；我是内的，你就是外的；我是明的，你就是蛮的，有一个参照系在里面。我在社科院二十几年，和哪些人打交道比较多呢？那就是中山大学历史系、人类学和日本的学者，这些人都有人类学的素养。包括现在中山大学历史系，我的师兄都是这样，不断探讨这个问题。因为现在岭南文化开发比较迟，文献不能和江南比，长三角有宋代文献，我们是没有的。我们整个文化在明朝时才发展起来。明朝是我们岭南历史非常重要的一个历史转折点，这是大家公认的。明代以前，认为岭南是一个地域，并不是指某个省或某个市。当然，中央集权在岭南的经营过程，正如陈珍清教授说过的，是从点到线到面的一个过程，整个军事态势中它只占一个点。广西这一点，广州这一点，韶关这一点；进军的时候不仅仅是在西面，北面也有军队过来的。当经营起来，点就慢慢连为线，连成线以后，就成为一个面，那个面在粤西……当时朱元璋一建明朝就马上打岭南，为什么呢？因为历朝对岭南鲜有控制，官员只要不反叛就行了，怎么做都可以。汉代的时候有南越王；五代的时候有南汉王，有冼夫人；到了元代的时候，我们写元代的历史都不知道用多少字能够描写，在元代，岭南是一片大热，其实不是的，它是靠地方的资源、靠血亲宗族或者是地方的首领控制，还有一个很重要的是原始的民间信仰，这个系统对地区整体的制约是很重要的。一直到元代，都是由大土豪控制的。好像何真那样，人家都攻打过来了，何真可以拿什么东西呢？他就拿着他所控制的当地户口和图册去投降。但是到明代之后，整个国家的政治能量都已经很充足了，再加上对长三角的经营，有相当强的经济实力。中国社会看到另一边的地方就是岭南，这个等待开发的最肥美的地方，而且国家已经具备了这个能力。所以朱元璋一立国就整顿这个地方，做的第一件事就是编户口，把那些没有户口的人全都编进户口。编整户口是什么意思呢？就是将整个岭南地区纳入国家的统治，这在政治上来说是很重要的，这个行动导致岭南社会急速发展，政治文化同中原地区的联系更加密切，这是一个很重要的步骤。另一件大事是珠三角的开发，由于珠三角的开发，文化精英阶层崛起，而且他们已经带头开始进行岭南的文化改造。这是一个很关键的时刻，基于这样的情况再倒回来看龙母文化这件事，我的题目只是讲了两个例子，其中一个是关于水口处理的问题，因为在明朝整顿岭南的情况下，做的第一件大事是什么呢？就是珠三角这边的地方（粤东）没有惹起大麻烦，因为它有文化精英在这里，将中央的政力在民间普及，大家配合中央，编整户口，将政治制度在基层社会建立起来。

但是粤西不是这样，因为在中唐以后，权力中心已经转移到粤东这边，就是珠三角这边。它的权力已经转移了，它没有中央培训的基层精英分子去积极迎接这个历史的浪潮。相反，它走另一条路——对抗，特别是发生在西部的少数民族地区。粤西扰乱在明朝是一件很头痛的事情。尤其是藤县，据说是龙母的家乡。传说之一，龙母扮演的是一个怎样的角色？她是让当地土著居民奋起作为一个对抗中央的反叛的神呢？还是说龙母站在另一边，正统化，支持政府这样的行为？我觉得龙母做了一个很重要的选择。我估计情况比较复杂，但是我没有依据，她为什么要走这样的路？可能是一部分精英分子引导她的，但是龙母的选择是很明智的，她这个龙母的身份为什么在明朝如此显赫呢？她在军事上是扮演支持中央整顿岭南这样一个角色的。就是说她走在前面，她与时俱进地走在前面，她这个行为是岭南民间正统化的一个行为。为什么呢？为什么以前中央会将岭南人看作是化外之民呢？原因有三句话，“定鬼神呢班友，多。好无使，讲神讲鬼”，而且“淫祀”的问题，朝廷是很烦恼的。因为神灵在字典里面，国家有本字典，字典里面规定有三类人。哪三类人可以写入这本字典？例如讲遇灾捍患、为国为民、为国捐躯。怎样遇灾捍患，这些都是有标准的，岭南地方的土神是不可以进去的。等到明朝的政治、经济、文化在岭南推进的时候就起冲突了。因为珠江三角洲的人有钱，就拼命地盖庙，盖得越漂亮越好，硬件设施很好，文化内涵就……在明中叶，有粤西人在顺德当官，不记得是什么人了，他很生气，就马上下令，说这些都是不及格的。结果就是这个地方停了八百间庙，怎么也想不到会有八百间庙，这些资料在顺德人写的资料里面，这件事情还没有结束。然后有个督学发现这件事情以后，在全省范围内扫平这些，凡是不在字典里面的都要铲除掉，扫平了以后就盖学校，但是岭南人呢，如果我用写粗俗的话来说，叫“狡猾”，如果用学术性的话来说，就是说岭南文化的兼容性很大，很有与时俱进的调适性。用学术的话来说，为什么这样说呢？很快就会产生变化，就是说岭南文化是很善变的，很多不好的东西，一看就知道有问题，马上就会变，怎么变呢？马上将民间的那些神编一些故事进去。那些人怎样帮助明朝打仗？那些人怎样悍匪的？那些人是平土豪的？都是为朝廷效力的。一方面是这种做法，另一方面呢？因为朝廷字典里面的神都是有封号的。那你说忠义仁勇关帝，关正帝这些都是有封号的。但是岭南土神是没有封号的。一个是正统化，一个是编造神话，来支持中央的行动。于是就私封，民间拼命私封，像金花庙，民间为什么要封她呢？金花普照惠福夫人，民间像在祠堂那样私封她，这是一个很正统化的手段。另外，又是什么呢？是拼命盖那些朝廷字典里面认可的庙，这些都是正统化嘛。朝廷是拿你没有办法的，没有理由去攻打他的，是吗？吴廷举在岭南地区第一次反抗，也是最后一次，这是很难搞下去的。

所以我发现岭南民间信仰，它不仅仅是民间信仰，这种信仰是和民间社会政治、经济、文化民族社区全部整合的，一触碰到它就不得了了。搞也行，成本太高，你要派官吏层层管，要层层发工资。其实，到民国很多政治上的决策不会落实到村一级，到村又用另一个标准和运作方式，包括宗族、地方文化民间信仰这些东西，慢慢磨合。这些给我们的一个看法是，在整个岭南正统化过程中，龙母应该是最早的，而且它这样一个范式给其他地区一个范例，但是在岭南这里没有触及龙母，所以这样的话很有意思：“古坛仅存。”其实这句话里面有很多很沉重的东西，就是说其他的很多古坛都被人触动过了。

首先是中央过来触动。其实这个有很多历史方面的解读，因为它是最早被正统化，明朝为什么会给她封号呢？这是因为她帮助了明朝，这才会册封她。而且有一个信息就是如果从唐代的民间开始，她有很多传说和正史记载的封号，尽管粤西这样一个荒蛮之地，岭南土神的正统化，龙母就走在前面。粤西毕竟与中原文化是很有关系的，说粤西怎么样，我们要拿证据出来的呀！正统化的这种观念最先发生在粤西，因此龙母才会采取这种快人一步的创设，就是正统化。这种正统化为整个岭南文化信仰做出一个范例。正是因为这样它才比较早的，这个范例的辐射能力比较强，但通过水来传播，我就觉得奇怪。

这二十几年来我都不断地在搞学问，但一直觉得很奇怪。我每次背着背包去研究，我来了这边很多次，我曾经在珠江、在佛山走到珠江源头，我是这样子走上去的。我被整个开发策划红水河的工程聘用了。我沿途跟他们说，就是这样的一直讲上去。文化是怎样的，我都能够说出来，我用的田野资料比较多。我就发现在珠江三角洲，龙母很奇怪，龙母有很多神牌，我只拿了两三个出来，但是这些神牌跟街上卖的就不一样，在街上卖的是标准化的，哪里都一样。但你找回明清时期的那些神牌，是不是明清时期的，看那个封号就知道了，都是明清两代慢慢出现的。每个村都不一样的，即使是隔壁村也不一样，这个神牌就是当地标准化的神灵，是有自己的庙宇的。

对于这个发现，悦城水口龙母就显得很奇怪，这里的龙母是没有封号的，但她为什么能跻身那些大神的行列呢？就像雄性神灵河伯是国家级神灵，是南海神；北方元天上帝这些，佛山祖庙那个就是这个神了，这个是国家的大神。“护国庇民天后元君”就是清朝以后神的封号，（女性）最高级就是“天后”了，女人最高级就是到“后”了，还能升为什么？总不能去做皇帝，对吧？觉得很不平衡，每个神灵都有一个大封号，为什么秦龙母没有呢？但是，她没有封号却偏偏能和一些大神并排在一起，这是什么道理呢？我想了很长时间，因为她的影响实在太大了，正统化走在前面，还没等到开发就已经慢慢在延伸了……好，最后一个关于水口的问题，说风水的问题，叶老师会讲的，我就说关于水口这个建设，如果根据温主席那篇文章来说是很早的，是唐代的，但是广东整个水口的建筑和整个建设的推进应该在万历以后。沿着这条水一直上去，上到西江的上源，那里有很多塔就是源于水口的创设，现在有些就是在水口的上面。因为由于环境的变化，我们已经看不到这个水口的外形，其实就是属于水口的。但是这样的一种理念很早就有了，就是悦城水口龙母。为什么神牌上没有封号？就是用水口给她显灵，我觉得有很深的意味在里面的。不说啦，再说就讲不完啦！下次吧！

王　敏：谢谢陈老师的精彩发言。研究龙母文化，确实要懂粤语，才能为我们的田野调查和研究带来便利。虽然我的广州话不是太好，但我还是能够听懂八九成的。下面有请华南农业大学的吴建新教授发言。

吴建新：谢谢各位！我讲的题目是“清代西江河段的水文化信仰”。我在来之前花了一个晚上的时间看了德庆关于龙母庙的记载，我就特意把它抄了下来，然后就是把我自己看的一些书讲一下。谈两个问题，一个就是关于悦城龙母庙的来源问题。之前我一直在看一本书，是香港中文大学的贺喜博士写的《亦神亦祖：粤西南信仰构建的社会史》，他讲的这个问题对研究我们这个龙母庙来源可能是有一点的启发，怎么说呢？他的主要论点是说土著人通常是以某个神灵或者是将自己的祖先神化，即“亦神亦祖”的一种现象。我很早看到这本书，在今年的八月份，我去高要市，那里有一个黎槎村，它有一个祠堂，跟珠江三角洲的很不同。我当时就有一个疑惑，祭祀的就是一个神灵，不是祖先的神位牌位，人从出生到死的礼仪都在那里。就是说出生的时候要“添灯”；成长的时候要冠礼，也要举行一个礼仪；死的时候在那里停柩，把那个棺材停放在那里。从人的出生到死，都要在神灵面前展现这个过程，与珠江三角洲很神圣的那种宗旨是不一样的，我当时都很迷惑。后来我就看了贺喜的书，我恍然大悟。就是说在西江流域这一地区也有这种现象。然后我就看了悦城龙母庙的传说，我就有一个先入为主的概念，就是西江河道上岭南土著的创造。为什么这么说呢？因为我在看这本书的时候发现，就是从明代永乐年间到乾隆二十八年（1763 年）的修建期间，有德庆本地的乡民、州绅、州人，他们都姓梁，我就大胆地设想，他们这些人和龙母庙有没有关系？贺喜的书里，有一个陈姓的家族就把陈文定这个人当作自己的祖先。然后，我昨天去看龙母庙的时候，那个陈主任跟我说龙母的养父姓梁，叫梁三公，居住在东岸咀的那一块，然后东岸咀姓梁的人们，在初一、十五的时候都会来龙母庙拜神的，也是来拜自己的祖先。这本书第 99 页也证实了有这样的一个传说，就是说有一个渔民叫梁三，他在西江上打鱼，木盆里面装着一个又白又胖的女婴，然后他想把木盆推出去，木盆又转了回来，他就把孩子抱了起来，那就是后来的悦城龙母了。然后这个传说跟这里好像有些吻合，我不敢乱下定论。因为我没有看过梁氏家族是怎样祭祀的，我们也没有看到具体文本，我就抛出这样一个问题给肇庆学院和德庆县的学者们去研究了。就是说我们看到蛛丝马迹，我就是看乡土的文献、家谱之类的，看祭祀的礼仪究竟是怎么样的，人类学的方法，把民间的文学和这个对照一下，看是不是一种特征。先抛开这个的现象，我们讲哪一类人创造，我看就是创造龙母这个人。在西江上讲到悦城龙母庙，它是在一个水口，就是那个灵溪水，我听庙里负责人说，以前灵溪水有很多鱼的。我看这个水口也是一个渔场，因为它位于三江汇流之处。就是在西江上的水上居民，他们捕捉那些四大家鱼，那四大家鱼是一个群落，一捕就会有四大家鱼的。那些水上居民有可能是创造这一个信仰的人，这是一个庞大的文化传说。

第二个问题就是讲南海的九江水文化信仰，为什么我讲九江的水文化信仰呢？……（录音出现问题）沿着这个西江河流一直往珠江三角洲下面传播。同珠江三角洲的水运、渔业、商业运输的关系都十分密切。假如你们当它为一个水文化信仰的话，不要局限于悦城龙母庙这一带，要和珠江三角洲联系在一起。像刚才陈老师说的明代以后珠江三角洲的文化发展，运输业、渔业是怎么联系的？西江那一段除了渔业还有木头、土产、粮食都要经过这一块。所以悦城龙母庙的这一信仰，不仅仅是属于德庆的，也是属于整个珠江三角洲的。我要讲的就这么多。

王　敏：谢谢吴教授！运输业、渔业的发展对传播龙母信仰和珠三角地区的联系，吴老师给了我们一个很好的建议，就是龙母文化要在整个珠三角地区的背景中研究。德庆的旅游业做得挺出色的，下面请德庆县旅游发展局的潘局长来发言。

潘子杰：尊敬的各位领导、专家，大家好！我受委托做一个工作汇报。今天我发言的题目是“传承文化，凝聚品牌，做大做强悦城龙母文化旅游产业”。龙母文化以及龙母文化的重要载体——龙母祖庙，是德庆县一个重要的文化资源，是我们德庆文化的一个重要的品牌标志，为我县经济文化的发展做出了很大的贡献。下面我就龙母文化以及龙母文化的重要载体——龙母祖庙多年来的一个发展历程，我县开展文物文化资源，将文物文化资源合理利用和社会进步的相关内容给各位专家、学者做一个工作上的汇报。

首先，说说我们龙母祖庙的发展历程。应该说龙母祖庙，千百年来作为一个民间的信仰，由此龙母文化形成的“有求必应”传统一直流传着。特别是在 1983 年龙母祖庙重光开放以后，在整个西江流域、珠三角、港澳地区，龙母祖庙一直开放着，形成这样一个局面。龙母祖庙的规模从 1983 年重光以来，从当时只有一个庙前广场、香亭等一些建筑群，发展到了现在总的配套设施以及主体建筑群，总面积有 1.8 万平方米的规模，随着龙母文化信仰的传播发展，每年来朝圣龙母的善信游客也大幅增多。2010 年参观游客达到 130 万人次，是 1983 年的 40 倍，在整个肇庆市旅游区排名第二，仅次于肇庆七星岩景区。经过这么多年的发展，龙母祖庙的文化景区在龙母文化的传承和发展上所做的工作也得到了多方面的肯定。1998 年，龙母祖庙被广东省旅游局评为文物保护单位，2001 年被国务院评为文物保护单位，龙母诞庙会在 2006 年被广东省列入首批非物质文化遗产名录，2011 年被国务院批准为第三批非物质文化遗产、中国文化的传承基地，获得国家旅游局、省文化厅、省旅游局评选的一系列荣誉称号。

其次，讲讲龙母祖庙的文化保护与利用。应该说龙母文化是独一无二的，是我们历史文化的精神和灵魂，是西江流域重要的文化特质，是德庆最宝贵的文化遗产。为了保护好这份文化遗产，我县党委、政府做了大量、卓有成效的工作，从而形成了龙母文化、文物的保护与利用的良性循环，走出了文物文化旅游发展的成功路子。主要体现在：

第一，旅游品牌化，信仰大众化的路子。自古以来，我们龙母信仰的特质就是“四海朝宗，母仪龙德”，也就是有民间大众化的行为。我们在进行龙母文化保护的同时也紧紧抓住这个特征，打造龙母故乡这一个旅游品牌，民间以自发的形式开展龙母文化的保护工作，尊重民间习俗，开发整个龙母祖庙作为广大善信朝拜的重要场所。同时，在我们几个重要的庙会当中，邀请珠三角、港澳地区等相关的社团、堂口、社会各界人士来参与。整个龙母文化活动在举办过程当中都是民间信仰、民间参与、民间发展的活动，保护利用也充分地体现了来自民间、发展民间、回馈民间的特色，取得了良好的效果，保护的道路也越走越宽。

第二，开展恢复抢救工作。（龙母祖庙）重光以来，特别是这十多年以来，为了将龙母文化保护、利用好，我们对龙母文化文物进行了一系列恢复、抢救和建设工作。这主要体现在将龙母祖庙向全国文物局申报成为全国重点文物保护单位。整个龙母诞的庙会活动：龙母生辰诞、龙母得道诞等一系列的庙会活动，将这个作为一个民间传统的庙会活动，并且将两诞的庙会也积极向省、国家相关部门申报，“龙母诞庙会”被列入了国家级非物质文化遗产，从而使我们整个民间的活动得到了认可和保护。此外，我们成立了德庆龙母文化研究会，组织相关人员，花大量的人力、物力、收集整理相传的龙母故事、龙母传奇，使龙母文化得以物化，更有利于保护与传播。

第三，开展创新整合推广工作，推进龙母文化旅游产业化发展。这主要体现在：①拓展龙母文化深度，把龙母文化传统祭祀活动细化为朝拜、祈福、感恩等活动；②推广文化品牌，树立龙母故乡的德庆地域特征名片，策划打造“广东龙之旅——龙母故乡德庆游”这条旅游线路。这条旅游线路从发展到今天为止，是省内游最热、最精品的几条主要线路之一，也得到省内外各大旅行社同行的极力推荐。还有在我们不断深化龙母文化保护过程当中，包括从戏剧、电影、动漫，还有相关的一些连环画创作等各类龙母文化创意方面都提出了进行了创新，把龙母文化的载体丰富化，不断提高龙母文化的知名度和美誉度。

第四，就是对未来龙母文化的发展，作为个人来说提出几个看法。前段时间，广府的文史考证专家组达成了肇庆是广府文化发祥地的共识，肇庆也大力打造广府文化之旅的寻根活动。因此，作为德庆最为重要的龙母文化，也是广府文化的组成部分，我相信必然在整个文化建设、在我们这个广府文化寻根之旅上大有作为。

未来，我们将以“文化强县”的建设为目标，大力推进龙母文化的保护和发展。主要设想是：首先，继续坚持龙母文化发展的成功模式。这么多年来龙母祖庙以及龙母文化的发展壮大带来了德庆文化事业的繁荣，证明了我县保护利用龙母文化资源的正确性。所以，今天我们将继续深入开展文化文物保护，推动我们整个德庆旅游事业发展，在旅游发展同时促进文化文物保护，从而使得龙母文化得到更好的保护、传承和利用。其次，继续挖掘、提升龙母文化的内涵，将民间信仰文化与现代生活的文化结合起来，挖掘发扬龙母文化祈幸福、求平安、感恩等文化价值，不断充实节庆活动的内容，培育发展“龙母文化节”，发挥出龙母文化更大的现实意义。再次，加快推进龙母文化旅游创意产业园项目建设。我们将以龙母祖庙和龙母文化为依托，按照悦城一河两岸大区域的发展要求，规划拓展形成以龙母祖庙核心区、东岸咀、五龙山等区域的创意产业园，通过丰富龙母文化内涵，让善信、游客全方位参与龙母民俗文化活动，进一步做大做强龙母文化旅游产业。目前，经过我们县的努力，我们已经和广东福华集团签订了初步合作框架协议，整体项目也在推进当中。最后，做好龙母祖庙百年大修工程。因为清光绪修复以来，龙母祖庙已经有100多年没有大修，就在今年我们重新启动了龙母祖庙的百年大修工程。除了政府的资金投入以外，还按照民间参与的社会化发展思路，向广大的信众、游客进行广泛的筹集工程。

今后，我们也将认真吸取本次研讨会研究成果以及社会各界人士的意见和建议，为龙母文化注入新的活力，和长期致力于龙母文化研究和关心支持龙母文化事业发展的教授、专家、学者、社会各界人士一道，共同努力推进繁荣龙母文化事业，做大做强龙母文化产业，让我们将共同拥有的龙母文化财富推向新的发展高度。以上是我简单的工作汇报。还请各位专家、教授给以批评指正，也祝我们各位参加会议的嘉宾朋友身体健康、万事如意，谢谢！

王　敏：下面请广东省社科院赵立人研究员发言。

赵立人：各位领导，很荣幸我能在这里发表演讲。我的论文还很不成熟。我本来不是研究龙母这一块的，但我是在挖掘广东的近代教育史时很偶然地发现了与龙母有关的资料。我很惊讶地发现龙母对于20世纪初广东建立欧美模式的现代化教育也做出了很大贡献。所以，我论文的题目是“悦城龙母庙与德庆州蒙养学堂”。蒙养学堂实际上就是初等小学，那是在20世纪初开始新政的时候作为教育的改革一个很重要的环节，它和废科举、兴学堂是联系在一起的。我们知道，要办新式的教育，在当时来说是个创举。它首先（得）解决一个经费的问题。在这里我看到德庆州有关官员和民众做出了一个很明智的选择，那是在光绪二十九年（1903年），姓赵的知州，就迎请了广东的当局，说我们办这个学堂经费是从龙母庙的收入里头提三成作为助学费，这应该是个很大（的）比例，应该是（可以）解决很多问题的。显然这个知州不可能是自己违背民情提出来的，（肯定）是得到了地方上士绅的同意。所以，在这里龙母就明显地站出来支持改革、支持现代化。有关的具体材料我可以说一下，这个过程并不是一帆风顺的。当然说要提这个款来办现代教育没有人有异议，而且本来只是说把龙母庙旁边的准提阁——是地方上另外的一个神，不是刚才陈教授说的属于朝廷的祀典里头有的——改成了学堂，这个方案本来很好，但是地方上管这个庙产的士绅们觉得不如索性在旁边另外再建一个新的学堂，这当然也没问题。而且很有意思的是，它把创建这个新的学堂和龙母庙的重修结合在一起。你看这里说“一神安庞，及二三百银圆，一神像的装潢千余金箔”，就显示了（是）很大规模、很高规格的重修。我们经常说光绪三十年（1904 年）龙母庙的大修显然和这个是一回事。尽管记载的时间不一样，但是我们都知道是可以有参差的。开始到一定程度再记载这个也是可以的。所以我觉得这个值得注意，龙母庙的最后一次大修和振兴教育是联系在一起的。从这个资料我们还可以发现一些新的信息，一个就是当时悦城的、德庆的士绅民众对龙母怎么称呼的，我们都知道是叫“阿嬷”，广州话就是祖母啦。对于天后，叫“娘妈”，但这个记载还告诉我们，他说他看见的无论士绅还是劳动人民，说的都是“妈妈”，就叫龙母作“妈妈”，这个亲昵之情是非常突出的。我觉得“妈妈”这个称号比“娘妈”“阿嬷”还要亲切得多，这也是很值得我们来关注的一点。还有，经济的发展与龙母庙香火的关系。这个文献里头也做了一个很详细的描述。它说“悦城扼西江商贾之所辐辏，轮舰之所激驰……”下面的话我就不读了。而且掌握这个庙产的有水口圩、朱三绅公（?）……有这么几个，所以其实龙母庙的繁盛和当时悦城所处的那个很重要的地理位置（陈忠烈：水口位置）对！是啊！对于广东，特别是西江的物流的重要意义是和龙母信仰有密切联系的。这一方面我们还可以作一些新的探讨，因为她保佑了商旅的安全，也有这样的作用。

这些历史事件对我们今天有什么启示呢？我觉得德庆要发展，它的最重要的资源不是 GDP，最代表的衡量标准也不是 GDP，应该还是人才。所以我觉得我们的教育为我们储备更多的人才，为我们社会发展提供更多的人才，这始终是我们需要高度重视的一件事。我觉得我们引用的这篇文章所反映的历史事实证明我们的前人是有这样的眼光的。我觉得我们今天在彰显龙母文化的时候，是否也可以把我们历史上好的传统也继承下来，也就是说我们把龙母文化跟发展教育通过什么方式联系在一起，比如说设立相应的奖学金、基金，具体形式我们可以不拘一格，但是我觉得这样做是双赢的，就是说能够进一步彰显龙母文化本来的教化作用，跟教育本身就有天然的联系，我觉得这样做的话，前人的好的做法我们有必要借鉴、继承。我就讲到这里，谢谢！

王　敏：接下来请德庆县政协温爱民主席发言。

温爱民：能够参加这么高规格的一个学术研讨会，我非常高兴，也很紧张。我的小文还进了这个论文集，我觉得也很受鼓舞，这也是个学习的过程。因为工作的关系，我经常接待一些游客、领导到龙母庙去参观。（他们）都提一个（两个）问题，就是龙母产生的年代是什么年代？然后龙母是神还是人？我想这两个问题是到龙母庙拜龙母的信众都会问的一个事情。当年张德江总理参观龙母庙的时候也问这个问题，龙母是什么神？为什么这么尊重她？但是我个人理解到现在为止，也没有一个定位和比较完整的说法。悦城龙母诞庙会也由国务院公布为第三批非物质文化遗产了，那么这个问题我觉得真的要说清楚一点儿。研究龙母我有两个问题想请教各位老师，一个就是我刚才说的，龙母的历史年代，这个要定位一下；另一个是龙母是人还是神，刚才我已经学到很多东西，有点儿启发了。

我个人的理解，都说龙母历史悠久，庙志也记载她出生于楚怀王辛未五月初八，那么她到底是哪个年代的人呢？我觉得既然她是个弃婴，就不可能有准确的时间。两千多年前又没有出生证明，所以这可能是后人为了塑造一个有肉有血的人物加上去的，这肯定没有问题。但是呢，我当时也曾经建议过旅游局的导游词中去掉"弃婴"这个说法。她是弃婴，就一个大盆漂过来，多可怜呐！原始社会的时候，谁是弃婴？大家都是弃婴。穷的话，也大家都穷，打一个老虎回来大家分吃，所以我觉得这个导游词中去掉这个说法，（应该）树立一个母系社会里一个伟大部落里的首领形象，（这是）我个人的理解。为什么这样说呢？传说中龙母是一个女性，没有父母，也可能是不知父母。所以呢，从这个情况来看，不仅要在部落里受到人们的尊重，而且成为一个首领，只有在原始社会的母系氏族里面才能够实现，我是这样理解。这是原始社会末期所具有的一个政治的组织和等级制度所产生的一个产物，所以我觉得龙母是生活在原始社会母系氏族那个年代。是不是可以这样定位？最早记载的龙母传说的有南北朝的沈怀远《南越志》（据温爱民论文《广东德庆悦城龙母庙兴修年代初探》补充），更早的可能还有顾微的《广州记》，（这些）都有记载，《广州记》就简单一点儿，（现在的说法）都是用《南越志》里面记载的。书中有个情节，传说中的龙母拾卵得子，这与母系社会当中的感生神话有点儿相似，但是也不是完全相似，她没有吞下这个卵，没有吃，也不是得梦而怀孕，刚才赖翅萍教授也说这是一个感生神话，孵出来的五条龙子明显就有养育的概念了，而且她有养父，这也是父系社会初期的一个痕迹了。还有一个传说就是龙母会织麻，也会放牧，但是主要还是捕鱼以日给，还有五龙子（是）男性的，父系的社会嘛，他（们）帮她打鱼。（这些都是）故事有记载的，说明已经有了农耕社会的标志。通过这个记载，我个人认为龙母所处的年代应该是原始社会的末期、母系氏族的后期，渔猎社会到农耕社会的一个过渡期，这一点和庙志里记载的战国时期是基本吻合的。另外，从受秦始皇征召这一点来看，也就相当于中原的中秦时期、中原封建时期的前期。因为岭南文化要比中原落后，所以中原进入封建社会的时候，我们岭南还是处于原始社会的末期，这基本上也是吻合的。秦始皇统一岭南，直接就把岭南带进了封建社会，（岭南）就少了一个奴隶社会的发展期，这个就进步了，我们岭南就快了一点儿了。这是一点。

第二点，我想搞清楚的就是龙母是人还是神。这个也是很多人要问的（问题），（我们）也说不清楚。悦城龙母诞产生是什么时候要搞清楚。我个人的理解，龙母是人，是西江河神的一个化身，可以认为（是）一个远古部落的首领带着族人在西江流域生息繁衍，与大自然做顽强的抗争，由原始的图腾崇拜演变成为民间的信仰，后来被人尊为龙母，进而立寺祭拜，通过民间的信仰口头相传而广为传播。这是我编的一个“广告词”吧。传说中龙母还有一个细节，秦始皇要召龙母进宫，她不去，便硬逼她上路，离端溪千余里，五龙子一夜就把船引回了悦城，秦始皇也不敢硬来了，便尊其为“龙母”。这是“秦龙母”的来历。这个情节可以怎么理解和解读呢？我认为当时的越族和西瓯人对秦廷是反抗的。大家都知道秦始皇统一岭南的时候付出了很大代价。遣屠锥发卒五十万征百越，大战西瓯君译吁宋，“三年不解甲弛弩”，后来屠锥还被击杀。（此处引自《淮南子·人间训》，原文为“又利越之犀角、象齿、翡翠、珠玑，乃使尉屠睢发卒五十万，为五军，一军塞镡城之岭，一军守九疑之塞，一军处番禺之都，一军守南野之界，一军结余干之水，三年不解甲弛弩，使监禄无以转饷，又以卒凿渠而通粮道，以与越人战，杀西瓯君译吁宋。而越人皆入丛薄中，与禽兽处，莫肯为秦虏。相置桀骏以为将，而夜攻秦人，大破之，杀尉屠睢，伏尸流血数十万。乃发适戍以备之”。——整理者注）所以拒绝进宫招宫（此处应为口误，当为“招安”。——整理者注）反抗秦廷的一个传说故事。后来又尊为“秦龙母”，也可以解读为秦廷的“和集百越”这么一个政策也是相吻合的。所以我认为沈怀远记录的是一个真实的故事，是一个史实，（这是）我个人的理解。

然后龙母沿西江，从广西一路下来到悦城落户，发展壮大，带领族人治理水患，行善积德，福佑乡民，所以“有功于国，有德于民”，后来就尊为“龙母”。这就是一个民间的口头传说。因为百越没有文字，历史通过口耳相传才延续到今天，它有时候往往会比官方的记载更为真实。流传到今天，肯定有它的历史。这两点是我个人的一个想法。历史的久远和龙母是神还是人，那么我想请教，如何证明她年代的久远？因为研究龙母的人也很多，各有各的说法，能不能从另外一个角度去考证，比如说从龙母祖庙的修建年代来证明她历史的久远呢？那就简单了。比如说，龙母有什么历史啊？唐代、秦代就有了，很容易就说得清楚她的历史年代了，但是也不容易，因为现存的龙母祖庙是清代的建筑，所有的碑刻实物在“文化大革命”时就都毁掉了。那么龙母祖庙始建于何年呢？没有人说得清楚。《州志》也说，始建无可考。我估计这也是历史悠久的一种表述。这个很远了，考证不了了。但是从我掌握的一个拓片——我十几年前就收藏了一个宋代碑刻的拓片——我认为要考证这个，石碑是一个很好的线索。龙母祖庙历史上有两个比较著名的碑刻，一个就是赵令则的碑刻，一个就是李景休的碑刻。李景休的碑刻有明确时间，是太和六年（832 年）的，这是一个时证。最后在《复斋碑录》里查到了，但是没有碑文，只有个碑录。现在要找另一块碑了。另外一块碑也没有了，而且历史上有争论，有些说是李碑早，有些说是赵碑早，后来我根据我掌握的那个拓片就基本确定赵碑早一点儿。然后就找这个赵令则，后来几乎都找不到了，再后来就发现了赵令则的墓志铭有一句话，他得罪了他的上司，就被贬封州开建，那时候可能参与了龙母祖庙的修建，后来我就找《两唐书》，它（指赵令则的墓志铭）里面刚好有个张守，《两唐书》没有张守，有张守珪。张守珪是贬赵令则的那个官，在开元二十一年（733 年）贬的，那就确定了赵令则的碑（记载的）是在开元二十一年至开元二十六年（733—738 年）重修的。“重修”不是“修”。“修”是第一次，“重修”是第二次。他那个时候已经修了两次，所以这个就好了。后来文章发表以后，我又看《府志》，果然就查出来了，其实赵令则上任的时候去“肇庆市委”报到过的，这是清清楚楚有记载的，搞得绕了一个大弯回来又找到了赵令则。所以就证明了这个碑比较重要。后来还有一个碑——唐碑，在袁州，是江西状元刻的碑。为什么他会刻碑？原来他的叔叔叫卢萼，在德庆做官，那时候他去拜龙母，就祈祷——他是宜春人——以后我出任宜春县令就好了，后来他真的是出任宜春的县令，然后他第二年在江西的昌山庙——在昌山这个地方建了一个龙母庙。（吴宪平：主席，我插你一句。从那时候就那么灵？）是，是啊，就是灵啦。那么几年以后，他的侄子卢肇中中了江西的第一状元，就帮他叔叔写了一个记。那个记就刻成了碑，在袁州。这次我去了，博物馆搬了，找不到。还有一个可以证明的，就是李绅。李绅在长庆四年（824 年）的时候被贬端州司马，他也是拜了龙母，为什么？他从西路来——在灵渠或桂林道过来，在封康间——封，就是封州；康，就是康州——遇险了。有人说：“前面有个龙母庙，你拜一拜，肯定灵的，很灵的。”他真的就拜一拜。拜了一拜，很顺利地就到达肇庆报到了，所以后来他写了个诗：“风水多虞祝媪龙。”这个媪龙就是龙母。他这个时间是长庆四年（824 年），就比李景休修庙又早了八年。还有一个可以证明的，就是我们广东仁化的扶溪龙母庙。我保存了一本民国重刻的《仁化扶溪重修龙母庙志》，其中就记载两个要点，一个是这个庙源于程溪龙母祖庙——程溪就是悦城了，另一个是它建于唐仪凤元年（676 年），那么也就是说在它建庙的时候我们德庆的龙母已经是声名远播了。所以它这个庙也有敕封，朝廷也有册封（当与前面“敕封”同）。所以它也是个正庙，又把时间往前推了六十年。所以推，推，推，推……一千三百三十五年（1335 年），推到这个历史。这个时间有什么意义呢？就比妈祖庙要早三四百年。比宋庆元二年（1196 年）的妈祖庙（早），（与）海神庙的年代差不多，海神庙（的修建年份）是 597 年，还是 592 年（海神庙为北方神庙，纪念新罗人张保皋，位于浙江海宁，百度百科上的资料是始建于清雍正八年，即 1730 年）。那我们是 676 年，所以这个也差不多啦。但是我们这个故事比海神庙（张保皋的故事发生在安史之乱前后，杜牧《樊川文集》里的《张保皋郑年传》有记载）要早。能不能再往前推一推呢？可能难度就大了。但是也不是没有机会，因为最近我还找到一些线索就是 ×××不是有一个碑吗？它是“汉封”，汉代的时候就封了，还是汉高祖十二年（前 195 年）封的“程溪夫人”。那么这个年代刚好是汉高祖十一年（前 196 年）陆贾到南越说服赵佗归汉的时间。是不是当时他看见了龙母很灵，回去报告刘邦，你要册封她。可能是这个年代，但是还没有文献，更没有实物。我写另一篇文章就是研究陆贾从哪一条线到番禺（广州）的，（是）东线、中线、西线？我个人的理解是西线。西线过来有两条路，一个是灵渠道，一个是桂林道，两条路过来都要经过德庆。他既然有时间到锦石山去拜山神，他肯定有时间去龙母庙。是不是他看到了就回去报告刘邦要册封，那是一个例证。后来我查到陆贾应该有《南越纪行》这本书，但是一直都还没查到。这个书写的是陆贾到岭南时的所见所闻，现在已遗失了。我觉得碑刻很重要，所以我也提了个建议，龙母庙非常多的碑刻一定要修复。因为我们现在去看的“中央文件”是明代的文件，就是洪武九年（1376 年）的《洪武诏书》，但是它是道光刻的，这已经很宝贵了。现在我们掌握的史料还有宋代（知）军州吴撰的《赐额记》。我觉得要修复。我是半路出家，业余爱好，出于对家乡文化历史的热爱，就班门弄斧，不知高低，请各位专家赐教，谢谢大家！

王　敏：温主席有很多宝贵的碑刻拓片，是很注重文化研究的主席。我们课题组在王中生主席引荐下，受到温主席很多的帮助和指教。非常感谢！下面请肇庆学院杨红军老师发言。

杨红军：我谈一下自己的体会，请各位专家赐教。我的发言题目是“龙母民俗叙事的社会心理分析”。主要是在思考龙母这个故事为什么让人那么回味无穷，让人念念不忘，它的叙事魅力在哪里？我的结论是魅力来源于叙事的张力，就是故事本身的张力。龙母叙事结构的张力，我认为来源于内外双结构的偏离。外结构是一个时间序列和情节序列为主的叙事结构，内结构是一种表意功能结构。从外结构来看，龙母传说中的故事，它是这样的：先交代龙母的身世，然后说她养育了具有神异功能的龙子，能消灾解难。所以，外结构就把龙母塑造成一个正剧的英雄形象。那么，龙母叙事的外结构迎合了英雄崇拜的群众文化心理，因为这个英雄崇拜表现了人类把握自己命运的渴望和对自我能力的充分自信，它这个英雄崇拜构成了人类意味深长的一个集体无意识。

远古时期的英雄，是一种具有超人力量的神，后来这种英雄开始走向人间，半神半人。近古以来，文学作品塑造的这种英雄形象大多是人类社会中具有卓越才能的领导者或者干将，这些人最为突出的特征，就是能够用出众的能力和才华，为人民建功立业。英雄崇拜反映了人民群众普遍的文化心理：渴望超越自身平凡，以英雄为榜样，实现自我理想，实现人生价值。因此，它备受大众青睐，由于她体现了老百姓的心理愿望，所以容易产生轰动效应。同时，对一个社会群体来说，英雄形象最具有号召力，他具有团结大众，齐心协力实现社会目标的巨大功能。这是它的外结构。龙母叙事的内结构，是一个表意结构。首先讲一个普通的民间妇女却能够带给老百姓巨大的福祉。然后她受到朝廷的召唤，但是她没去，未入朝廷。最后她一直成为百姓的保护神。那么这样一个内结构，我就觉得它呼应了人们集体无意识中的逆反心理。从这个内结构的情节模式，可以看出龙母故事的内结构主要描写的是通过民间力量与封建统治力量的对比，表达了对前者的信赖和对后者的不信任。一个普通的女性在民间扶危济困，得到群众的广泛信赖，给当地老百姓带来莫大的安全感。但是面对朝廷的召唤，她称病不情愿去皇宫受宠，故事为了不让她脱离民间，甚至干脆以病亡来结尾，这些情节就特别耐人寻味。

情节内结构的各个环节都从不同角度论证了同一个命题：其实老百姓宁愿信赖民间保护神，（也）不愿意信赖统治者。那么，这就形成了一个外显内隐的结构张力，蕴含了深层的一种文化心理。纵观中外古今神话传说、文学经典，我们发现故事中蕴含的艺术张力是触动读者心灵的重要源泉（之一）。那么这个张力主要有三个部分，一个是丰富的思想，第二个是动人的情感，第三个相互依存的矛盾。丰富的思想就是说它有意识层面和潜意识层面。意识层面就是表现一个女英雄形象，满足了老百姓的丰衣足食、安居乐业的普遍要求，这是故事的外显思想。此外，就是内在的潜意识力量。我从精神分析的角度来看它，弗洛伊德认为，在人们受到挫折后，除非允许他们宣泄自己的攻击性，否则攻击性的能量将受到抑制而产生压力，由于这种能量要寻找一条输出通道，因而便产生暴力行为，或者以精神疾病的状态显现出来。只有受到挫折的这个人，对于使自己受到挫折的人或物进行一种安全的、没有自疚感的攻击，精神发泄才最明显。那这个龙母叙事刚好从潜意识层面缓解了老百姓的精神压力。老百姓受到了不少委屈，还有一些生活矛盾，一些问题解决不了，又不能找到合适的发泄对象，所以通过讲故事来表达对统治者的不服从，这就成为一种安全的想象性的攻击行为。所以，在这个故事里，意识层面和潜意识层面的内容互相较量，在这里构成了一种叙事张力，具有了紧张感和趣味性。第二，是指它动人的情感。龙母故事在叙事过程中始终蕴含着饱满的情感，比如龙母细腻深沉的母爱、龙子的孝道和龙母宽广的爱民深情等。第三，相互依存的矛盾。其中一个是人与自然的矛盾，还有意识层面与潜意识层面的冲突，也是一种永恒的矛盾。如今封建制度已经寿终正寝，龙母崇拜的香火却越来越兴旺，这个时候的群众文化心理与古代的心理已经截然不同了。这个时候我觉得主要有三个方面：一是龙母文化所宣传的中国传统文化伦理观念深入人心；二是社会矛盾未能及时化解，人民的精神（需要）抚慰；三是民众信仰目前存在大量的空白地带，需要寻找一个精神的栖息地。好，谢谢大家！

王　敏：下面有请肇庆学院刘炳辰老师发言。请掌握时间。

刘炳辰：我主要是想谈一下龙母信仰现实当中的一些意义。因为，龙母这个现象，龙母信仰现在越来越热，那么对我们现在构建这个和谐社会有哪些现实意义，我觉得这也是一个很重要的问题。那么我们现在所能看到的关于龙母的记载，还有民间龙母的传说以及故事，我们发现一个问题，其内容随着年代的演进越来越丰富，这说明它是融入了各种时代人们的精神诉求，它的文化内涵是比较复杂的。那我们现在讲这个龙母信仰，或者研究龙母，就必须从这种纷繁复杂的各种文化信息当中，对我们这个现实当中有正面意义的、有价值的东西加以推广。所以，我就想在这方面来探讨一下，这个探讨只能说是自己在看这些龙母故事和典籍资料时的一些体会吧。这里，我主要是从和谐社会的角度来谈一下龙母信仰的现实意义。从和谐社会的角度来讲，我觉得龙母信仰，它对和谐社会这方面主要的价值体现，一个是在民族和谐方面，第二个是在人际关系方面，再则是在家庭关系方面。那么从民族和谐的角度来看，我觉得龙母这个故事本身，在它的形成发展过程当中，就体现出多民族一体的特点，因为我们看到各种版本，龙母的族属问题，有些说是白族，白族有龙母，瑶族有，壮族也有；那龙母的出生地也有不同的争论，这说明什么问题呢？就是说明龙母的传说实际上是融合了各族群不同的文化信息，她被各个不同民族认可、接受，形成不同民族共同的文化信仰。那么从现在龙母现象来看呢，西江流域的各族人，乃至粤港澳，甚至江西，再远一点儿的，就是从外地来的、内地来的，像我们所谓的新客家人，他们来了之后也开始逐步地接受龙母，所以这就使得龙母作为不同民族的人们的一种共同精神信仰。那么，对于构建一个和谐社会，对民族和谐这个方面，我觉得有很重要的意义。这是一方面。

另一方面从人际关系上来讲，龙母故事当中很多告诉人们的是什么呢？是人与人之间的一种仁爱，那么在这个现实社会当中，我们确实感到存在很多问题，比如这种道德滑坡现象，还有我们的胡宝坚副书记刚才一开始提到，不久前发生那个被车压了两次的那个女孩子的现象。这都说明我们的现实生活当中，确实存在着越来越多的问题。那么，这种仁爱的精神，需要我们去发扬光大。再有一个是从家庭关系方面来讲的。这里最突出的就是一个孝道观念，这个孝道观念，我觉得包含两种含义：一是从母亲的角度，“母慈”；二是从孩子的角度，“子孝”。你看龙母和龙子之间的关系体现的是一种母慈子孝，那么，我们现实社会生活当中，我觉得也应该从这个故事当中得到启发。首先是家庭教育，“慈”是一方面，但是也不能一味溺爱，就像龙母跟龙子，它有这样一个断尾的经历，那么这个情节隐喻的是什么呢？是人的成长必须经历挫折和磨难，要让孩子经受磨炼；从这个“子孝”的角度来讲，我们现在的孩子缺乏一种感恩的、孝道的教育。在这方面，我们也必须从龙母故事当中受到一些启发，获得一些教育，来对我们青少年教育方面来做些引导。

王　敏：好，谢谢刘老师。（掌声）最后，我们有请肇庆学院的苏常博士发言，他是研究传播学的，主要是从传播的角度来探讨龙母文化。

苏　常：谢谢各位专家领导。因为我本身是广西梧州人，大家都知道梧州有龙母庙，只是二十多年不在家乡，对龙母的认识并不是很深刻。直到参加龙母文化研究的课题组，来到悦城，看到龙母信仰在悦城能够得到蓬勃的发展，我才深深地体会到这种信仰在当代具有非常重要的影响力。刚才很多专家学者已经从文学、民俗学、历史学等角度去探讨龙母文化，我是研究新闻传播的，那么我想从传播学的角度，去看一下龙母在当今为什么有这么大的影响力？尤其是在中国南方，不仅仅是在珠三角，甚至还在其他一些地方，比如江西，它也有一定的影响力。那么，我主要觉得，就是说想通过运用这个传播政治经济学这个学科的框架，通过国家、市场、社会这样一个三元分析框架，那么我们的调研小组在 2010 年、2011 年的时候，做了些田野调查工作，包括到藤县、梧州、悦城做一系列考察，参加他们的龙母诞节庆活动，我觉得就是说，龙母在当代有这么广泛的影响力，除了是信仰本身的力量外，国家以及市场对龙母文化在当代的传播，也起到一个很重要的推手作用，所以，我的论文就是想研究国家、市场和社会在当代龙母传播的过程中到底起着什么样的作用。

我的论文的第一部分，主要是谈国家对龙母祭祀这种仪式的利用。我们都知道，我们国家在这个转型期所推行的一种意识形态跟以前的意识形态有相当大的区别，以前是一种“极权型的旧意识形态”，那我们今天所推导的是一种“威权型的新意识形态”，这种新意识形态将过去的那种“强制、灌输和控制”转为“同意、咨询和劝唤”，那么这种意识，按照美国传播学者詹姆斯·W. 凯里的一个看法：“传播的起源及最高境界，并不是指智力信息的传递，而是建构并维系一个有秩序、有意义、能够用来支配和容纳人类行为的文化世界。”所以从“仪式传播”理论出发，我想研究龙母文化在当代传播当中，国家是怎么借用它的，那我觉得国家这种新意识形态对于龙母文化的借用，主要体现在三个层面，第一个是道德教化。刚才已经有很多老师谈到了这一点。比方说今天我们国家意识形态所提倡的是科学发展观以及和谐社会，其实，龙母文化也是与时俱进的，那么它也迎合这种意识形态的需求，那具体的也不多讲。第二个是社会整合。我已经知道在转型的社会，这个社会矛盾显现，清华大学社会学家孙立平用“断裂和失衡”来表征当代中国社会的一个特点，诸如城乡贫富悬殊等社会问题已经越来越凸显，那么国家意识形态就要能够把分裂的东西重新黏合。龙母文化的核心，就是这种仪式恰恰起到一个作用，所以我在这里提到国家利用仪式所施行的是一种社会修辞术，它可以有效地掩护一些社会分化的裂痕，重新整合这个社会，而且能够起到规劝这个社会桀骜不驯的反抗因素的“和谐”要求。第三个就是认同建构，在全球化发展的大背景之下，我们国家已经在不断发展，但是我们民族的一些东西也不断受到冲击。那么如何通过龙母文化去重新维系这个民族文化的认同，我觉得非常重要。包括近年来，国家很多这种“祭祖”“拜祖”大典，其实也是希望通过这种仪式传播达到一个认同建构的作用。那么龙母文化，我们知道它通过民众朝拜龙母，可以再次确认他们身为“龙的传人”的身份标识，并可以起到一种文化上的认同。

第二部分，我谈的是市场的作用。主要分三点：第一是旅游经济；第二是文化产业；第三是传媒助力。关于旅游经济，我们知道节庆经济在20世纪90年代已经成为地方经济发展的一种重要手段，地方政府也网罗各种民间仪式，举办形形色色的地方节庆活动，生动地诠释了“文化搭台，经济唱戏”的深刻含义，那么作为旅游行业也充分地借用了这个龙母，因为龙母诞共有七个诞期，每逢诞期的时候，都通过举行这种盛大的庙会活动，这种朝拜可以推动旅游的发展。而且这个不仅是国家在利用，民众也看到了其中的一些商机，包括里面提到的一个例子就是说龙母祖庙从20世纪90年代开始，逐步地建立起商铺，很多人开始围绕龙母去进行一些经营，甚至有些经营的商家想出了“买香送停车位”这种绝妙招数，这也是我们在田野调查中发现的。所以，我得出的结论是，市场化改造的不仅是国家，还有社会和民众，在对龙母商机的把握上，国家与民众步调是一致的。

第二是文化产业。因为当今中国也不断地提倡要发展文化产业，那在文化产业中，对广东来讲，主要是对地方文化的开掘，那么包括我们提出《德庆县建设文化强县规划纲要》，里面也提到怎么利用文化产业打造、挖掘龙母文化，包括在2009年的时候，粤动传播有限公司计划制作一部《龙母传奇》的动画片，那我想这种新的传播方式，一方面是文化产业的一种介入，另一方面也可以带动当地旅游业新一轮的发展。

第三个我想谈的是传媒业改革对龙母文化的推广和宣传。我主要从两点来谈，第一个是传统媒体，就是报纸和电视等传统媒体对龙母文化的传播和发展。我们知道20世纪90年代，中国报业改革的重要特征就是都市报的出现，都市报的重要特点就是大量专版专刊的出现，专版当中，旅游版也是在此之列的。那么旅游版，我注意到2005年6月6日《南方都市报》有个旅游专版“商旅时代·德庆游”，其中就对龙母这个“龙之旅”的旅游路线进行了推广。还有就是电视传播，2005年的时候，凤凰卫视的《文化大观园》走进龙母祖庙，当时是我们的叶春生教授和王鲁湘在龙母祖庙里面设坛开讲，利用凤凰卫视这个巨大平台，也可使得龙母文化影响力进一步辐射到海外。我想谈的第二个，是新媒体对龙母文化的推广作用。首先是网络的传播，现在德庆县旅游部门已经开始利用他们自己的旅游网，开设有节庆活动专栏。其次就是通信的传播，在此，我想谈一点，也是我在田野调查当中有一个很深刻的感悟，现在这种新传媒的出现，对于龙母文化也是一个推广渠道。那么，我们在藤县龙母庙的调研过程当中，曾经就碰到一个大娘，这个大娘在接到外地信众的祈福电话之后，她就当场用手机，用藤县当地的土话为这个信众唱经，为他祈福。那我想在传统是没有这种传媒介入的情况下，你要祈福、唱经，是要在特定的空间之内，但当手机、网络这种出现之后内，唱经就可以借助这种媒界得到推广。所以我说传媒技术的革新，确实在改变传统的传播方式和边界。龙母文化的传播因此也获得了新的可能和空间。

第三部分我想谈的是社会的呼唤。社会民众对龙母的需求，第一个就是社会转型期民众需要一种心灵鸡汤的滋润。我想龙母文化的出现可以填补社会民众的信仰真空，同时也可以满足人们求福避祸的祈愿心理，包括我们在龙母水灯节当中的一些感悟。第二个就是龙母文化的展演可以满足民众的一种娱乐消遣。那么，这个龙母文化自古以来，其祭祀仪式本身就是和“娱神”活动相联系的。在当代，现在传媒的发展很发达，我们的娱乐其实是建立在传媒基础上的。但是，传媒娱乐的一个弊病就是，它往往是把人束缚在一个很狭窄的空间，人类天然的娱乐特性得不到释放。相反，龙母文化这种广阔的空间，尤其是在当代这种广场的活动，尤其是在前几年，还是比较少。那么通过龙母文化这种广场活动，它可以使人们疲惫的身心得到放松。2010 年在对梧州龙母太庙龙母诞的调查当中，我们发现了这么一个特点，就是说很多参加庆典的民众，不是出于一种信仰去参加这个活动，而是出于一种娱乐需求。因为当时在“龙母诞”四个小时的活动当中，除了保持它的祭祀活动外，还加了很多娱乐活动，比如粤剧清唱，比方说戏曲戏剧的表演、舞龙舞狮的表演，那我想就是龙母文化在当代的娱乐功能，其实也得到了民众的一种欢迎。最后一个就是港澳台同胞的一种文化寻根的心理。

因此，我得出的结论就是：在当代，国家、市场、社会对于龙母文化的传播，都起到了重要的推力作用。在未来的一段时间之内，这种推力作用依然会发挥效力，值得注意的是，国家、市场的这种权力行使，必须要在一个适度的范围之内，一旦僭越这个范围，就会形成对文化的破坏和消解。从文化的本身来说，它的开发还是应该更注重遵循其自身的规律和特点，只有这样，龙母在当代的传播才能演绎出更炫耀的光彩。谢谢大家！（掌声）

王　敏：谢谢苏常老师，年轻的声音。今天上午我们的会议开得非常紧凑，各位专家学者都有很精彩的发言。下面我们有请广东省社科联林有能主席给我们做总结发言，大家欢迎。（掌声）

图 3　广东省社科联林有能主席在龙母文化研讨会上发言

林有能：各位啊！总结呢，学术会议应该是没有什么总结的。谈点个人的体会吧。我们这个会是一个小型的会议。像这个话题呢，如果时间充裕，我们可以组织更多的学者参与，来写些东西，我估计省港澳很多学者都会关注这个话题。龙母文化已经在珠三角、港澳地区影响比较大，包括外省的，很多学者都可以参与这个话题。因为时间太紧了，没有请到这么多的学者过来。这个研讨会，是我提议王老师开的，为什么要开这个会？我有自己的一个想法，如果从大的背景来看，开头中生主席（注：肇庆社科联主席王中生）说到了，还有我们的书记（注：德庆县委书记、人大常委会主任吴宪平）也说过了，刚刚结束的中央的全会（注：中国共产党十七届六中全会，于2011年10月15日至18日在北京举行），开完了要发一个“专门探讨文化产业，文化体系的纲领”（注：应该是十七届六中全会审议通过的《中共中央关于深化文化体制改革、推动社会主义文化大发展大繁荣若干重大问题的决定》），我们省去年出台了《文化强省纲要》（注：《广东省建设文化强省规划纲要（2011—2020年）》），这是省委、省政府出台的，这个以前都没有过。这说明我们国家对文化确实很重视。所以，这几年来，我们也是在推动地方文化的研究工作。所以，我们就立了一个课题，就是龙母文化的一个课题，由肇庆学院王敏老师领衔，大力帮助做这个课题。做这个课题，如果能够有其他学者能够提供一些机会给我们，我估计这个课题会做得更好，争取这个课题做出来之后，不仅是对学界有贡献，而且对我们的文化建设、对当地的社会经济发展也有贡献，那么我们就达到了目的。我们作为省的管理部门立的课题，不光是你们本身做课题的人，我也要争取做好，我们作为管理部门也应该对得起这个课题。所以呢，我们要感谢这个会议，把有关的、对这些方面有研究的人请过来，谈谈一些体会也好，研究成果也好，都会对这个课题的开展大有裨益。这就是我为什么要开这个会的一个想法吧。

那么今天这个会，我自己感到有两点是比较突出的，我们这是学术研讨会，我们平时自己做这一块的特点就是说我们跟其他人的思路不太一样，我们做这个东西，会比较扎实地侧重于学理的、学术的角度去探讨这个问题，有些人可能是侧重于什么呢？我要跟你策划一个大的课题之类的，跟当地搞一个什么开发，叫当地提供一笔钱来搞开发啊……我们的出发点可能就跟他们有点不同，我们侧重于学术、学理上去探讨问题。所以，我今天觉得我们这个会虽然时间短，但有两个感受：①真的是学术上的探讨。我们一共有十位专家发言，我听了之后就感觉到这个学术氛围确实比较浓厚，比如说忠烈公（注：广东省社科院陈忠烈研究员），他的发言，我觉得视野很开阔，把我们的龙母、龙母文化不局限于本身的龙母文化本身，它要放到更广的视野中，就是说把它放在整个岭南文化背景下，或者尤其是在国家和地方的关系中，中原文化和岭南文化的这种冲突融合的关系中去探讨龙母文化的问题。比如吴建新老师（注：华南农业大学吴建新教授）他谈到要放到整个西江流域对水的信仰上，来探讨这个龙母文化的信仰问题。还有赖老师（注：肇庆学院赖翅萍教授），把它作为女性的，因为我们广东的、岭南的这一块对女性的崇拜、民间的崇拜，不光是三个源头：龙母、妈祖和冼夫人，这就从女性崇拜的视角来考虑这个问题、这种文化，还有我们温主席（注：德庆县政协温爱民主席），既是政府人员，又是研究人员，他的文章非常扎实，重视地方文献，尤其是用这些碑刻的材料，来说问题，所以我觉得这个会虽然短，但学术性是非常强的，包括我们赵公（注：广东省社科院赵立人研究员）从一点里头，把这个面，把我们县的教育问题连起来。

第二，探讨龙母文化与现在结合的问题也很突出。有好几个老师，包括我们叶老师（注：中山大学叶春生教授）都探讨了龙母文化跟我们现在的和谐社会、幸福广东和幸福德庆的建设，把它们结合起来探讨这个问题，……还有对我们现在的经济发展到底有什么作用，比如说我们管理旅游的部门，专门谈了龙母文化旅游方面的问题，那么这些意见，我觉得都应该考虑，所以这里我觉得这两个特点比较突出。我觉得达到了我们开会的目的。

然后我就谈谈地方文化的研究和为地方文化、地方社会经济发展服务的关系问题。我刚才说了我们这个会的一个特点是专门从学理、学术上作研究，关于应该怎么为现实服务，我可能考虑得不多。但我总觉得文化这个东西，你只要研究，研究好了，它就必定会为现实服务，我不用去大张旗鼓地说我一定为现实服务，那么功利，那么直接，但只要研究到位它必然会产生社会效应。那么，说到这个问题，我觉得怎么利用历史文化来发挥它的教化功能，应该要重视，刚才很多人都谈到了这个问题。我们平时都说“共产主义这种信念”“社会主义价值观”，这些要讲。我们这个活动不能不讲这些东西，但那个还比较遥远，而且有些看不见，有些虚。但地方历史文化，它比较实在，我们“生于斯，长于斯”，我们这个随手（可以拿到）的，平时看得见的、摸得着的，都在我们身边。所以，我们就要利用我们地方历史文化来对我们大众的教育，这是一个值得重视的问题，尤其是我们的地方官员，我觉得应该要更多地熟悉、了解地方文化。我这段时间，这几年也接触到一些政府人员，他们当中有相当一部分就说我到了这个地方，首先你就把这地方文史的东西给我看看，以前有些先找经济赞助、找投资商什么的。你先给我找地方文化的东西给看看，熟悉一下，这是有一定道理的。当过官的话，对当地历史、风俗、文化、习惯都熟悉的话，可能会有利于开展工作，整个人的素养会提升很多。跟人家谈话，别人会对你刮目相看，所以我们说我们地方的历史文化，首先我们的公务员应该熟悉。我到哪个地方，我都跟他们这样说。前两天到云浮的市委中心组学习，新兴的县委中心组叫我去跟他们讲“六祖文化”，也就是说当地的官员啊，你就要懂得当地的一些文化。所以呢，就说这条路子，或者这个方法要怎么去做，怎么让我们的平民大众，尤其是一些儿童，能够了解我们的当地文化，这是各级部门都是要考虑的。各个部门也肯定做了很多工作，包括拍了一些影视作品、动漫作品，包括我要提到的现在要做什么连环画、小人书（王敏：口袋书）。这都是非常好的一个载体，因为“三十年河东，三十年河西”，现在的人喜欢看小人书、连环画。包括我跟他们做六祖的，非常喜欢，还印了好几次了。所以，你这个龙母文化能不能也花点儿功夫编个连环画，老少都喜欢看。我们的地方文化需要平民百姓了解。那么了解得多了，自然会对民众的言行产生潜移默化的影响。为什么我们说到粤西这个地方的民风比较淳朴，不像粤东、粤西南那样彪悍，这跟我们这些长期以来的文化熏陶有很大的关系，所以地方文化要为现实服务。

再者呢，我想讲讲如何研究地方历史文化的问题。我这几年因为着力于推动地方文化研究，因而有些想法，总觉得还是要提出来。第一，研究地方历史文化就将情感融进去。如果你这个人的情感都融不进去的话，那么你研究不好的。一旦融进去，叫你出来都不容易，这不可能。比如说我叫忠烈公你不要研究你的岭南民间信仰，你行吗？那不可能！你吴建新的珠三角的农业开发，我叫你不研究行吗？这是不可能的事！就是说你一旦融进去了，叫你出来都不容易，你现在叫我不要去搞六祖文化的研究了，我也是不可能的。说人呢，研究一旦情感上融进去的话，不管是何时何地，你都会关注跟这方面有关，这是平时的积累啊！所以我觉得研究地方历史文化，首先就是情感上要融进去。第二个，对当地的风俗习惯、民风民俗、语言，要了解清楚，要熟悉。为什么要提到这个问题呢？因为我们这几年，地方历史文化的研究有这样的一个现象，从事这方面研究的人，可能相当一部分是外省过来的，尤其是地方院校的老师。你看我们广东地方高校的老师大部分是外省的，“孔雀东南飞”过来的。那么这些人过来，他本来的水平非常高，我们不怀疑。如果他在当地做得非常好，但是到来我们这个地方，就有了问题，这是对我们当地的风俗习惯可能暂时不了解，包括语言。刚才忠烈公发言时用方言，用我们白话来发言，这是一个形式，但实际上他这种做法隐含了什么问题？说明我们研究地方文化真的要懂得方言。不懂方言的话，你研究一个地方文化是不容易做的。同一句话，方言的意思，可能跟我们正统的意思会有不同。所以我们要做好地方历史文化的研究，对当地的风俗习惯、语言一定要熟悉，这是少不了的。所以我建议，你们这个团队也好（王敏：我们团队里有几个老师都是讲白话的），多一点儿走街串巷有好处，每看到一个门牌，或者一个窗花，这说不定就是一个宝。这就是第二个方面。第三个就是研究力量的整合。我们现在研究地方文化，尤其是在地方的高校里作研究，刚说了老师大多是外面的。有一股力量我们不能忽视，就是地方民间的研究力量，包括我们刚才提到的温主席，你说他是学界的人吗？他不是！但你说他没有研究吗？不可能！我们几个看了他的文章，都认为确实做得非常好！（陈忠烈：民间学者）——是啊！所以民间的研究力量非常重要的，包括我们没有来开会的欧部长（欧清煜），他来不了，身体不好，他对当地的非常熟悉的，就肇庆的以前的刘伟铿[1]，所以这个研究力量啊，当地的民间的研究力量一定要整合起来。这些人往往只是理论水平或者说理论成绩比不上我们高校的老师高，但是他掌握的东西非常多，可以互补啊。结合起来，可以做到更好。这顺便提一下地方文化研究的一些想法吧。

最后，说些感谢的话。第一，我觉得在这里要感谢这些学者，感谢在座的各位，你们不光是来参加，提交论文，贡献机会。现在我也知道大学的老师、研究人员，都非常忙的，都排得满满的，所以你们抽时间能够写文章来参加的。非常感谢我们在座的主办单位，平时经常讲就说你要开好这个会，没有人写文章，就像要煮好这顿饭，没有米就是煮不成的。所以要感谢今天在座的参加会议的学者。第二个要感谢的是我们当地的政府，感谢德庆政府为我们这个会提供条件，尤其是我们的吴书记，你看看他今天坐在这里，从头到尾，跟我们坐在一起参加研讨。我也主办了不少这种学术研讨会了，像他这样的非常少，从头到尾地听我们的学者在这里说，这说明当地非常重视这个事。而且我们做这个课题啊，也要靠当地的支持，没有当地的支持，我们是做不了的。所以我们要利用机会，要感谢当地的政府、党委，感谢吴书记。第三要感谢的是筹办这个会的工作人员，包括我们的王老师（王敏：这都是应该的），本身是文学院的院长，领导亲力亲为来筹办这个事，所以如果没有她来筹办，我们也很难做到这个事。我总觉得我们这个今天这个会虽然短，过去可能研究的也不少了，但我觉得，龙母文化的研究空间还非常大，所以我觉得往后还有机会还能够组织更多人参与，包括外省的学者，还有省港澳的学者，可能都会把他们请过来，把这个龙母文化做得更好。我就大概谈到这里了，谢谢各位！

王　敏：谢谢林主席，非常感谢！我觉得林主席刚才做了一个很好的发言，特别是对我们今天这个会议的概括，还有对于地方文化研究应该怎么去做，提出了非常好的建议。我相信在未来的龙母文化研究中，我们会借鉴今天与会的各位专家的智慧和成果，然后力争把这个龙母文化研究的课题做成更有岭南、更有全国意义上的研究。首先，非常感谢各位专家学者的与会，非常感谢林主席！自我们这个项目立项，林主席就一直都关心、过问和支持，特别是今天这个研讨会能够顺利召开，特别是广州的这些专家学者能来，都是我们省社科联的领导帮我们请的，在这里要特别地感谢！其次，我们要感谢德庆县委、德庆县的大力支持，特别是吴书记。我们和德庆县联系召开龙母文化研讨会，吴宪平书记大力支持，然后就说那就安排在十月中旬吧，促成了这个会议的召开。德庆县提供了很好的会议条件。温主席给了我们很大

---

① 刘伟铿，肇庆历史研究的标杆人物。

的帮助，他也是龙母文化的研究者，我们在调研的时候，他帮我们召集了旅游局、文广新局，还有文联的人来跟我们座谈，给我们提供了非常多的资料。宣传部的李（卫明）部长，还有旅游局的潘局长，都给我们很大的支持。还要感谢王中生主席，对我们，包括跟德庆县的联系，都给了我们很多非常实际且有力的支持。确实，我内心的感恩之情无以言表，真的非常非常感谢！今天上午研讨会的时间非常有限，但是，我觉得广东在建设文化强省的过程中，龙母文化的研究还有很多的空间，希望我们在座的各位能够在以后的龙母文化研究当中能够继续做出我们应有的成绩。吴书记，请您还跟我们讲两句吧。

吴宪平：首先，感谢林主席和各位专家学者，我今天真的是非常认真地听了各位专家学者对龙母文化的一些很有见地、非常深刻的研究，从不同的角度、不同的侧面。那么，第一，这些对龙母文化的研究，对于我们地方党委、政府怎么更好地利用龙母文化，推动我们县的文化建设和旅游建设。第二，县里还是要利用这一次研究成果，很好地推动文化建设和旅游建设。那么，我也做了一些思考，包括我们陈忠烈教授提到的“碑刻”这一块，我心里就想，温主席就麻烦你了，你先把那个“碑集”出版好，然后我们研究怎么落定，在公园里边规划一个地方，用怎样的一个载体，一种形式把它很好地安排出来，让大家去看，游客也好，其他群众也好，能够把这些规划好。当然有很多学者也建议我们怎么很好地利用现代传媒，在很好地推动文化建设的同时，把各项工作落实到实处，包括我也想到了连环画肯定是要出的。所以林主席，这个肯定是要做的。但具体怎么归纳整合，把大家这些好的研究成果，我们一起去很好地落实，把它运用起来。最终还是要感谢大家，也祝大家身体健康，事业进步！请大家多来德庆，多来看看，多来研究，平时也多来走走。谢谢大家！（掌声）

王　敏：谢谢吴书记。最后，祝德庆县的各项事业蒸蒸日上。感谢各位，祝大家身体健康！谢谢大家！（掌声）

（杨红军记录整理，王敏校对定稿）

悦城龙母文化资源调查与传统文化传承的思考

——大学生暑期社会实践调查报告

曾火娇　等

图 1

肇庆学院悦城龙母文化资料调研组

学生成员：曾火娇　骆燕贞　陈月敏　陈永聪　邵学宽

指导老师：王　敏

时间：2011 年 7—8 月

肇庆悦城龙母文化是西江流域文化的源泉和核心，被誉为“古坛仅存”的龙母祖庙更是承载着龙母独特的、深厚的文化底蕴。龙母文化是中国传统龙文化的重要组成部分，作为中国特色社会主义文化建设的接班人，青少年在传播和发展龙母文化中具有非常重要的现实意义。本文在调查研究的基础上，详细描述了肇庆悦城龙母文化资源的基本状况，并结合青少年的心理特征，论述了青少年对中国传统文化传承与发展的意义，进一步提出了肇庆悦城龙母文化在青少年中传播与开发的新战略。

引 言

文化是一个民族的灵魂与血脉，当今时代，文化越来越成为民族凝聚力的重要资源。肇庆悦城龙母文化，是肇庆人民的文化骄傲和精神家园，积淀着百姓们深层次的精神追求和行为准则，更承载着地方历史文化的灵魂与精华。崇拜和信仰龙母已经成为西江流域的民间习俗，影响遍及珠江流域、港澳地区和海外华侨华人。每年的龙母诞，海内外龙的传人从四面八方前来瞻仰龙母、敬拜龙母，祈求龙母赐福，得到龙母的保佑和恩惠，龙母祖庙的香火也因此常年十分旺盛。

龙母的起源与信仰源远流长。龙母的传说在一千五百多年前，就被南朝刘宋年间的沈怀远在《南越志》中以文字的形式记载下来：

昔有温氏媪者，端溪人也。常居涧中，捕鱼以资日给。忽于水侧遇一卵，其大如斗，乃将归置器中。经十许日，有一物如守宫，长尺许，穿卵而出，因任其去留。稍长二尺，便能入水捕鱼，日得十余头。稍长五尺许，得鱼渐多。尝游波中，萦回媪侧。媪后治鱼，误断其尾，遂逡巡而去，数年乃还。媪见其辉色炳耀，谓曰："龙子今复来也。"因蟠旋游戏，亲驯如初。秦始皇闻之，曰："此龙子也，朕德之所致。"诏使者以玄珪之礼聘媪。媪恋土不以为乐。至始安江，去端溪千余里，龙辄引船还。不逾夕，至本所。如此数四，使者惧而卒止，不能召媪。媪殒葬于江阴，龙子常为大波，至墓侧，萦浪转沙以成坟，人谓之掘尾龙。今人谓船为龙掘尾，即此也。

（按：都城故县在今西宁，《唐志》《太平寰宇记》误以悦城之水系此都城）

而对于龙母的信仰，历史更为悠久，可考的碑刻上，就有关于龙母庙在唐太和年间（827—835 年）赵令则、李景休主持的庙宇重修事宜的记载。在《悦城龙母庙志》所收的碑刻文字，官方敕封的文书和文人仕宦的题赠诗文中，可以得知龙母信仰可以上溯到迄今已有两千多年历史的秦始皇时期。

绵延两千多年的历史，龙母信仰不仅得到了广泛的传播而且被历朝皇帝敕封，一直处于封建国家的正祀地位。根据《悦城龙母庙志》记载："汉高祖十二年封龙母为程溪夫人加赐御葬；唐天祐元年，封永安夫人，次年改封永宁夫人；南汉大宝九年，封龙母夫人；宋太宗年间，封永济夫人；宋熙宁十年，加封灵济崇福圣妃，赐额永济，后又改额孝通；宋元丰元年，赠永济夫人；明洪武八年，封程溪龙母崇福圣妃，九年又封护国通天惠济显德龙母娘娘。清朝一代，地方官也曾多次上疏奏请皇帝加赐龙母封号，咸丰三年，皇帝‘朱笔圈出’龙母封号为‘昭显’；同治七年，朱笔圈出‘溥佑’为龙母封号;光绪八年，朱笔圈出‘广荫’为龙母封号。”①

走过历史的沧海桑田，时代不断向前发展。改革开放之后，各种新生事物与外来文化开始充斥着人们的视野，尤其是年轻一代，对民族传统文化的忽视，文化信仰的缺失，引发了各种各样的社会问题，对社会的健康发展提出了新的挑战，重塑民族文化信仰已迫在眉睫。龙母文化作为中国龙文化传统的重要组成部分，重新认识和挖掘龙母文化的内涵、品德和精神风格，发扬龙母勤劳善良、勇敢智慧、宽厚慈爱、乐善好施和爱国爱民的传统美德，对重塑青少年传统文化价值观和精神信仰有着重要意义。在全国探讨青少年如何传承传统文化的大背景下，2011 年 7 月到 8 月，肇庆学院悦城龙母文化资源调研组 5 名同学，在文学院王敏老师、张惠老师等的带领下，深入肇庆德庆县悦城镇悦城龙母祖庙、悦城龙母小学、悦城中学、悦城中心幼儿园等地方展开了田野调查；采用抽样调查方式对龙母祖庙周边的商铺、城镇居民的龙母信仰、祭拜龙母的祭品和方式、龙母祖庙的建筑进行了考察，对不同年龄阶段的群众进行了采访，了解当地群众对龙母文化的认识程度；实地考察了肇庆白沙龙母庙，高州冼太庙等同类或同是女性崇拜的建筑庙宇，在比较中发现问题。并且，通过与德庆当地的文化局、文广新局、旅游局、博物馆等相关代表开展小型的研讨交流会，进一步探究了龙母文化的传承与发展；还到了肇庆市图书馆翕庐分馆地方文献室、肇庆市群众艺术馆、肇庆群艺馆、肇庆中巴软件园等地方搜集相关资料；单独采访了肇庆学院教育学院的心理学教授李炳全老师，了解了现代青年人对传统文化的接受心理，从心理学理论和实践结合的层面上，进一步探讨青少年对祖国传统文化的传承问题。运用搜集、整理、研究，理论与实践相结合的方法对肇庆悦城龙母文化资源和青少年对传统文化的传承进行了探索与思考，完成了这一调研报告。

第一部分　德庆悦城龙母文化资源开发与传承现状

悦城龙母文化是西江流域文化的源泉和核心，是中国传统龙文化的重要组成部分，也是中国传统民俗文化的重要分支，其传播和发展具有非常重要的现实意义。作为现代大学生，肇庆学院悦城龙母文化资源调研组龙母文化

① 万幼楠：《桥牌坊：图说中国古典建筑》，上海：上海人民美术出版社 2013 年版，第 136 页。

研究队的五名成员怀着时代的责任感和使命感，通过搜集文献资料、田野调查、个别访谈、实地考察、比较借鉴和开研讨会等方式方法，综合整理后，开展总体与局部相结合的分析研究，比较清晰地阐述了悦城龙母文化资源的开发与传承的现状。

一、悦城龙母文化概述

肇庆悦城龙母文化积淀两千多年，作为西江流域古民俗文化的核心部分，其文化内涵极为丰富。根据我们调研队的调查发现，龙母文化资源主要包括以下几方面：

（一）起源传说

著名神话学家袁珂在《中国神话传说》中说过："秦始皇时代，有两个神话故事，对后代有着普遍的代表性质，一个是关于陷湖的传说，另一个是关于龙母的传说。"① 据相关可考资料显示，龙母传说在不同地域呈现出多种形式，主要包括肇庆德庆县悦城镇、梧州市藤县、（广西）环大明山地区、大理白族自治州、潮州市潮安县、梅州市兴宁市罗岗镇等地的龙母传说。而德庆悦城龙母传说是其中影响力最大、影响范围最广的。其相关的历史传说记载有德庆县悦城龙母祖庙的清光绪《孝通庙志》，沈怀远的《南越志》，刘恂的《岭表录异》，刘应麟的《南汉春秋》等。其中，最具有代表性，并被广泛流传开来的是唐人刘恂在《岭表录异》中所载的：

温媪者，即康州悦城县孀妇也。绩布为业。尝于野岸拾菜，见沙草中有五卵，遂收归，置绩筐中。不数日，忽见五小蛇壳，一斑四青，遂送于江次，固无意望报也。媪常濯浣于江边，忽一日，鱼出水跳跃，戏于媪前，自尔为常。渐有知者，乡里咸谓之龙母，敬而事之。或询以灾福，亦言多征应。自是媪亦渐丰足。朝廷知之，遣使征入京师，至全义岭，有疾，却返悦城而卒。乡里共葬之江东岸。忽一夕，天地冥晦，风雨随作，及明，已移其冢，并四面草木，悉移于西岸矣。

除了龙母起源传说以外，与龙母相关的故事在民间也流传甚广，包括龙母起源传说、龙母与赖布衣斗法、云浮石山的来由、鼎湖山的传说、七星降人间、龙跃天池、李纲拜龙母、广西"布衣"探龙母等，这些口头流传的民间故事使龙母传说的内容更为丰富多彩。

---

① 袁珂：《中国神话传说》（下），北京：中国民间文艺出版社 1984 年版，第 707 页。

（二）历史记载

历史是文化沉淀的痕迹。龙母文化作为中国传统龙文化之一，有着源远流长的历史。据调查统计，从西晋以来，记载悦城龙母文化的资料种类繁多，不尽相同，分别有史书记载、地方志记载、笔记小说记载、敕封牒文和庙志记载，包括《南越志》《岭表录异》《旧唐书》《太平寰宇记》《南汉春秋》《粤中见闻》《肇庆府志》《德庆州志》、清光绪《孝通庙志》、《赐额记》《广东新语》《永济行宫记》和明代洪武帝诏书等清朝的敕封牒文。

据蒋明智、叶春生主编的《悦城龙母文化》中的资料显示，其中较为具有代表性的有以下几个版本：

（1）广东清光绪《德庆州志・卷五》有“龙母神生于周秦之世，事载《南汉春秋》，志乘庙原碑，班班可考”的记述。

（2）德庆县悦城龙母庙的《孝通祖庙旧志》写得更加具体：“敕封护国通天惠济显德龙母娘娘，温氏，晋康郡程溪人也。其先广西藤县人，父天瑞，宦游南海，娶悦城程溪梁氏，遂家焉。生三女，龙母，其仲也，生于楚怀王辛未之五月初八。”

（3）嘉庆《藤县志》载：龙母生于藤县，相传，藤县有一人叫温天瑞者，娶广东德庆悦城梁氏为妻。梁氏生三女，其第二女少年时每若眺望空中必有应答，言人福祸无不奇中，随其母回广东德庆悦城，非常喜欢悦城之地，欲以在此安居，但无至亲之人而回藤县。至藤，在溪边拾一巨蛋剖后得五物，形似守宫状，此物喜水，龙母把它豢养，大后放于江中，数年后麟甲辉煌复来见母，母知其为龙子，而于远远相迎。后此女告知其父母当乘龙去悦城，遂跨龙去，薄雾抵江口登岸，五龙以风雷相护，一夕拥地成坟，人以为异，因而立庙祀之，极为显应云云。

（三）名人记述

除了历史记载，唐代以后，随着诗歌的不断发展，提及龙母的诗文也逐渐增多。比如，唐朝著名诗人许浑曾巡视南海郡，到过德庆，他在《岁暮自广江至新兴往复中题峡峙（其四）》写道：“火探深洞燕，香送远潭龙。”南宋宰相李纲在建炎三年（1129 年）赴海南就任，途径悦城，作有《送迎诗》五首。唐代相国李绅曾被贬为端州司马，留有诗句“音书断绝听蛮鹊，风水多虞祝媪龙”；欧阳修编《新唐书》，在李绅本传中郑重其事地记下这件事：“绅南逐，历封、康间，湍濑险涩，惟乘涨流乃济。康州有媪龙祠，旧传能致云雨，绅以书祷，俄而大涨。”以欧阳修编史的严谨，竟也记下这件传闻，可见龙母影响之大。①

元代承务郎刘中孚，明代国公沐世阶、大儒陈献章，两广都御史张公岳，清代平南亲王尚可喜，清代名列“粤东三子”的黄培芳和张维屏等也留下歌咏龙母的诗篇。众多的文人墨客、历史名人为龙母挥毫抒怀，对龙母文化的传播与信仰产生了深远的影响。

（四）民间信仰

悦城龙母信仰在长期的发展过程中受到了历代皇帝的敕封，从唐代以来一直处于封建国家的正祀地位，形成了自身信仰的正统性。加之历经宋代和清代两个发展高峰，龙母信仰在民间逐渐拥有了广泛的群众基础。广东、广西及至整个西江流域，绝大部分人都信奉龙母，其深广的程度不亚于岭南的天妃——妈祖等其他水神。随着时代的迅速发展，有关龙母信仰的民间习俗活动与休闲娱乐相结合，在弘扬传统文化的过程中焕发着历久弥新的生命力。

图 2　广西藤县龙母庙

“一种地方民间信仰成熟的首要标志是祠庙的建立即祭祀场所和相关礼仪及制度的形成，以数量而言，民间祠庙的多少可以直接反映一个地区民间信仰的兴盛与否。”② 据不完全统计，新中国成立前，西江一带各种各样的龙母庙便数以千计，仅德庆县内就有 300 多座。如今，全国各地以“龙母”命名的地方就有 60 余处，包括北京、河南、辽宁、湖南、吉林、云南、福建、贵州等地。宋元、明清两个时期的龙母庙代表如表 1、表 2 所示：

① （清）王士禛著，李毓芙、牟通、李茂萧整理：《渔洋精华录集释》（下册），上海：上海古籍出版社 1999 年版，第 1714 页。

② 王元林、陈玉霜：《论岭南龙母信仰的地域扩展》，《中国历史地理论丛》2009 年第 4 期。

表 1　宋元时期广南东西路龙母宫庙分布统计表

所在州县	数目	名称	庙址	修建情况	资料出处
德庆州	4 处	圣岭宫	在江村旁	宋修，兼祀宋知军州江	光绪《德庆州志》卷 5
		龙母祖庙	悦城江水口	秦代	
		永济行宫	城西五里白石泉	宋时为永济行宫	
		龙母庙	废植圩	宋元建	
高要县	1 处	龙母庙	龙潭都（今白沙龙母庙）	宋咸淳中建	《古今图书集成·方舆丛编·职方典》卷 1350
新兴县	1 处	龙母庙	县城北门外一百余步登云坊	元延祐二年（1315 年）建	乾隆《新兴县志》卷 18
顺德县	1 处	龙母庙	龙潭	南宋建	咸丰《顺德县志》卷 16
龙川县	1 处	龙母寺	太和都	元大定中建，僧脱尘创	乾隆《龙川县志》卷 5
梧州	2 处	龙母庙	一在城西北二里许桂江上；一在郭外北关外	一不知建自何时；一为宋建	乾隆《梧州府志》卷 7
岑溪县	1 处	龙母温媪祠	无考	宋崇宁三年（1104 年）赐庙额	《宋会要辑稿·礼二十》
藤州	1 处	龙母庙	州东杭容州江口	最迟宋建	《太平寰宇记》卷 158
昭州	1 处	龙母庙	无考	最迟宋建	《元丰九域志》卷 9
象州	1 处	龙母庙	阳寿县	最迟宋建	《舆地纪胜》卷 105
宜州	1 处	龙母庙	城南五里龙塘	最迟宋建	《舆地纪胜》卷 122

（续上表）

所在州县	数目	名称	庙址	修建情况	资料出处
贺州	1处	龙母庙	苍梧门外南履江上	最迟宋建	《舆地纪胜》卷123

表2　明清时期广西地区龙母庙分布统计表

所在州县	名称	数目	庙址	资料出处
梧州府（治苍梧县）	龙母庙	2处	一在城西北二里许桂江上；一在西南十里长洲尾，两俱在滨江	乾隆《梧州府志》卷7
苍梧县	温母庙	1处	县北二里	乾隆《梧州府志》卷7
富川县	龙母庙	1处	柳家源	雍正《平乐府志》卷14
昭平县	龙母庙	1处	思江七分埠	民国《昭平县志》卷2
灵川县	龙母庙	1处	六区龙岩侧	民国《灵川县志》卷3
藤县	龙母庙	4处	一在水东街；一在三眼堡窦家司署前三合嘴；一在县东；一在州东，杭、容江口	同治《藤县志》卷6
容县	龙神庙	1处	城东一里	光绪《容县志》卷7
北流县	龙母庙	2处	一在县东南沙街；一在下一里湾肚村	乾隆《重修北流县志》第1册
岑溪县	温姥祠	1处	无考	《宋会要辑稿·礼二十》
永安州	龙母庙	1处	州城外西河	嘉庆《永安州志》卷5

（续上表）

所在州县	名称	数目	庙址	资料出处
横州	龙母庙	1 处	南门城外	雍正《太平府志》卷 18
南宁府	龙母庙	1 处	南门城外	嘉靖《南宁府志》卷 5
邕宁县	龙母庙	1 处	安塞门外，面大江	民国《邕宁县志·祠祀志·坛庙》
思明土州（清时为宁明州，今宁明县）	龙母庙	2 处	一在府治西一里；一在明江亭廖村边龙塘头	光绪《宁明州志》卷下
象州	龙母庙	1 处	阳寿里	同治《象州志·纪故》
宾州	龙母庙	1 处	县西	万历《宾州志》卷 3

资料来源：王元林、陈玉霜：《论岭南龙母信仰的地域扩展》，《中国历史地理论丛》2009 年第 4 期。

龙母信仰深刻影响了西江人民的习俗，如忌食鲤鱼、放生、爱护青蛇、摸龙床、饮圣水等。每到固定的节庆期间，来自两广、香港、澳门、湖南、江西等地的信众和游客纷至沓来，络绎不绝。悦城龙母庙内每个角落都挤满了人，万民朝圣的祭拜场面蔚为壮观，参加人数近年来更多达 100 万人。

在龙母的祭祀活动中，民间捐款成为龙母信仰发展的支柱。民间捐款主要有堂口、其他组织及个人。其中，堂口作为一种民间信仰组织，对龙母信仰的传播和发展起着十分重要的作用。据了解，内地的堂口组织主要集中在珠三角一带，有 25 个；而内地以外的堂口组织主要在香港，多达 23 个。此外，龙母信仰在华南地区于 1983 年得以复兴并较快发展，这与当地经济的支持是分不开的。

（五）节庆活动

龙母祖庙每年的固定节庆活动比较多，除了大家现在普遍公认的春节、“五一”“十一”等节庆活动外，龙母祖庙还有自己独有的固定节庆活动，如：每年正月的龙母祈福月、正月初四的龙母开金印、正月廿二的龙母开金库、五月初一至初八的龙母生辰诞、八月初一至初八的龙母得道诞（八月初八为龙母水灯节）、十一月十五日的龙母感恩节等。

图 3　悦城龙母水灯节

其他民俗活动还包括：摸龙床、饮圣水、服香灰、吃金猪、放生鲤鱼、盖龙母金印、烧幽、请“龙母运程香”、跑旱龙、趁龙船圩、划龙舟、舞香龙等。庙会活动期间，有舞龙、舞狮、雄鸡舞、白鹤舞、蝴蝶舞、八仙舞、群众秧歌舞等表演和街头戏曲晚会、粤曲晚会等，届时龙母祖庙云集各方游客，人山人海，一派繁荣景象。如表 3 所示。

表 3　龙母诞节庆内容

<table>
<tr><td>时间</td><td colspan="2">农历五月初八。“在清代以前，龙母的具体诞日并无确切记载。只是到了清康熙年间，由于龙母传说的历史化和地方化，龙母才拥有自己的诞日。据清代程鸣的《孝通庙旧志》可知，‘龙母，其仲也，生于楚怀王辛未之五月初八’，‘每岁母诞日，谕官制祭’。”</td></tr>
<tr><td>禁忌习俗</td><td colspan="2">①不食鲤，爱青龙。光绪《德庆州志》：“相戒不得食鲤，谓能化龙也。时有小青蛇来蟠庙中，甚驯，俗谓之青龙，去来不可踪迹。”
②斋戒。龙母诞期间素食，不吃荤
③禁色</td></tr>
<tr><td>祭祀仪式</td><td>庙方主持的祭祀仪式</td><td>①五月初一晚为龙母沐浴和为龙母圣物开光
②五月初二上午 9：40，举行隆重的龙母贺诞仪式活动
③五月初二 13：30，举行隆重的“万人放生”仪式活动
④五月初七 24：00（五月初八零时），举行隆重的龙母正诞上“零时圣香”仪式活动</td></tr>
</table>

（续上表）

祭祀仪式	群众自发的祭祀仪式	①洗龙泉圣水。在龙母庙山门前左右两侧，各有五樽龙的石雕，自来水从龙口喷出，长流不息，谓之“龙泉圣水” ②引香火。在两个长方形的蜡烛池里，把香点燃，再以香火将蜡烛点燃。香烛是祭祀必备物品。香在古代用以祀神祭祖，因而俗称信奉民间宗教的人为“持香者”。点香的意义是与神明沟通，借香烟袅袅而上，象征与天上神明的交通。烛用以照明，表示神明的出现 ③呈供品。祭祀神明的供品，主要目的是满足神明的饮食需要。供品因人而异，可谓五花八门 ④跪叩、祈祷。正对龙母庙山门，双手举香于额前，许愿或还愿，然后行三跪九叩首礼 ⑤烧金银纸。金银纸是神灵界的货币，在祭祀时焚化以供神明使用。金银纸通常有：路路相通、龙船、金山、全家福、常年好运等，甚至还有六合彩 ⑥装香灰。取事先备好的利是包或红纸，将香灰（须是檀香灰）弹少许装入，放进口袋，然后将残香插入香炉池中。俗称，水服香灰，有药用价值 ⑦燃爆竹。在焚化金银纸之后，到牌坊前、悦城河边烧爆竹，表示欢迎神明鉴纳。爆竹种类很多，有花炮、大炮、中炮、联炮等

资料来源：林雄主编：《母仪龙德：广东龙母诞》，广州：南方日报出版社2004年版。

（六）传播方式

在古时候，社会生产力水平较为低下，龙母文化主要以信众口耳相传的形式进行传播，形式单一，迷信色彩较为浓重。随着生产力的发展，以及人们文化水平的提高，龙母文化的传播方式逐渐多样化，出现了说书、戏曲、小说、工艺品、连环画，乃至今天融合科学技术、形式新颖的动漫等，其中不少传播形式皆为大众所喜爱。例如，肇庆市粤剧团编排的《龙母传奇》，湛江粤剧团编排的《悦城龙母》，肇庆电台的粤语评书《悦城龙母传奇》，端砚制品“龙母传奇”等，都起到好的传播效果。

二、悦城龙母文化的精神内涵

肇庆市原委书记林雄曾说：“传承龙母勤劳、善良、勇敢、智慧、慈爱、宽厚的美德，弘扬龙母正义、无私、奉献、乐善好施、为民造福的精神，对于提高人民群众的道德水平，净化社会风气，推动社会主义精神文明建设意义重大……"①

总的来说，悦城龙母文化的精神内涵可以概括为"母仪龙德"这四个字。

（一）母慈子孝，尊祖敬宗

"龙母文化"的精神内涵被历代封建王朝的正统思想所接纳并传承至今。究其原因，非常重要的一点就是龙母传说中所体现的中国传统儒家伦理思想的"孝道观"。关于"孝"，《说文解字》是这样注解的："善事父母者，从老者，从子，子承老也。"即孝就是指子女对父母的善行和美德。其在传说中有很多体现，如：五龙子长大后帮龙母捕鱼；成龙后听从龙母的教训造福于民，惠泽天下；当得知秦始皇想强行召龙母进京，多次引船而返；龙母逝世后，萦浪转沙成坟，后又将墓移至龙母生前放牛织麻处，并化作五位秀才披麻戴孝，守灵三年，等等。② 这些都反映了中国传统儒家"孝道观"的思想，同时也寄托了人们对子女孝顺忠义的期望。然而，在现代社会道德不断沦陷的形势下，当代的青少年更要注重提升自己的道德素养，特别是孝道。因为"孝"在中国传统文化思想中被看作是一切道德的根本和起点，同时又是一种人格的表现和一个家庭、社会、国家和谐稳定的最基本元素。"百行以孝为先"，一个连自己的父母都不懂得孝顺的人，很难相信他会推己及人，做到"老吾老以及人之老，幼吾幼以及人之幼"。

在青少年中弘扬龙母文化的母慈子孝之"孝道观"不仅能够提升他们的道德修养，成为一个有道德的人，而且有助于促进社会的和谐发展，最重要的是能够将精神内涵具体化，成为一种无意识的行为习惯，并代代相传。

（二）自强不息，奋发向上

悦城龙母文化以其深厚的历史文化底蕴和丰富的精神文化内涵，不断激活"自强不息，奋发向上"的精神理念。在古代，人们受控于自然的反复无常，水患是历代西江人无法逃脱的天灾，传说当年西江泛滥成灾时，龙母带领族人打木桩、蓄河袋都无济于事，便舍身跳下河里堵住了泉眼；还有说龙母勤奋学习，根据西江流域的实际情况，想到了修渠引水的方法，保证了枯水季节农作物的成长，促进西江流域社会和经济的发展……正是龙母这些精神文化的熏陶和潜移默化的影响，西江流域一代又一代的劳动者继承和发扬龙母自强不息、厚德载物的民族精神，用智慧和勤劳，创造了西江流域的社会财富，推动了西江流域的社会进步。

再结合当今社会市场经济的发展和人才发展战略，这种精神理念对青少

---

① 转引自王明星、霍伟主编：《广东省肇庆市区域规划与旅游发展研究》，北京：中国旅游出版社 2006 年版，第 115 页。

② 林瑞球：《德庆旧事：广东省历史文化各城》，北京：中国致公出版社 2001 年版。

年的成长成才越显其重要性。

（三）宽厚仁爱，惠泽天下

龙母文化作为中国龙文化的重要组成部分，是传承千年的独特民俗信仰，具有鲜明的民俗特色，体现着宽厚仁爱、惠泽天下的精神内涵。在传说中，龙母是伟大的，她勤劳、聪敏，不仅有“利泽天下”的理想，而且有“利泽天下”的本领，她善织能耕，心灵手巧，既有扁鹊的医术，又有预测风雨、先知祸福的超人功能，更感人的是，她还确有“利泽天下”的实绩，战国和秦时的西江流域还属蛮荒之地，地理环境和自然环境相当险恶，龙母率领南越、西瓯的群众开荒山、治旱涝、导江河、抗洪水，战胜许多自然灾害，使苍生得以安居、生自、繁衍、发展，且因有豢养五龙，雨泽万方，秦始皇礼迎未果的神话故事，而备受爱戴和拥护。

改革开放三十多年，中国社会道德意识和道德面貌发生了深刻的变化，对青少年一代的影响尤为突出。为此，我们做了一个抽样调查，随机抽选了100位青少年进行“社会道德之助人为乐”的调查访问。访问结果显示，有49%的青少年说“不会助人为乐”，只有23%说“会助人为乐”，剩下28%说“不清楚”（见图4）。根据此调查结果分析，当今社会出现一种“见死不敢救，救则伤己”的普遍的畏惧心理现象，对社会的道德观提出了新的挑战，严重影响了青少年道德教育的发展，泯灭着人性本善之心。龙母文化的精神内涵，对净化青少年心灵会起到一定的具有时代意义的作用。因为，龙母文化的精神内涵，具体表现在勇敢正义、宽厚善良、乐善好施等几个方面，与青少年日常生活的思想行为有着“血缘”般的联系。

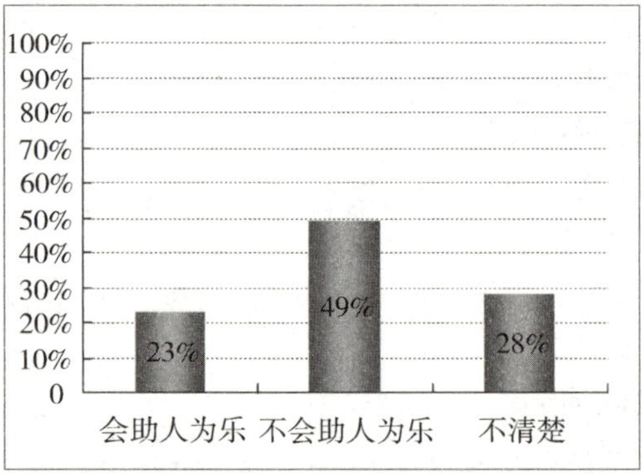

图4　青少年助人为乐道德观的统计图

三、悦城龙母文化传承与发展中的成果与问题

近年来，国家与政府对民间民俗文化的发掘与传承日益重视。时任中共

中央政治局委员、广东省委书记张德江在谈到龙母这一独特的地方民俗民间文化现象时指出，龙母文化是中华民俗几千年文化积淀的产物，是中华文明的重要组成部分，要让她更加深厚精蕴，璀璨辉煌。为了更好地建设文化大省，肇庆市和德庆县的地方政府努力落实政策，为龙母文化的传承与发展做出了一定的贡献，取得了明显的成果：

（一）统一规划，政府主导，企业参与

龙母作为西江流域的“神源”，得到海内外龙的传人的赞颂与信仰。龙母祖庙是德庆县主要的旅游景点之一，当地政府十分重视这一文化资源的保护和开发，统一规划发展，形成了“政府为主导，企业来参与”的发展路线，探索出一条政企合作的发展模式，取得了良好的社会和经济效益。1993—1994 年，政府在龙母祖庙周围兴建了一大批的集市商铺，专卖朝拜龙母的祭品，并由龙母祖庙出租给群众经营，由县国资公司管理，集市商铺十分兴盛，群众的收入可观，不仅增加了群众的收入，而且拉动了悦城镇的经济发展。从调查中我们了解到，2005 年开始，德庆县政府与南湖国旅合作，把龙母祖庙门票的经营权租赁给沪宁湖南国旅。之后，南湖国旅对悦城龙母祖庙大投入开展旅游宣传，2008 年开始，对德庆旅游景区驻广州营销中心销售人员进行了调整，将集团内部销售精英充实到营销中心当中来，负责开展德庆旅游景区的营销工作。通过专业的宣传策划、销售策略，提升专业经营水平，使得龙母的影响传播日益扩大。

据德庆县旅游局的统计数据显示，2009 年，悦城龙母祖庙接待参观人数 130 万，门票收入 3 219 万元；2010 年，接待参观人数 133 万，门票收入 3 382 万元，两者分别同比增长 2.3% 和 5.1% 。2011 年，由广东省政府牵头，与动漫设计公司合作拍摄了二十集的动漫作品《龙母传奇》（第一季），并已推向市场。走政企合作之路，大大地提升了龙母文化传播的影响力和知名度。

（二）结合地方特色，文化促旅游发展

德庆是一个人杰地灵的地方，更是一个美丽的旅游胜地，这里有古色古香的金林水乡，素有“薰衣草王国”之称的盘龙峡，岭南著名学宫孔庙，德庆河的“卫士”三元塔，“古坛仅存”的龙母祖庙。得天独厚的地理优势，为德庆旅游业的发展提供了不可多得的先机。从 2001 年 4 月 28 日起，随着盘龙峡的开发，当地政府把德庆旅游打造“广东龙母故乡——德庆游”专线，形成了龙母祖庙、德庆县城、盘龙峡三点一线的旅游线路，既有历史文化内涵，又有丰富的娱乐形式，结合地方特色，发展文化与旅游产生。德庆政府还专门邀请了凤凰卫视著名主持人王鲁湘与中山大学的叶春生教授拍摄了一期《谈龙母文化》的节目，充分挖掘龙母文化的内涵，使得广大人民群众更加深入了解龙母文化，把文化融进旅游开发，以旅游传播文化，走出了具有地方特色的道路。

（三）专家参与规划，提高龙母文化产业质量

在整个龙母文化资源保护和开发中，德庆政府积极地聘请、邀请资深专家组对开发龙母文化的规划项目进行详细的评估，充分地发挥专家们的才智，提高龙母文化产业的质量。早在十多年前，德庆县就成立了一个“龙文化研究会”，集中了县里的一些老同志、老学者、老专家，对龙母祖庙的扩大和肇庆炎黄文化进行研究、探讨，取得了一定的成果，并出版了一套十多本的旅游文化的系列丛书，其中有很大部分是龙母文化的一些研究成果。据调查可知，德庆县政府正在筹备规划建设龙母民俗文化村，并组建了一个专家团队，由现任广东岭南文博研究院副院长，广府文史考活动组委会常务副会长兼秘书长、广东现代化研究会副会长廖伟阳作为专家团队的主任来评估策划方案，群策群力，为德庆龙母文化的传播与发展插上腾飞的“翅膀”。

（四）合理利用现代传媒，扩大龙母知名度

德庆县在传播龙母文化的过程中，合理利用了现代传媒的宣传作用，扩大了龙母文化的知名度。当地旅游局根据春节、龙母生辰诞、龙母得道诞、龙母感恩节等节庆民俗活动，开展相关悦城龙母祖庙的宣传、策划和报道，主要有：

（1）网站专题宣传。提前一个多月，在德庆旅游网上推出节庆活动专题，介绍节庆活动的内容及意义，同时提供往年活动情况的浏览。

（2）电视宣传。在2006年之前，集中在春节和龙母生辰诞前两周，在珠三角电视台的有线电视频道插播龙母祖庙宣传广告。2006年以来，在本地电视台有线频道，在各民俗活动的前两周，滚动播放各活动的消息。

（3）手机信息宣传。坚持每个节庆前期，通过中国移动的企信通平台，发送节庆活动的宣传信息。

（4）报纸媒体宣传。坚持在每个节庆活动前后期间，通过县电视台、县新闻信息室，把最新的活动新闻报道发送出去。

当然，龙母文化的传播与发展过程中，同样出现了一些问题：

第一，针对青少年一代的宣传方式不够多样，青少年对龙母文化的认识模糊。

有关资料信息显示，前来拜龙母的人大都是一些中老年人，在现代科技信息的诱惑下，青年人对祖国传统文化不甚了解。特别是中学生，相对而言，更喜欢去盘龙峡看薰衣草。龙母祖庙没有什么特别的活动，能吸引青年人接触并了解龙母文化。

第二，发展模式较简单，服务措施欠缺。

悦城龙母祖庙的旺季主要集中在固定的节日，而排除节日，大部分时间属于淡季。当地也只有在固定节日才会举行相关的庆祝活动，进行宣传。整个模式较单一，服务措施也跟不上，人们到了悦城，除了拜龙母之外，就没有其他的活动可参加了，所以在悦城停留的时间不会很长，对当地消费的促进作用并不大，也没能很好地拉动悦城镇的经济发展。与其他的旅游城市相比，在休闲、娱乐、旅游等方面的服务也比较欠缺。

第三，宣传形式单一，市场辐射度不大。

一部电影《少林寺》让少林武术名扬天下，文化的“井喷现象”让少林寺车水马龙，香火无数。龙母形象有着深厚的文化内涵，在文化宣传上，当地政府更多是依赖旅行社的旅游宣传，也局限于固定节日的宣传，形式较单一、落后。虽然取得了一定的市场效果，但市场辐射度不大，龙母衍生品也不多。

第四，龙母文化保护机构不够完善，专业化程度不高。

在调查中，我们发现在龙母祖庙的工作人员，有的是外地人，他们对龙母文化的了解不多，或者基本上不了解，只是一味向游客推销各种的纪念品。当游客想向他们了解更多关于龙母文化的时候，往往碰壁而归。龙母庙里的工作人员往往是游客在旅游观光或祭拜龙母时最容易接触到的群体，也是龙母文化的最好“传播者”，但有些工作人员，由于文化程度不高，大多是“一问三不知”，大大地降低了游客的兴致，削弱了游客对龙母的印象，使得整个传播大打折扣。

龙母文化的传播与发展，迫切地需要完善各种机构，加强工作人员对传统文化知识的了解，提升专业水平。

第二部分　德庆悦城龙母文化在青少年中的传播与新开发战略

传统文化的发展，需要现代传播方式；只有随着时代发展，不断更新传播的手段，才能使文化传承薪火相传。德庆悦城龙母文化的传承，需要更多青少年的参与，需要新的战略开发，只有不断创新，才能绽放出更灿烂的魅力。

一、悦城龙母文化在青少年传播中的必要性

（一）悦城龙母文化对当地青少年的重要性

悦城龙母祖庙以龙母信仰为依托，成为当地乃至所有信仰龙母的人们心目中参拜的殿堂。

根据我们在悦城本地的实际调查，大多数悦城的孩子知道有龙母这一回事，并有跟随父母或者其他家人进入龙母祖庙参拜的经历。悦城龙母小学的教师告诉我们，学校在低年级安排了与龙母相关的课程，且配有一本名为“传统文化与德庆”的教材。在涉及地方文化的考试上有一定分量的考查。在与悦城镇的小朋友谈话中，我们了解到本地的孩子对龙母及其故事，甚至对由其生平事迹衍生出来的精神有一定的认识，但了解得比较浅。并且，随着当代各种思想的涌起，他们更热衷于各种流行文化，觉得龙母文化更多的是一种封建迷信。再加上青少年这一阶段的特殊心理，他们往往不愿意主动学习和了解龙母精神。

悦城龙母文化及其思想是维系一方水土的精神纽带，正如当地的居民所说，悦城这个地方诸多的习俗风情都与龙母有着密切的联系。当地青少年很有必要从对家乡认同感的角度来了解龙母文化，尊敬并传承龙母文化的精神。

（二）悦城龙母文化与时代精神

在我们的经济发展起来的今天，结合时代精神，有利于青少年对龙母文化的理解与传播。

1. 服务他人，回馈社会

龙母自懂事以来，就努力地去帮助有需要的邻里乡亲，直到老年还骑着三足白鹿四处行医救人，仙逝以后也常附身于龙母祖庙的蜡像上，帮助有需求的群众。有的传说，称龙母原是天上的神仙，为了济世万民才下到人间来的。对于五龙子，她也时时刻刻以身作则教导他们不能行恶，要与人和睦共处，尽力帮助有需要的人渡过难关。而青少年作为未来社会的栋梁，向他们宣扬龙母的这种思想符合建设和谐社会的需要。

2. 怀抱梦想，勇敢进取

在龙母的一系列故事里我们可以发现，龙母从小就乐于助人，可为什么她要这样帮助别人呢？关键是她从小就有着帮助别人的梦想。我们虽不能要求每个人都拥有像龙母一样高尚的情操，但寻找到一个适合自身的梦想并为之终生奋斗是切实可行的。这样的精神不只是某个时代的青少年所需要的，而是任何时候青少年都必须具备的，当代的青少年当然也不可以缺少。

3. 正义助人，爱国爱家

现代社会，随着市场经济的不断发展，现代社会“正义感”却日渐淡薄，“见死不救”“金钱至上”的现象冲击着传统的价值观，社会公德遭到了新的挑战。从龙母的生平事迹中，可以知道龙母是一位充满着社会正义感的伟大的英雄，她惩恶除奸、救死扶伤，勇于与邪恶势力做斗争，为受苦受难的百姓主持公道，大有包公的风范。此外，龙母还是一位爱国爱家的民族英雄，接受秦始皇的招安，为国家统一南方地区起到了不可忽视的作用。从百越民族首领温凤娇到清代林则徐虎门销烟，西江（珠江）流域的炎黄儿女抗击外侮、维护民族尊严的壮举层出不穷。弘扬龙母正义与爱国爱家的精神，培养青少年的爱国主义精神和维护社会正义的责任感，对未来国家与社会的健康发展，意义深远。

二、悦城龙母文化在青少年中传播与发展的战略定位

（一）龙母祖庙的开发与发展战略定位

悦城龙母祖庙作为龙母文化信仰的载体，是龙母文化的集中象征，神圣的龙母像、独特的建筑风格，各种珍贵的文物，无不体现着龙母独特的魅力和深厚的文化内涵，是所有龙母庙的代表。我们在这里就以悦城龙母祖庙为代表来谈谈龙母庙的战略定位。

1. 以龙母诞为特色活动，扩大民间信仰

我们在考查悦城龙母祖庙时了解到，龙母祖庙在不同的时间会举行不同的活动，最大型的当属龙母诞。悦城龙母诞于 2006 年 5 月列入第一批广东省非物质文化遗产，于 2011 年 7 月列入第三批国家级非物质文化遗产（扩展项目）名录。这是悦城龙母庙的特色项目。作为庙方和当地政府可以借此为契机引导信众把龙母祭奠的特色突显出来，有利于吸引更多新的旅客和青少年加入到这一民间信仰中。

2. 以龙母祖庙独特的古建筑文化，打响旅游观光名片

作为我国古建筑明珠，龙母祖庙享有“古坛仅存”的美誉。与广州陈家祠、佛山祖庙并称为岭南古建筑的“三大瑰宝”。由巍巍的牌坊、雄伟的山门、独特的香亭、流光溢彩的大殿、神秘的梳妆楼、古朴的碑亭、庄严的龙母墓等建筑物组成，庙内殿中有殿，规模宏大，富丽堂皇，石雕、砖雕、木雕、灰雕，技艺精湛、独具匠心；陶塑、壁画神态逼真、栩栩如生；历代名人的石刻对联，对仗工整、意蕴隽永，书法各具特色，均属珍品。这独特的古建筑之美是德庆龙母祖庙旅游观光的一张很好的“名片”，也是吸引更多青年游客的良好品牌。

3. 以神秘的风水文化，提高龙母祖庙的吸引力

龙母祖庙地处“灵气独钟”的形胜宝地，它前临西江，背靠五龙山，左右青黄旗山两相拱卫，形成了“五龙护珠”之势，庙前，“灵水洄澜”，西江水流经龙母祖庙前似有灵性，团团回旋，不愿离去。神秘的风水文化，为龙母祖庙增加了更大的吸引力，利用这地理上的独特之处，开发一些跟堪舆学有关的“产品”，如在龙母祖庙里定期邀请专家、学者开展“龙母祖庙”讲坛，举行一些有关地理环境知识的竞猜活动，一方面可以满足年轻人的好奇心，吸引更多的游客前来游览；另一方面，加强了龙母祖庙文化的传播。

（二）与龙母有关的周边文化产品的战略定位

当下的周边文化产品形式越来越多样化，不同的文化传播形式层出不穷。下面我们将就不同的周边文化产品形式来说明其战略定位：

1. 粤剧

粤剧作为粤方言区和部分壮语区的传统戏剧形式，在过去的时间里对龙母文化的传播做出了巨大的贡献。到目前为止，以龙母为题材的粤剧一共有三部，分别是湛江粤剧团的《悦城龙母》（首演时间1959年）、肇庆粤剧团的《龙母传奇》（首演时间1999年）、梧州粤剧团的《西江龙母》（首演时间2008年）。其中创排最早的湛江粤剧团的《悦城龙母》，是这个题材最为经典且最受推崇的一部，历来在中国湛江市区、吴川市、廉江市、遂溪县、肇庆市、云浮市、广州市、香港特别行政区、澳门特别行政区和新加坡等地演出并受到大力的追捧。但现在粤剧作为一个地方戏曲的剧种，主要的观众群体是中老年人。据湛江粤剧团的负责人介绍，每逢在湛江市区演出《悦城龙母》一剧（固定演出地点在湛江影剧院），观众几乎都是退休人员。所以，要重新挖掘粤剧独特的魅力，吸引新的观众，加强青少年对粤剧的兴趣，如此，承载着龙母文化的粤剧才能焕发新的生命力，进驻青少年的心中。

另外，龙母的故事还可以编成形式新颖的舞台剧、话剧等，以吸引更多的青年人。

2. 书籍

（1）文学类图书。

与其他的民间信仰相比，与龙母有关的文学类图书并不多，人们比较熟悉的只有何初树和钟道宇合著的小说《悦城龙母》。但反观日本，据不完全的统计，以坂本龙马为主角的小说共5本，漫画9本，电影8部，电视剧22部（资料源自维基百科）。这不仅是由于坂本龙马本身的事迹能够感动当代人，而且与日本人对于自己民俗英雄的尊敬和政府引导有很大关系。因此，可适当引导更多的作者从不同的角度投入到龙母题材小说的写作，创作出更多利于阅读的小人书、口袋书等作品，以吸引更多的读者。

（2）专业类图书。

从中山大学叶春生教授等开始，专家学者们对悦城龙母文化的研究越来越深入，并取得了一定的成绩，集结出版了不少的书籍。但与肇庆本土其他的文化现象，如包公、利玛窦、六祖慧能等相比，还是少得可怜。若能组织更多的人员，尤其是年轻人参与到悦城龙母文化的研究当中，让他们从研究中更加深刻地去理解龙母文化，创作出更多的具有青春气息的作品，再由当今深受青少年欢迎的文化公司（诸如最世文化、新经典文化、青马文化、磨铁文化等）和出版社加以打造，自然就能吸引更多的青少年的关注。另一方面，这一类的图书还包括有教科书。相关的教育部门可以组织编写一套包括龙母文化在内的地方性教科书，开发校本课程，作为中小学的课外读本，来引导学生们正确信仰龙母文化。

（3）动漫。

动漫作为新的传播方式，深受年轻人的喜爱，龙母借助动漫的平台，将更有利于其在年轻人中广泛传播。如今第一部讲述龙母的动漫《龙母传奇（第一季）》（肇庆市日月文化传播有限公司）已经拍摄完成。对于这部国产动漫片，能否像《喜羊羊与灰太狼》（广东原创动力文化传播有限公司）和《魁拔之十万火急》（北京青青树动漫科技有限公司）等动漫一样被大众喜爱，我们仍处在观望阶段。此外，应更好地运用广州动漫节（ACG、China-Joy）、北部湾（湛江）动漫文化节等广东省本土的动漫交流平台，大力鼓励动漫爱好者和青少年朋友加入到Cosplay和同人小说、同人漫画的创作中，并授权各大玩偶及其他周边产品厂商适当生产周边产品，甚至可以仿效原创动力授权文化机构出版相应的漫画书，进而向海外延伸。

（4）真人版影视剧。

相比起广东的另外两个民间信仰——妈祖和冼夫人来说，悦城龙母在影视剧方面的创作是缺位的。由刘涛主演的38集电视连续剧《妈祖》已摄制完成并播出，收到了良好反响，而在此之前已经拍摄过6集越剧电视连续剧《妈祖》；至于冼夫人题材影视剧的拍摄更多。对于现在这个时代来说，影视剧无疑可以成为广泛传播一种文化最轻易、最便捷的途径，而且它的受众范围也是最广的，无论老人、中年人还是青少年都很容易接受。

（5）龙母主题文化公园。

目前，旅游业已经发展成国民经济新的增长点，全国的大多数地区都把旅游业看成是该地区的优势产业或支柱产业，更有不少学者把旅游业与信息技术和通信业并称为21世纪主要的经济驱动因素。从旅游业的角度来看，主题公园提供旅游体验的产品，对于所在的城市来说，不仅是推广城市旅游业发展的重要因素之一，也为所在的城市提供大量的就业机会。另外，以地方风情体验为主题的公园更能让当地人民了解当地风情，外地来的游客也会更有游览的兴趣。为了更广泛地推广悦城龙母文化，在悦城镇依托悦城龙母祖庙建设一个具有一定规模的龙母主题文化公园，是必须而且是切实可行的。

在公园里可以设立儿童与老人的活动区，让老人们的故事通过口头的方式向下一代传播；可以设立影视剧及动漫播放区，以强有力的直观观感向游客传达悦城龙母文化；可以设立图书区，出售和租借一些与悦城龙母文化和龙母精神有关的图书，既可以使民众感觉到书香氛围，也鼓励更多的作者、文化公司、出版社参与到龙母题材的图书创作中来；公园内还可设立戏曲剧场，不定期演出各种优秀的剧目，甚至可以举办当下盛行的 Cosplay 等动漫宣传活动。

让龙母主题文化公园成为当地文化活动的重要场所，悦城龙母庙不再只是人们祭祀龙母的地方，还是一个充满现代文明气息的活动场所。

（6）其他。

可仿效别的一些旅游景点开发旅游纪念品，而且要把它规模化、产业化，提高纪念品的工艺质量。鼓励并支持端砚工匠设计并雕刻龙母主题的端砚。也可仿效高州冼太庙，与银行合作开发龙母主题信用卡，聘请优秀的画师和设计师把该卡设计得更为美观。

从上面可以看出来，宣传悦城龙母文化的方式是多种多样的，而总的战略定位就是突出悦城龙母文化的核心特色，从多角度、广领域向更广泛的群众推广进而普及对悦城龙母文化的了解，并由相关部门引导民众正确信仰悦城龙母。

三、龙母文化资源在青少年中传播的预期效应

促进青少年对龙母文化的认可与传播，加强其对传统民俗文化的理解与传承，对广东省建设文化强省具有重要的意义，将进一步促进民俗文化的传播与传承。龙母文化资源在青少年中的成功传承，将会产生以下的预期效应。

在经济层面上，青年人是未来社会的主要力量，是拉动经济的最大消费群体，开发更多的青年人感兴趣的产品，必然能带动消费，进一步完善各种的产业链，促进当地经济的进一步发展。

在精神层面上，重塑了青少年的信仰，弥补了现代社会信仰缺失的“空洞”。良好的信仰有利于青少年可以明确自己的人生目标，提高自身的文化与道德素养，拥有健康的人生观、价值观、世界观。

在社会建设层面上，青少年崇拜龙母这一和谐的文化，能形成良好的社会关系、家庭关系、师生关系、亲子关系，必然会促进社会的和谐发展。

龙母文化经各种形式传播之后，我们想象得到的是龙母的形象深入人心。届时，龙母文化的周边产品会如雨后春笋般涌现，不管是已有的，还是未有的，都极具生命力。可以让具有两千多年历史的龙母文化信仰得到新的生命力，在历史的长河中永远不会被淹没。

第三部分　民俗传统文化传承与青少年的心理融合

文化是人的一种行为，是人优化或提升精神境界和生活水准的行为过程

及其结果。具体地说，文化是人的精神创造活动和人的精神演进过程以及这一过程中人所创造的精神产物的积淀，这一过程及其积淀物或产物又反过来影响或制约人进一步的活动和发展，由此二者呈现出一种相互生成、相互影响的循环关系。其中，精神创造活动是指创造并使用的各种各样的精神产品如语言、音乐、书画、报纸杂志、电影电视、仪式等的行为或活动；精神积淀物或产物指人创造或作用过的而非纯自然的主要作用于精神的东西，包括语言、规范、信仰、价值体系以及所形成的心理品质等非物质的东西。民俗传统文化具有文化的一般特征，在历史的演变中，不断地发展，从而形成了一种固定的状态，影响着人们的思想和行为。青少年作为社会未来发展的主要力量，传承与发展优秀的民俗传统文化任重道远。而龙母文化作为民俗传统文化的重要组成部分，寻找与青少年群体接受心理相融合的传承方式，才能更好地传承与发展龙母文化和民俗传统文化。

一、青少年对民俗传统文化的接受心理探讨

人的心理和行为是文化的产物，具有文化性，是文化赖以产生的基石。人的心理和行为不仅是在创造、掌握和使用文化物的过程中得以产生和发展，也是通过它们而得以表现、展现或体现。这告诉我们，研究文化产物（包括故事、语言、风俗习惯等）是研究人的心理和行为的重要途径。① 在对肇庆学院教育学院李炳全教授的采访中，我们对青少年与民俗传统文化的接受心理做了一些探讨：

（一）民俗传统文化的接受过程

传统文化作为观念被接受的过程可以分为三个阶段：

（1）接受。

首先是参与，使用一定的外在形式让青少年参与到某种文化当中（这种参与开始往往是被动的），感受这种文化的气氛，例如在传统的节日定期举办一些活动，让青少年更多地认识、了解这种文化。其次是引导，因为文化本身就是一种行为，要有一种措施去进行引导。引导需要社会的舆论、家庭的指引和学校的提倡。最后是接受，接受是在参与的基础上和各种形式的指引下，产生一种支持行为的理由，从而去接受一种观念、一种文化。

（2）认同。

《辞源》的解释是赞同，文化的认同是在接受过程中逐渐改变原本的态度和固有的观念，产生的一种认可感。这种认可感往往是支撑某种行为的最强烈的不自觉的理由。

---

① 李炳全：《文化心理学》，上海：上海教育出版社 2007 年版。

（3）内化。

是指变为自己内在的价值观念的一种表现。内化可以转化为一种行为习惯，达到代代传承的最终目的。例如：中秋赏月、吃月饼是中国人民几千年形成的已经内化了的行为习惯，这种内化功能为文化传播做出了巨大的贡献。

推而广之，龙母文化的传承发展，最重要的是要青少年去参与有关龙母的活动，接受龙母文化，从而达到认同、内化的目的，把信仰与传承龙母文化转化为一种内在习惯。

（二）塑造青少年的文化行为习惯

在做田野调查中，我们发现：

访问对象	年龄	内容
悦城小学教师	30 多岁	学生熟悉本地文化，平时对此方面的教育较少
幼儿园教师	25 岁左右	小朋友一般知道龙母和龙母庙，在这方面家庭教育多于学校教育
老奶奶	60 岁左右	平时没有跟孩子讲很多有关于龙母的传说故事，而她自己也是从小就知道龙母，不用任何人讲，因为从小就生活在这里，不可能不知道。至于说家里的年轻一代信不信龙母，那就是年轻人的事了，很难说；但是，拜龙母还是会拜的
老爷爷	70～80 岁	孩子平时都是自己去庙里玩的，里面的庙祝多多少少会跟他们讲讲关于龙母的事迹，很多时候他们看到香客们怎么拜就会学着去拜了，再加上家里的人都去拜，所以就跟着去了
初中生	15 岁左右	看到人家拜龙母便去拜了，不过感觉拜龙母有点儿迷信
初中生	15 岁左右	小学时读过一本关于德庆文化的书，所以知道一些关于龙母的事迹，但平时是跟着家人去拜龙母
龙母祖庙工作人员	25 岁左右	在当地拜龙母成了一种习惯，不过来拜龙母的年轻人比较少，一般是中年人，尚未为年轻人举办特别的活动，年轻人来这里更多的是出于好奇

从上表，我们可以知道：

第一，青少年对龙母的意识是模糊的，对龙母文化并不了解，也不知道自己为什么去拜龙母，更多的只是跟着家人去拜，整体上属于一种无意识的接受状态。

第二，家长或长辈，对青少年的影响是潜移默化的，在一代人中形成的一种习惯往往影响到下一代人。但这种影响是脆弱的，它可能会随着青少年认识水平的提高而逐渐淡化，甚至不再信仰龙母。

第三，在青少年中，龙母文化的宣传是欠缺的，政府、社会、学校没有相应的措施向青少年传播这种文化，青少年对龙母文化的了解途径是狭窄的，只局限于家庭或偶尔的庙宇活动。

要使青少年从这种无意识到自觉意识，最终内化为一种自动的意识。

首先，要加大宣传力度。宣传的内容应该是关于龙母“母仪龙德”的美德，如乐善好施、奋斗不息、锄强扶弱、勤劳勇敢等。青少年更愿意接受带有科学性的认识，而排斥封建迷信，所以，在宣传中必须提取出龙母文化的积极的精髓，这样才能让青少年认识到其中科学的、现实的、具体的、有用的部分。

其次，创造一种环境。人的行为是受环境影响的，环境可以制约和促进一种行为。政府、社会、学校为青少年传播龙母文化营造一种崇拜龙母、敬仰龙母的环境，从制度上规范人的行为并呼吁青少年传承和传播这种传统文化，形成“人人敬爱龙母，人人学习龙母”的良好氛围。

最后，加强教育。著名教育家叶圣陶先生曾说过教育的理想目的是“教是为了不教”，“不教”就是一种自动意识的体现，某种行为的理想状态，但它必须经过“教”的过程。所以，“教育”在龙母文化对青少年的影响中起着非常重要的作用。家庭、学校、社会三位一体的龙母文化教育必不可少。

家庭：给孩子讲关于龙母的英雄故事，以龙母典型的传统美德教育孩子。

学校：可以以龙母文化为主题编一些故事书、思想教育书、连环画；组织有益于传播龙母文化的活动，如采风、主题班会、诗歌朗诵等。

社会：建设有关于龙母文化的图书馆、文化馆、主题公园等，吸引更多的社会媒体进入龙母文化的宣传教育。

（三）民俗传统文化的传播与适应

民俗传统文化要广泛地传播，走进青少年的心灵，适应其成长的需要。必须：①结合当地人的特点，并与之相适应。在龙母文化的传播中要设法与青少年的心理特点相一致；并且要坚持与时俱进，将传统文化现代化。②满足、迎合人的需求。人们是否认同一种文化信仰，更多地取决于这种文化是否满足他们的需要。所以，寻找传统文化、龙母文化与青少年的契合点，“投其所好，对症下药”才能更好地传播。③提供心灵的避风港，成为信众的心灵寄托。文化属于上层建筑，要常驻人们的心灵，使人们自动地去信仰它，必须使人们得到信仰之外的“好处”，心理获得安然。现代青少年缺少信仰，容易在人生道路上迷失自己，民俗传统文化以一种信念、奋斗的目标进驻青少年的心灵，可以不断地吸引、激励、感染、引导他们，走向更美好的未来，最后的“成功”就是信仰之外的“好处”了。例如，龙母文化中积极向上，勇于斗争的精神，能够激励青少年克服困难、自强不息。

二、“神化”“人化”与民俗传统文化传承

在远古时代，人们喜欢将敬仰的人“神化”，或者将信奉的神“人化”，带有一定的传奇色彩，或以某种特殊的能力，来帮助人们解决难题，实现人们的某种愿望。民俗传统文化，尤其是民间的信仰将人“神化”的现象更为明显。如闽南地区的海神妈祖、医神保生大帝；西江流域的龙母、冼夫人；粤北地区的六祖慧能等，都有明确的出生记载，死后被人们尊称为“神”，并得到了民间广泛的信仰。

（一）“神化”“人化”对民俗传统文化传承的作用

“神化”是人们将典型的正面人物神圣化的过程，扩大其“伟大”的成分，使之成为不食人间烟火的“神”。神化的过程寄予着人们的期望，希望得到神灵的帮助，解决生活中遇到的困难。神化在历史的发展中，对民俗传统文化的传承做出过一定的贡献，保留了传统的文化因素，维护了社会的稳定。例如，在龙母的传播中，龙母形象曾被不断地神化，赋予了她超人的力量，也同时衍生出很多关于龙母的传奇故事，吸引了很多的香客来朝拜她。在田野调查中，我们在问一些香客为什么来拜龙母时，得到的答案更多是：“龙母很灵，能帮我们办事。”香火的旺盛，使得龙母的传播越来越广泛，为这种文化能最终流传下来起到了不可忽视的作用。但“神化”的身上，带着的是浓厚的封建迷信色彩，这种迷信的广大信众更多是上了年纪的长辈，调查发现，来朝拜龙母的信众年龄区间是 50 ~ 70 岁。

在历史的发展中，人们的认识水平在不断提高，“神”被“人”化的现象也逐渐地出现，人们也越来越把龙母看作是“阿嬷”，将拜龙母转向为“探阿嬷”，从神灵崇拜转向祖先崇拜，虽然这只是一部分，但在传统文化的传承中确实是找到了另外的一条“路子”，这条“人化”的“路子”为民俗传统文化的进一步发展提供了新的“氧气”。

（二）“神化”转为“人化”是传统文化发展的需要

在民间，浅层次的神灵崇拜成了一种普遍的现象，神灵崇拜在历史中曾发挥过其积极的作用，但随着现代科技进步、文化的昌盛，“神”的信仰越来越受到质疑，人们更愿意去相信人的力量。尤其是青少年，知识水平的提高、科技的发展使得他们对文化的认识越来越清晰，对封建迷信、神灵保佑等现象抱有更大的质疑。把“神”请下神坛，还原为“人”，成为人们崇拜的一个实实在在的英雄，更能迎合现代青少年的心理特性，英雄比“神”更容易走进

年轻一代的心里，得到他们的认可和崇拜，更能适应现代社会民俗传统文化发展的需要。

龙母生前有功于国，有德于民，她以龙为子，精心养育五龙成才，与龙子一起造福于民，因而百姓称之为龙母。龙母勤劳、勇敢、善良、智慧、慈爱、宽厚美德，弘扬龙母正义无私、奉献、乐善好施、为民造福精神，剔除祈求“神灵”保佑的封建迷信，从“神”回归“人”，贴近人们的生活，深入挖掘龙母作为一位英雄人物背后的伟大精神、文化内涵，更能促使青少年接受、传承龙母文化。

三、传承民族传统文化，弘扬民族精神

民族传统文化是人类文明的瑰宝，是各民族的宝贵财富。人类文明只有代代相传，才能不断丰富发展，只有相互交流，才能文物化成，民俗传统文化不仅要保护，还要不断继承与发扬。青少年是未来祖国的希望，是中国特色社会主义的建设者，是传统文化传承的接班人。培养下一代对优秀民俗传统文化的认可和发扬，具有重要意义。

龙母是有功于国的女中英杰，有恩于民的良慈圣母。她是善的代表，是力量的体现。崇拜和信仰龙母已成为一种民间习俗，影响所及遍布珠江流域、港澳地区和海外华侨华人。龙母文化更是体现了龙母的风格、品格和精神，凝聚了中华民族优良传统美德，是光辉灿烂的龙文化的重要组成部分。

青少年传承龙母文化，就是弘扬中华民族精神，对加强社会主义思想品德建设具有现实意义，传承龙母勤劳、勇敢、善良、智慧、慈爱、宽厚美德，弘扬龙母正义无私、奉献、乐善好施、为民造福精神，对于提高人民群众的道德水平，净化社会风气，推动社会主义精神文明建设意义重大，龙母热爱家乡，为民族团结和国家统一做出了贡献，越来越多的海内外龙的传人到龙母祖庙寻根问祖、缅怀祖先，皆因眷恋故乡的深厚感情，在这里把人们的心连在一起。这种感情是世代相传的龙的传人的共同感情，是不可泯灭的。弘扬龙母精神和高尚品格，有利于增强中华民族的向心力和凝聚力。

通过此次田野调查，我们深入了解了龙母文化资源的各个层面，也体会到了民间民俗传统文化的博大精深，其中很多丰富的文化精华，需要我们不断地去重新挖掘、发扬，才能让民俗传统文化绽放出更大的“魅力”，吸引更多的人投入到传统文化的传承中，从而提升我们的民族精神。龙母文化作为德庆民俗文化的重要部分，开发和利用这一文化资源，有利于文化遗产的保护，并能进一步促进德庆文化产业的发展，提高地方经济水平。本调查报告基于田野调查资料的基础上，大胆、创新地提出了开发和传承龙母文化的一系列措施，希望能够通过切实地为龙母文化的发展出谋划策，使得龙母文化

得以更好的传承与发展。在调查中，我们还把整个的课题提升到了传统文化的传承上，进一步地探讨了新时代下青少年对传统文化的传承与发展的问题。此次暑期社会实践，不仅开阔了我们的视野，也提高了我们思维、沟通、交流等各方面的能力，让我们受益匪浅。

附录一：

调查问卷

您好！我们是肇庆学院的学生，感谢您抽出宝贵的时间填写我们的调查问卷。本次问卷调查主要是为了了解肇庆悦城龙母文化的发展状况。您的信息对我们的调查很重要，恳请您把真实的情况和想法提供给我们，您的回答将予以保密。非常感谢您的积极支持！

1. 您的性别是？

A. 男　B. 女

2. 您对龙母的事迹了解吗？

A. 非常了解　B. 比较了解　C. 基本了解　D. 不太了解

E. 不了解（终止提问）

3. 您一开始是通过什么途径了解龙母的？（单项选择）

A. 祈祷、祭祀　B. 书籍或网站　C. 电视剧　D. 戏剧

E. 听说　F. 亲朋好友介绍　G. 当地旅游　H. 其他

4. 有参加过关于龙母的活动吗？

A. 经常　B. 偶尔　C. 从不

5. 你觉得龙母文化中最核心的是什么？（不定项选择）

A. 爱国精神　B. 母慈子孝的传统精神　C. 乐施好善

D. 迷信　E. 自强不息，奋发向上　F. 不清楚

6. 在您的印象中，关于龙母文化政府有没有举行过较有影响力的活动？

A. 有　B. 没有　C. 不清楚

7. 您是如何看待龙母文化的？

A. 文化遗产，值得弘扬　B. 顺其自然

C. 无须花金钱和精力保护　D. 不清楚

8. 您觉得开发龙母文化是否有必要？

A. 很需要　B. 顺其自然　C. 没必要　D. 不清楚

9. 您觉得年轻人对龙母文化的态度是怎样的？

A. 信仰　B. 迷信　C. 好奇　D. 不清楚

10. 作为德庆人，你对年轻一代传承龙母文化有什么好的建议？

调查对象与方法的说明

1. 调查时间与调查范围

本课题的调查时间为2011年8月18日至9月5日。

调查范围包括德庆悦城龙母祖庙周围一带，如德庆悦城中学，以及关于德庆青少年的网络调查等。

2. 调查内容与调查问卷设计

本课题的调查内容是关于德庆当地青少年对龙母文化的了解程度。调查内容包括调查对象对龙母文化的核心内容、认识途径、了解程度以及相关政府活动等内容。

本次调查问卷是经过对比学习起草的，并且通过调查小组的试调查，最终设计而成，问卷确定为十个题项。

3. 调查目的与调查方式

本课题的调查目的是了解悦城龙母文化资源的开发与发展以及青少年应如何更好地传承龙母文化。

此次调查采用了问卷调查、网络调查和查阅文献相结合的方法，主要以网络问卷调查与现场问卷调查为主，按性别比例抽取和分配样本。调查过程中，由调研队的成员发放调查问卷，在调查范围内进行问卷调查。

4. 调查对象与样本含量

调查对象为德庆地区的青少年。从男女比例看，男性有153人，占45.133%，女性有186人，占54.867%；

本次调查共发放调查问卷380份，回收调查问卷358份，其中有效问卷339份，有效问卷率为94.693%。

表1　调查对象的男女比例

变量类型	变量值	频数	百分比	累计百分比
男	1	153	45.133%	45.133%
女	2	186	54.867%	100%
合计		339	100%	100%

表 2　调查对象对龙母事迹的了解程度

变量类型	变量值	人数	百分比	累计百分比
非常了解	1	21	6.195%	6.195%
比较了解	2	87	25.664%	31.859%
基本了解	3	150	44.248%	76.107%
不太了解	4	75	22.124%	98.231%
不了解	5	6	1.770%	100%
合计		339	100%	100%

表 3　了解龙母的途径

变量类型	变量值	人数	百分比	累计百分比
祈祷、祭祀	1	123	36.937%	36.937%
书籍或网站	2	27	8.108%	45.045%
电视剧	3	6	1.802%	46.847%
戏剧	4	0	0	46.847%
听说	5	81	24.324%	71.171%
亲朋好友介绍	6	42	12.613%	83.784%
当地旅游	7	24	7.207%	90.991%
其他	8	30	9.009%	100%
合计		333	100%	100%

表 4　参加关于龙母活动的情况

变量类型	变量值	人数	百分比	累计百分比
经常	1	27	8.108%	8.108%
偶尔	2	192	57.658%	65.766%
从不	3	114	34.234%	100%
合计		333	100%	100%

表 5　龙母文化最核心内容的认识情况

变量类型	变量值	频数	百分比	累计百分比
爱国精神	1	15	3.472%	3.472%
母慈子孝的传统精神	2	210	48.611%	52.083%
乐善好施	3	114	26.389%	78.472%
迷信	4	39	9.028%	87.500%
自强不息，奋发向上	5	30	6.944%	94.444%
不清楚	6	24	5.556%	100%
合计		432	100%	100%

表 6　政府是否举办过较有影响力的关于龙母的活动

变量类型	变量值	频数	百分比	累计百分比
有	1	192	57.658%	57.658%
没有	2	36	10.811%	68.469%
不清楚	3	105	31.532%	100%
合计		333	100%	100%

表 7　年轻人看待龙母文化情况

变量类型	变量值	频数	百分比	累计百分比
文化遗产，值得弘扬	1	246	73.874%	73.874%
顺其自然	2	69	20.721%	94.595%
无须花金钱和精力保护	3	6	1.802%	96.397%
不清楚	4	12	3.603%	100%
合计		333	100%	100%

表8　是否有必要开发龙母文化

变量类型	变量值	频数	百分比	累计百分比
很需要	1	171	51.351%	51.351%
顺其自然	2	150	45.045%	96.396%
没必要	3	0	0	96.396%
不清楚	4	12	3.604%	100%
合计		333	100%	100%

表9　年轻人对龙母文化的态度

变量类型	变量值	频数	百分比	累计百分比
信仰	1	114	34.234%	34.234%
迷信	2	54	16.216%	50.450%
好奇	3	123	36.937%	87.387%
不清楚	4	42	12.613%	100%
合计		333	100%	100%

附录二：

德庆龙母田野访问资料整理

访问对象	年龄	地区	内容
幼儿园教师	25岁左右	德庆人（非悦城），丈夫是悦城人	①小朋友一般知道龙母和龙母庙，家长一般讲过，从家庭获取的相关知识比从学校获取的多；②正月、龙母诞场面盛大，很多人慕名而来
幼儿园助理	20多岁	非悦城人	①自己很少讲龙母故事，本地的老师会说一些，学校没有出版过相关的连环画；②很多小孩子都会去龙母庙里玩，自己听到的龙母传说较少
幼儿园教师	约30岁	中山人	①幼儿园很少讲龙母的故事，家长自己会对孩子讲述，小孩子自己也会关注相关的活动，本地孩子对龙母比较了解；②龙母庙有印发画册，免费发送；③小学、中学会讲授关于龙母的知识，幼儿园就没有，因为监管能力有限，中小学的学生可以参加活动；④正月有一家人一起来拜龙母的，也有三四代同堂一起出动的，很热闹；⑤当地人把龙母当作祖先、亲人，叫“龙母阿嬷”，外地人叫“龙母娘娘”；⑥龙母庙建筑很特别，很吸引人，观光性较强，历史悠久，外国人也很多；⑦（信龙母的）好奇心、迷信的因素都有，故事很有传奇性，有些被神化了；⑧很小的时候就听老一辈人提及龙母，中山人很信龙母，以前交通不发达，很多人即使是坐一日一夜的船都会来，吐到天亮也会来，年轻人来拜龙母大多是因为好奇心，来的人多来自中山、东莞、广州、佛山等珠三角一带；⑨老人家比较有恒心，坐轮椅、拄拐杖都会来，年轻人读书多，见识广，学校灌输了科学知识，他们更多是因为好奇，来看热闹；⑩如果广泛传播，对当地的龙母特色有很大影响，龙母文化不应仅仅是悦城特有的

（续上表）

访问对象	年龄	地区	内容
大叔（3人）	40~50岁	悦城本地人	①龙母普救万民，在珠三角一带很有影响力，很多人来，其中包括香港人、澳门人，广之旅、金马、康泰等旅游公司也组团来；②农历五月初一到初十的龙母诞，正诞是初八，有很多活动，如舞龙舞狮、踩高跷等
老奶奶（5人）	60~70岁	悦城本地人	①农历四月很多香港人来拜龙母（提前来）；②拜祭的祭品大都为红鸡蛋、姜醋（生子），鸡公、猪肉（拜神）；③城里的小孩自己会进去拜龙母，有些小孩则要看时辰，要算年龄才可以进去拜
老爷爷（3人）	50~65岁	悦城本地人	①一家人在茶余饭后会讲一些关于龙母的故事；②20世纪90年代有人唱龙母歌，现在已经没有人编歌曲了，没有这样的人才了；③自己在初一、十五会去拜一下龙母，上一炷香
旅游团司机	30多岁	佛山南海人	①旅游团组团大多在正月和农历五月，年轻人多是由家里人带来的；②多求身体健康，这是一种信仰，吃西江水的人都信龙母，而且一拜就是三年
初中学生（男）	15岁左右	悦城本地人	①觉得拜龙母有点儿迷信；②小学时学校发过一本关于德庆文化的书，但具体的不是很了解
初一学生（女）	15岁左右	悦城本地人	①学校有举办关于龙母文化的主题班会，政治考试也会考一些德庆文化的题目；②小学发过一本关于德庆文化的书，自己也喜欢看，如果有龙母的动漫就更好了，我们很多小孩子都喜欢看
悦城小学老师	30多岁	非悦城人	①以前发过《传统文化与德庆》一书，近几年没有了；②小孩子对本地文化已经很熟悉了，考试也会考那本书里的一些关于龙母的知识，学校开展的关于龙母的活动相对较少，有一些与之相关的猜谜语之类的小游戏；③有需要继承与发扬龙母精神，拜神其实是一种寄托、精神的需要；④认为龙母文化的核心是“母仪龙德”，应该大力宣传龙母文化

（续上表）

访问对象	年龄	地区	内容
龙母庙工作人员	约25岁	悦城本地人	①龙母不属于什么宗教，只是一种民间信仰，龙母庙的风水很好，建筑很特别；年轻人来多是出于好奇，当地没有为年轻人特别举办什么活动；②放水灯是一种仪式，一直都有，但中年人放水灯较多，年轻人最喜欢的是龙母生辰诞；③人们认可的话，龙母文化也就自然而然地传承下去，家长信，孩子就会有意识，家长不信，孩子也就不注重，意识是靠大人的宣传和影响的
书店老板娘	35～40岁	悦城本地人	书店没有卖关于龙母庙的书，因为没有什么人会说要买书去了解龙母的传说和事迹，青少年更少，如果想要这类的书籍一般去龙母庙里面的程溪书院，那里会有相关书籍
祭品店老板娘	50岁左右	悦城本地人	很多人来拜龙母，那里有一种祭品“金菠萝”，很多人去买，用来祈求财运和求子用，“龙船”代表一帆风顺等，本人也经常去拜龙母祈求龙母保佑
老奶奶	60岁左右	悦城本地人	没有跟孩子讲很多关于龙母的传说故事，而自己也是从小就知道龙母，生活于此，耳濡目染。至于说家里的年轻一代信不信龙母，那就是年轻人的事了，很难说；但是，拜龙母还是会拜的
老爷爷	70～80岁	悦城本地人	平时节庆这里特别多人，他们大都是来自佛山、中山、广州、香港等地，旅游团也特别多。至于年轻一代是否相信龙母，还不能一概而论

注：采访对象共24人，其中20岁以下2名、20～30岁5名、31～40岁3名、41～50岁4名、51～80岁10名。其中初中学生2人、幼儿园教师3人、小学教师1人、旅游团司机1人、龙母庙工作人员1人、当地中年人3人、当地老年人10人。

附录三：

专访肇庆学院教育学院李炳全教授

时间：2011 年 8 月 19 日

地点：肇庆学院文学院办公室

采访摘要：青少年对传统文化的接受心理

2011 年 8 月 19 日，我们悦城龙母文化资源调研组在王敏书记的带领下，与李炳全教授就“青少年对传统文化的接受心理”这一话题进行了探讨。李教授对文化心理学研究深入，见解独特，并取得了许多令人瞩目的成绩，让我们获益良多。

在采访过程中，李教授谈到一种观念被接受的过程分为三个阶段，即接受、认同、内化。他认为，文化本身就是一种行为，需要一种措施对之进行引导。青少年在接受的前提下参加相关的活动，将逐渐改变原本固有的态度与观念，进而产生认同感，内化为自身的价值观念，最终形成一种行为习惯。而塑造青少年的行为习惯，其过程则是从无意识、不自觉，到形成自觉意识，最终成为自动意识，这样就逐渐将人的精神体现在人的行为上，达到“教是为了不教，管是为了不管”的效果。

在李教授的引导下我们了解到，鉴于青少年对传统文化抱持的态度不一，我们必须辩证地阐释龙母文化的精髓，让青少年真正明白龙母精神是现实的、具体的、科学的、有用的，而不全都是迷信。这样在一代人中产生了行为意识，就会潜移默化地影响下一代人。最终，文化就会通过人的行为表现出来并传承下去。而关于如何使青少年这一群体接受并乐于传承传统文化，李教授就以佛教在中国的传播为例，中肯地提了三点建议：第一，要结合当地人的特点，坚持与时俱进，即将传统文化现代化；第二，文化要被人接受，必须为人们提供心灵的避风港，给人一种心灵的寄托、心理的安慰，例如，道家的不求功名利禄，儒家的明知不可为而为之、讲求入世、为他人做事等，这种信仰信念背后的精神世界正是心灵所向往和追求的；第三，文化的传播要切中契合点，能够满足人的需求，迎合人的需要。而青少年对传统文化的信仰缺失，正是因为传统文化没有满足其需要，迎合其需要。

据了解，李教授曾先后在河南师范大学、厦门大学任教，曾任硕士生导师，当前主要研究方向为文化心理学与意义心理学，主编出版了《在大学生活中走向成熟》《高考心理指导》（合编）《教学心理与教学艺术》等著作；承担完成多项研究课题；曾获省、市、厅、校级奖多项。

2011 年广东·德庆龙母文化研讨会综述

2011 年 10 月 20 日，由广东省社科联、肇庆市社科联和肇庆学院主办，中共德庆县委、德庆县人民政府协办的“广东·德庆龙母文化研讨会”在德庆县顺利召开。广东省社科联副主席林有能、肇庆市社科联主席王中生、德庆县委书记吴宪平、肇庆学院党委副书记胡宝坚及科研处处长李军出席会议。龙母文化作为当代中国极具影响力的信仰文化，一直以来都是许多文化学者关注的焦点。参加文化研讨会的专家有中国民俗学会副理事长、中山大学中国非物质文化遗产民俗研究中心主任叶春生教授，广东省政协常委、广东省社科院研究院陈忠烈，广东省社科规划办主任冯达才，广东省社科联副主任姜波，广东省社科院研究员赵立人，华南农业大学吴建新教授，德庆政协主席温爱民和肇庆学院文学院“德庆悦城龙母文化研究”课题组的成员等专家学者，围绕龙母文化在民间信仰、性别文化、传播学、精神文明建设、审美特质与旅游开发等方面进行了深入研讨。

图 1　课题组成员在龙母文化研讨会上合影

肇庆社科联主席王中生主持开幕式。德庆县委书记吴宪平致欢迎辞，吴书记指出，通过这次龙母文化研讨会，对于更好地发扬龙母文化，让龙母文化落地，推动德庆的文化建设和旅游建设，促进德庆经济的发展，将会起到极大的推动作用。肇庆学院党委副书记胡宝坚作为主办方致辞，他肯定龙母文化研究在文化建设和提升全民文化素养方面具有的现实意义，指出肇庆学院作为地方高校，一直积极支持地方的经济和文化建设，高度肯定王敏教授带领的龙母文化研究团队对地方文化建设的意义，并对德庆县委县政府对研讨会的大力支持表达了诚挚谢意。

学术研讨会由广东省社科项目“德庆悦城龙母文化研究”负责人、肇庆学院王敏教授主持。与会专家学者从不同角度，探讨龙母文化研究的意义和观点。

龙母文化研究专家、中山大学中国非物质文化遗产民俗研究中心主任叶春生教授发言的题目是“龙光入觐的幸福家园——西江龙母文化的再认识”，强调龙母文化研究要紧跟时代步伐。广东从文化大省发展为文化强省，要用文化来引领经济，就要唤起民众的“文化自觉”，珍视和弘扬传统文化，使之更好地为经济建设服务。现在，我们要做强的一个文化项目就是龙母文化的传承与发展：第一是龙母信仰的精神魅力；第二是和谐音符不仅是当今的福音，更是对幸福明天的期盼；第三是圣灵福地不仅是对宜居环境的追求，更是对科学发展的无限向往；第四是幸福指数来自心灵的呼唤。龙母文化信仰作为德庆乃至整个西江流域传统文化的核心竞争力，现在已经越来越突出，做好做强龙母文化信仰，其实就是建设文化强省的一方面。

赖翅萍教授《岭南女性生命活动的一个象征文本——悦城龙母传说的性别文化内涵解读》一文，从性别视角去解读龙母传说中的性别文化内涵：龙母传说表现出的女性生命观，所体现出的富有女性特征的母教观和自然观；分析龙母传说所隐含的性别观，总结龙母传说中的性别文化。作为女性文化，其核心精髓应该是女性的主体精神。赖教授大胆地做出自己的学术推测：“我觉得龙母崇拜，它不仅仅是岭南女性的文明的源头，同时也是岭南文明的源头。”

陈忠烈研究员的《悦城水口龙母娘娘——岭南民间信仰的创造》，以丰富详实的研究资料强调，我们要研究龙母文化，就需要站在岭南文化的大环境中去研究，这样才能看出龙母文化的价值所在。悦城水口龙母娘娘的岭南民间信仰的创造，体现在两方面：一是与时俱进的龙母“正统化”，因为在当时的历史条件下，岭南地方神灵的“正统化”，是岭南民间信仰文化的一大创造；二是没有封号的女神，以“水口”显荣。龙母在珠三角的众神之中，是唯一不以封号行世的女神，她突出的显荣是“水口”，民间称之为“悦城水口龙母娘娘”。她被誉为西江流域的“保护神”。悦城龙母祖庙和民间龙母信仰，在岭南有不少先导性的创设，这些创设有着深厚的历史意蕴和无穷的学术魅力，有待我们投入更多的学术关怀。

吴建新教授的《清代西江河段的水文化信仰（提要）》提出了两个问题：第一是关于悦城龙母祖庙的来源问题。他的主要观点是粤西南的土著人常常将自己的祖先神化，这是一种“亦神亦祖”的现象。还有历年来都有梁氏募捐修葺龙母祖庙，而龙母却是姓温的一个顺水漂流来的女婴，这些梁氏和温氏是否有关联呢？这些都值得探讨。第二是西江下游河段的水文化信仰问题。研究龙母水神的信仰文化，不能仅仅局限于龙母祖庙这一带水域，应该扩展到整个西江流域，与西江下游河段的珠三角地区的水运、渔业和商业运输，都有十分密切的联系。龙母的水文化信仰，不仅仅是属于德庆的，而且是属于整个珠三角的。

德庆旅游局局长就“传承文化，凝聚品牌，做大做强悦城龙母文化旅游产业”一题做了发言，对龙母文化的保护和发展提出建议：一是关于龙母文化的保护和利用。要走旅游品牌化、信仰大众化的路子，还要不断地开展恢复抢救和创新推广工作，推进龙母文化旅游产业化的发展。二是要对龙母文化进行保护和发展。主要设想有：继续坚持龙母文化发展的成功模式，挖掘龙母文化的内涵，加快推进龙母文化旅游产业创意产业园项目建设，全力做好龙母祖庙百年大修工程，共同做大做强龙母文化产业，使弘扬龙母文化上升到一个新的台阶。

赵立人研究员就“悦城龙母庙与德庆州蒙养学堂（提要）”的题目发言。蒙养学堂是清代在20世纪初开始实施新政时，作为教育改革的一个重要环节，它和废科举、兴学堂是紧密联系的。他指出，龙母庙一方是明显支持改革和现代化的，龙母庙最后一次大修与振兴教育是联系在一起的。针对广大信众对龙母的爱戴，这些历史事件启示我们，德庆发展的最重要资源和衡量标准是人才。我们在彰显龙母文化的同时，要高度重视教育事业发展。建议龙母文化与发展教育要以具体形式结合，如设立相应的奖学金、基金等，为社会发展培养人才，达到弘扬龙母文化与发展教育双赢的局面。

德庆政协温爱民主席的《广东德庆悦城龙母祖庙始建与始封年代初探》提出颇有新意的观点：第一，龙母到底是哪个年代的人？第二，龙母是人还是神？围绕《南越志》等大量文献资料，提出生于原始社会母系氏族的龙母，应抛弃“龙母是弃婴”的说法，树立一个母系氏族伟大部落首领的形象。他认为，龙母是人，西江河神的一个化身，可以认为是一个远古部落的首领带着族人在西江流域生息繁衍，与大自然作顽强抗争，由原始的图腾崇拜演变成为民间的信仰，后来被人尊为“龙母”。要证明龙母的年代久远，可从龙母祖庙修建年代的角度论证；他认为，相关的碑刻有十分重要的考证意义，建议恢复龙母庙相关的碑刻。

杨红军副教授的《德庆龙母文化的民俗学研究》指出，龙母故事的魅力来源于叙事的张力，外结构是以时间序列和情节序列为主的叙事，是一个英雄叙事结构，内结构是一种表意功能结构，表达了民众潜意识中对封建官府的逆反心理。今天，封建制度已经寿终正寝，龙母崇拜的香火却越来越旺，主要原因有：第一，龙母文化所宣传的中国传统文化伦理观念深入人心；第二，社会矛盾未能及时化解，人民的精神需要抚慰；第三，民众信仰目前存在的空白地带，需要寻找一个精神的栖息地。

刘炳辰副教授的《论龙母信仰的现实意义》指出，龙母信仰热现象对构建和谐社会具有现实意义：龙母故事的形成与发展，融合了各族群不同的文化信息，体现出多民族文化一体化的特点；龙母故事所体现的人与人之间的仁爱精神，值得发扬光大；龙母文化最突出的观念是孝道。我们必须从龙母故事当中受到一些启发，从而在青少年教育方面做适当地引导。

苏常老师的《作为民俗转播的龙母文化：国家、市场、社会、媒介》，从传播学角度研究龙母在当代社会的影响力和广泛传播的现象。除了信仰本身的力量外，国家、市场、社会对龙母文化在当代的传播起到重要的推动作用。国家对于龙母文化的借用，主要体现在道德教化、社会整合和认同建构等层面；市场的作用包括旅游业的兴旺、文化产业发展、传媒的推广与宣传；社会的呼唤，体现在社会转型期民众需要一种心灵鸡汤的滋润。指出国家、市场的这种权力行使，必须在一个适度范围内，否则会形成对文化的破坏和消解。

广东省社科联副主席林有能作全面总结。从中共十七届六中全会审议通过的《中共中央关于深化文化体制改革、推动社会主义文化大发展大繁荣若干重大问题的决定》，以及 2010 年广东省出台的《广东省建设文化强省规划纲要（2011—2020 年）》等政策的施行，可以看出国家对文化建设的重视程度。他充分肯定与会专家对于龙母文化研究探讨的成果，认为这些研究学理性与现实价值兼备，对于地方经济文化发展具有很好的参考价值和借鉴作用。指出龙母文化研究课题不仅对学术界有贡献，对文化建设以及德庆县当地的社会经济发展都有极大意义，要争取做得更好。林有能副主席总结本次研讨会有两大特点：第一，学术氛围比较浓厚，侧重于学术性的探讨研究；第二，做到结合实际状况探讨龙母文化。围绕“地方文化的研究和为地方文化、地方社会经济发展服务”的问题，专家学者只要潜心研究，就定能达到服务社会的作用；而地方官员则要更好地熟悉、了解地方文化。最后，林有能副主席对“如何研究地方历史文化”提出三点看法：第一，把个人的情感融入当地历史文化研究；第二，熟悉当地的风俗习惯、民风民俗及语言；第三，整合研究力量。

吴宪平书记从各位专家学者对龙母文化的研究成果中，初步确立了未来德庆党委、政府利用龙母文化推动德庆文化建设和旅游建设的举措：第一，出版龙母文化的相关碑集，在龙母公园建设中规划合适的位置，把碑刻展示给游客观赏；第二，利用现代传媒技术，出版龙母故事的连环画。吴书记表示，感谢各位专家学者、政府人员对德庆龙母文化的大力支持，欢迎大家到德庆研究与参观。

后记：感恩龙母

《德庆悦城龙母文化研究》要画上句号了。为给书稿选配照片，把课题调研时拍的照片浏览一遍，感慨良多。三年多来，课题组成员实地考察西江流域广东、广西的龙母庙：悦城的龙母祖庙、肇庆的白沙龙母庙、梧州的龙母太庙、藤县胜西村的龙母家庙等；召开德庆旅游局、文广新局、文联等单位的小型座谈会；收集了《德庆县志》、岭南关于龙母的传说、以龙母为题材的小说、诗歌、戏剧作品、有关龙母的宣传光盘以及地方文化史等；在德庆县委吴宪平书记支持下，与广东省社科联、肇庆市社科联一起，主办了“2011年广东·德庆龙母文化研讨会”的盛事……一张张照片，记载了龙母文化研究课题组从2010年以来，在西江流域田野调查中，留下了龙母文化研讨会的专家风采。那凝结着特定时空的珍贵照片，重现着课题研究的一幕幕场景，走过的大路、小路……

首先，要感恩龙母。有了龙母文化研究项目的契机，才有了我们一行六人：一个广东人、两个广西人、三个北方人组成的研究团队。三年多来，我们在龙母祖庙的采访、调研，亲历悦城龙母水灯节放水灯的庄严气象、梧州龙母诞的仪式盛况……带领学生走出校园，在田野调查中感受民俗文化、民间信仰的力量，在社会实践中完成调查报告。

其次，要感恩因龙母结缘的专家、朋友。在龙母文化研究过程中，我们得到许多专家学者的帮助。他们是龙母文化课题组的顾问：广东省社科联林有能副主席，时任肇庆市社科联王中生主席；时任德庆县委吴宪平书记，德庆县政协温爱民主席。尤其是林有能先生，他的帮助促使2011年年底龙母文化研讨会顺利召开。他的悉心指导，成为启迪我们研究思路的华彩乐章；专家学者们在研讨会上的发言，为课题研究增添了厚重度。在龙母文化课题调研中，悦城龙母祖庙文物管理所办公室陈斌全副主任，列出2010年、2011年有关龙母祭祀活动的日程表，提供龙母祖庙五年来的游客数据，给我们实地考察祭典仪式，调查民风民俗，提供资料和便利。

最后，要感谢我们的团队。课题组同仁一起走过龙母文化研究的酷暑和严冬，付出了心血和汗水。德庆龙母文化研究的课题，关注更多的是龙母文化的地域性、性别视角、民俗文化、龙母题材的文学作品、龙母文化信仰传播等方面，完成了书稿的撰写。

在这个过程中，王敏老师主持课题，组织研究，并指导曾火娇、骆燕贞、陈月敏、陈永聪、邵学宽同学开展田野调查，撰写了调查报告；杨红军老师在研究撰文的同时整理了龙母文化研讨会的录音材料，为本书的顺利出版做了大量的编校和联络工作；叶春生先生等专家学者、赖翅萍老师、苏常老师以及德庆县历史文化研究会温爱民先生等从不同的视角对龙母文化展开了研究，提供了独特的见解；何耀明副书记以他的摄影技术和热心，三年多来为我们的田野调查拍摄了大量珍贵的照片，书中所有的照片均出自他手。

在此，特别感谢中共德庆县委、德庆县人民政府和德庆县政协对出版本书的大力支持！

由于我们大多是文学研究者，对龙母文化的史料收集与考证并非我们的强项，很多都是在摸索中进行的。尽管我们在努力，但今天的研究成果因能力、学识的局限，仍显稚嫩，存有遗憾。

遥想未来，我们仍会将龙母文化研究的路走下去，为了深爱的这方水土、这方人。

肇庆学院、广东工商职业学院　王　敏

2016 年 10 月 28 日